하나님과 함께한 40년 광야 학교
하늘 가는 험한 길

| 일러두기 |
본문에 인용한 성경은 대한성서공회에서 펴낸 개역개정판을 기본으로 하였으며, 다른 역본일 경우에는 별도의 표기를 하였습니다.

신우인의 하늘 이야기 6_하늘 가는 험한 길

신우인 지음

1판 1쇄 발행 2016. 9. 27. | **1판 2쇄 발행** 2016. 12. 11. | **발행처** 포이에마 | **발행인** 김강유 | **등록번호** 제300-2006-190호 | **등록일자** 2006. 10. 16. | 서울특별시 종로구 북촌로 63-3 우편번호 03052 | 마케팅부 02)3668-3260, 편집부 02)730-8648, 팩시밀리 02)745-4827

저작권자 ⓒ 2010. 신우인
이 책의 저작권은 저자에게 있습니다. 저자와 출판사의 허락 없이 내용의 일부를 인용하거나 발췌하는 것을 금합니다. | Copyright ⓒ 2010 by Wooin Shin. All rights reserved including the rights of reproduction in whole or in part in any form. Printed in KOREA.

값은 뒤표지에 있습니다. 978-89-93474-46-6 03230 978-89-93474-05-3(세트) | 독자의견 전화 02)730-8648 | 이메일 masterpiece@poiema.co.kr | 좋은 독자가 좋은 책을 만듭니다. | 포이에마는 독자 여러분의 의견에 항상 귀를 기울이고 있습니다.

하나님과 함께한 40년 광야 학교

하늘 가는 험한 길

신우인 지음

THE STORY OF
HEAVEN

신우인의 하늘 이야기 6 — 민수기

포이에마
POIEMA

신우인의 하늘 이야기 6 | 민수기

목차

신우인의 하늘 이야기 • 6
들어가는 말 | 나는 누구인가? • 13

1. 약속의 땅을 위한 준비

- **1강** 숫자에 담긴 의미 (민 1:44-46) • 24
- **2강** 제사장이 된 아론의 가문 (민 3:4) • 37
- **3강** 레위 지파 사람들 (민 3:39-43) • 48
- **4강** 특별한 사람들, 나실인 (민 6:1-8) • 63

2. 온유한 리더십

- **5강** 이스라엘의 첫 실패 (민 11:1-17) • 80
- **6강** 모세의 온유함 (민 12:3) • 93

3. 40년간의 광야 생활

- **7강** 가장 큰 실패 (민 13:32-33) • 108
- **8강** 방황하는 자 (민 14:32-33) • 120
- **9강** 세 번째 실패 (민 15:32-41) • 133
- **10강** 네 번째 실패 (민 16:19) • 148
- **11강** 아론의 싹 난 지팡이 (민 17:5) • 161
- **12강** 소금 언약 (민 18:19) • 174

4. 쳐다본즉 살았더라

- **13강** 다섯 번째 실패, 반석을 두 번 치매 (민 20:2-13) • 190
- **14강** 여섯 번째 실패, 쳐다본즉 살았더라 (민 21:1-9) • 203
- **15강** 그를 두려워하지 말라 (민 21:27-35) • 216

5. 평화의 언약

- **16강** 발락과 발람 (민 22:31-35) • 230
- **17강** 발람의 노래 (민 24:11-25) • 242
- **18강** 일곱 번째 실패 (민 25:1-15) • 255
- **19강** 슬로브핫의 딸들 (민 27:3-5) • 269
- **20강** 생명의 지도자 (민 27:12-23) • 283

6. 광야로 나아가라

- **21강** 월삭의 제사 (민 28:11-15) • 298
- **22강** 처음 익은 열매를 바치는 날 (민 28:26) • 316
- **23강** 나팔을 부는 날 (민 29:1) • 330
- **24강** 광야로 나아가라 (민 29:12-40) • 341
- **25강** 낙심케 하지 말라 (민 32:1-15) • 356
- **26강** 안전지대 (민 34:1-15) • 368
- **27강** 도피성 (민 35:1-15) • 383

나가는 말 | "하늘 가는 밝은 길이 내 앞에 있으니" • 398

신우인의 하늘 이야기

어느 날 밤 한 유대인이 예수님을 찾아옵니다. 그와의 문답 중에 예수님이 이런 말씀을 하셨습니다. "내가 땅의 일을 말하여도 너희가 믿지 아니하거든 하물며 하늘 일을 말하면 어떻게 믿겠느냐"(요 3:12).

그의 이름은 니고데모입니다. 니고데모는 율법을 열심히 지키는 바리새인입니다. 바리새인은 율법 준수를 통하여 하나님의 복을 받겠다는 사람들입니다. 율법의 기본은 십계명입니다. 그런데 이들은 열 개의 조항을 2,134개로 확대해놓았습니다. 그 이유는 여러 가지가 있겠지만, 십계명을 누구보다도 잘 지켜 하나님의 복을 누구보다도 많이 받아보겠다는 것입니다. 그런 바리새인들과 예수님은 언제나 충돌하였고, 예수님은 이들을 가장 신랄하게 비판하셨습니다. 급기야 이들은 예수님을 십자가에 못 박아버립니다.

종교는 땅의 존재가 하늘의 존재를 만나기 위한 행위의 총체라고 정의할 수 있습니다. 그 행위는 치성, 예배, 헌금, 헌신, 수양, 계율 준수, 고행, 선행 등등 종교마다 각각 다릅니다. 그 행위를 통하여 섬기는 신을 만나고 그 신으로부터 복을 받고, 종래는 그 신의 세계(천국, 극락, 구룡도원 등)로 들어가겠다는 것입니다.

'천기누설天機漏洩'이라는 말이 있습니다. 하늘의 뜻, 신의 뜻을 깨달은 사람이 그것을 사람들에게 알려준다는 것입니다. 주로 고매한 승려나 무당, 점쟁이, 도사 등과 관련하여 사용하는 말입니다. 그들은 하늘의 존재와 통하는 특별 비밀 수단을 알게 되어 자신들만이 하늘의 존재와 내통하게 되었다고 합니다. 그리고 사람들은 그 천기를 얻어보겠다고 그들에게 존경과 권력과 부와 명예 등 특별한 대우를 합니다. 바리새인들이 만들어놓은 2,134개의 복잡한 율법 조항도 천기누설의 한 통로라고 할 수 있습니다. 바리새인들이 누렸던 특권들도 백성들이 제공한 것입니다.

하나님의 아들인 예수님은 직접 이 땅에 오셨는데도 대접도 제대로 받지 못하셨고, 고생 고생하다가 십자가에서 처참하게 돌아가셨습니다. 그러자 따르는 무리들도 모두 뿔뿔이 흩어졌고 예수님의 부활 승천 후에도 마가의 다락방에 모인 무리의 수는 고작 120명 정도였습니다. 만약 예수님이 부활하시지 않았다면 이나마도 모이지 않았을 것입니다.

이 모든 것이, 예수님의 종교관과 사람들의 종교관이 다르기 때문에 생긴 일들입니다.

무병장수·부귀영화·만사형통이 기독교의 목적이라면 예수님은 굳이 이 땅에 오지 않으셨어도 됩니다. 다른 종교가 이미 누구보다도 잘 하고 있기 때문입니다. 그런데 예수님이 오셨습니다. 그리고 바리새인들과 날카로운 각을 세우셨습니다. 한마디로 "너희들이 틀렸다"는 것입니다. 하나님의 뜻을 바리새인들이 오해했다는 것입니다.

지금은 어떨까요?

기독교인들은 하나님의 뜻과 예수님의 마음을 올바로 이해하고 있을까요?

혹시 목사는 천기를 깨달은 특별한 사람으로 사람들 위에 군림하고, 사람들은 무작정 추종하는 것이 아닐까요?

추종하는 이유는 무병장수·부귀영화·만사형통을 위해서가 아닐까요?

예수님이 다시 오신다면 우리더러 잘하고 있다고 하실까요?

아니면 우리는 예수님을 못 알아보고 다시 각을 세우고 어떻게 해서든지 그분의 입을 봉하려고 할까요?

'누설'이란 어떻게 해서든지 막아보려는 의도가 좌절되었다는 뜻입니다. 프로메테우스는 신들만 사용하는 불을 훔쳐서 인간에게 나눠주었습니다(불을 누설했습니다). 그런 그에게 형벌을 주는 것이 다른 신들의 뜻입니다. 그러나 하나님은 전혀 다릅니다. 모든 사람들이 하나님의 뜻을 알기를 간절히 바라십니다. 그래서 하나님의 아들이 이 땅에 오신 것입니다. 성경은 바로 그 하나님의 뜻을 고스란히, 명확하게, 밝히 드러낸 하늘의 책이요 하나님의 말씀입니다.

밝히 드러내신 하나님의 뜻을 사람들은 계속 왜곡시켜 자신의 방식대로 해석·적용하며 살았습니다. 예언자들을 보내어 다시 가르쳤지만 사람들은 그들을 박해하고 죽였습니다. 듣지 않겠다는 것입니다. 급기야 하나님의 아들이 친히 오셨습니다. 그리고 말씀하십니다.

"내가 땅의 일을 말하여도 너희가 믿지 아니하거든."

"하물며 하늘 일을 말하면 어떻게 믿겠느냐?"

온 천지만물, 우리가 딛고 사는 땅도 하나님이 만드셨습니다. 하나님의 선물입니다. 그런데 하나님의 마음을 제대로 읽지 못한 사람들이 이 귀한 선물을 엉망진창으로 만들어버렸습니다. 그러고는 그 진창에서 아우성을 칩니다. 나만은 잘 살아보겠다고 그 비결을 찾아 헤맵니다.

사람들은 열심히 성경을 뒤지며 복 받는 비결과 공식을 찾고 만들어냅니다. 그러나 이것은 하늘 이야기를 열심히 땅의 이야기로 환원시키는 것입니다.

예수님은 니고데모에게 이런 말씀도 하셨습니다. "물과 성령으로 나지 아니하면 하나님 나라에 들어갈 수 없느니라"(요 3:5).

그러자 사람들은 즉시 이 말씀을 생각합니다. 그리고 천국 가는 공식을 만들어냅니다. "아, 물로 거듭나는 것은 '물세례', 가만 있자, 그러면 성령으로 거듭나는 것은… 옳지, 성령을 받은 가장 두드러진 증거는 '방언'이지." 그래서 '물세례+방언=천국'이라는 공식을 만들어 사람들에게 시행합니다.

물세례를 받고 방언하는 사람에게는 천국이 보장되었다는 것입니다. 과연 예수님의 의도가 그런 것일까요? (물세례와 방언을 평가절하하는 것이 절대 아닙니다.)

니고데모는 신실한 사람입니다. 율법 준수와 십일조는 물론 열심히 선행을 행하는 사람이었습니다. 바리새인이었음에도, 귀족이었음에도, 진정한 구원을 찾아 청년 목수 예수님을 찾은 겸손한 사람입니다. 그런데도 예수님은 칭찬은커녕, 니고데모의 존재 근거 자체를 부정하셨습니다.

우리가 가장 중시하는 예배와 기도와 말씀은 땅의 존재인 우리가 하늘의 존재인 하나님을 내 뜻에 갖게 움직여보기 위한 수단이 절대로 아닙니다. 예배와 기도와 말씀은 하나님의 마음 읽기입니다. 하나님의 시각에서 아래에 있는 땅을 내려다보라는 것입니다.

뒷동산어 만 올라도, 내가 코 박고 울며불며 전전긍긍하던 삶이 내려다보입니다. 그래서 불황기에 산을 찾는 사람들이 많아집니다.

성령께서 풀어주신 하늘 이야기인 성경을 땅의 이야기로 환원하는 일을 저라도 그만두려고 합니다. 어찌 온 우주를 품는 하나님의 뜻을 먼지만도 못한 제가 알겠습니까?

하지만 가도 가도 여전히 거기에 있는 수평선처럼 하나님도 멀리 계시지만, 제가 알아들을 수 있는 언어로 적어주신 하늘 이야기의 파편이 뱃전에 부서져 얼굴을 간질이는 물방울처럼 제 온몸을 적십니다.

숨 쉬며 사는 것 자체가 은혜인 것을…. 땅의 뜻을 하늘에서 이루어달라는 몸부림을 멈추고, 하늘의 뜻을 이 땅에서 이루는 일에 작은 힘을 보태려고 합니다. 그래서 '하늘 이야기'란 제목을 달았습니다.

  책을 만드는 과정 중에 가장 기쁜 일은 김도완 대표와의 만남과 대화입니다. 그래도 제 시야가 조금씩 넓어져 가는 것은 그의 독서지도 덕분입니다. 글을 쓸 수 있도록 배려해주신 포이에마예수교회 모든 교우들과 포이에마 편집부 식구에게도 감사의 뜻을 전합니다.

2010년 11월
북한산 자락에서

들어가는 말

나는 누구인가?

"시만 써서 먹고 사는 사람이 있습니까?" 수업 시간에 한 학생이 질문을 했습니다. 고려대학교 불문과 황현산 교수는 조금 생각해 보다가 짧게 대답했습니다.

"많지는 않지만 있지요."

"얼마를 법니까?" 당돌하고도 얄궂은 질문이었습니다.

"시인마다 다릅니다. 어떤 시인은 시도 쓰고 산문도 써서 한 달에 평균 30만원쯤 벌고 그것으로 생활합니다."

학생들이 무슨 농담이 그러냐는 표정으로 황 교수를 쳐다보았습니다. 황 교수의 친구인 그 시인은, 시인이기 때문에 30만원을 버는 것이 아니라, 시인이기 때문에 30만원으로 당당하게 살아갑니다. 그 시인은 구차한 사람이 아니라 당당한 사람입니다. 그 시인을 존경하는 친구도 많으며, 그분과 친분이 있는 것을 영예로 여기는 사람들도 적지 않습니다.

한 젊은이가 자신 안에서 시인으로서의 재능과 의미를 발견하고 시를 씁니다. 그러다가 시를 쓰는 일이 세상의 어떤 가치보다 더 소중하다는 것을 알게 됩니다. 그리고 자신의 인생을 시 쓰기에 겁니다. 30만원이 생기든 10만원이 생기든 개의치 않습니다. 다만 시를 쓸 수 있음에 감사하며 당당하게 살아갑니다.

어떤 사람들은 수억의 연봉을 받으면서도 회사 돈 수십 억을 횡령하기도 하고 뇌물수수 혐의로 세인들의 지탄을 받는 비루한 인생을 살아갑니다. 나는 어떤 인생을 살아가고 있을까요? 어떻게 하면 제대로 된 인생을 살 수 있을까요?

숫자에 얽매인 인생이 점점 가련하게 느껴지는 이 계절에 민수기를 펼쳐봅시다.

모세오경 중 '민수기'라는 책 제목은 '백성의 숫자를 세다'라는 뜻에서 유래하였습니다. 그렇다고 민수기가 단순히 이스라엘 백성의 인구조사 기록은 아닙니다. 민수기는 이스라엘 백성이 홍해를 건너 출애굽하여 젖과 꿀이 흐르는 가나안 땅에 들어가기까지의 여정을 다루고 있습니다. 광야에서 보낸 40년, 정확히는 시내 산을 출발한 출애굽 2년차에서 시작하여 모압 광야에 도착할 때까지의 38년 여정을 기록한 책입니다. 광야에서 겪었던 이스라엘 백성의 고통과 시련, 실패와 좌절, 애환과 승리를 기록하고 있습니다.

사람들은 흔히, 자신이 겪은 고생을 기록하면 몇 권의 책을 써도 모자란다는 말을 합니다. 하물며 뱀과 전갈이 가득한 광야에서, 그것도 40년 동안이나 살아야 했던 이스라엘 백성의 고생은 필설로 다할 수 없을 것입니다. 그런데 사도 바울은 이스라엘의 광야 40년 여정을 '광야 교회'(행 7:38)라고 말합니다.

광야와 광야 교회는 무엇이 다른 걸까요?

이스라엘 백성이 광야에서 살아갔듯이, 우리 또한 광야와 같은 세상에서 살아갑니다. 하나님의 택함을 받은 이스라엘 백성이나 성도들이라고 하여 특별히 다른 환경에서 사는 것이 아닙니다. 같은 광야를 가고 있습니다. 여전히 태양은 작렬하고 물은 마르고 뱀과 전갈의 위험은 가득합니다. 그런데 '광야의 삶'과 '광야 교회의 삶'에는 분명히 다른 것이 있습니다. 누가 광야를 살고, 누가 광야 교회의 삶을 살까요?

그 차이를 결정하는 세 가지가 있습니다.

첫째는 '하나님의 부르심'입니다. 430년 동안 이집트의 노예로 살던 이스라엘 백성들을 하나님께서 구원하셨습니다. 그들이 합심하여 반란을 일으키고 이집트를 탈출한 것이 아닙니다. 이집트에 내려진 열 가지 재앙을 통하여 하나님의 권능을 보았고, 하나님의 명령에 의해 이집트를 출발하였고, 하나님의 인도에 따라 시내 광야의 시내 산까지 왔습니다. 그리고 그곳에서 하나님과 시내 산 계약을 맺었습니다. 그 기나긴 과정은 하나님과 관계를 맺는 여정이었습니다. '하나님의 부르심'을 감지하고 이에 응답하느냐의 여부가 광야와 광야 교회를 가르는 기준입니다.

둘째는 '분명한 목적지'입니다. 이스라엘 백성은 젖과 꿀이 흐르는 가나안 땅을 향해 가고 있습니다. 이곳이 최종 목적지가 된 것은 자신들의 합의에 의한 것이 아니라 하나님의 명령에 의한 것입니다.

두 사람이 길을 가고 있습니다. 분명한 목적지를 아는 사람은 '순례자'라 부르고, 분명한 목적지가 없거나 모르는 사람은 '방랑자'라 부릅니다. 그 사람의 능력, 재산 정도, 출신 성분은 전혀 중요하지 않습니다. 하나님께서 가라 하시는 목적지를 모르는 사람은 광야의 삶을 사는 사람이고, 알고 있는 사람은 광야 교회의 삶을 사는 사람입니다.

셋째는 '분명한 자아상'입니다. 하나님께서 이스라엘 백성을 광야로 인도하신 단 하나의 이유는, 그들을 여호와 하나님의 제사장 나라로 세우기 위해서입니다. 제사장이 되기 위해서는 훈련이 필수입니다.

혹독한 훈련을 거쳐 해병이 되면 제대 후에도 해병으로서의 자부심을 갖고 남다르게 행동합니다. 이와 같이 분명한 자아상이 있느냐의 여부가 그 사람의 삶을 결정합니다.

한마디로, 내가 누구인지도 모르고 목적도 없고 방향도 없는 삶을 '광야 생활'이라고 한다면, '광야 교회 생활'은 분명한 목적과 방향이 정해진 삶입니다.

회한과 한탄으로 점철된 한 많은 광야 생활은 열두 권의 책으로도 부족할 것입니다. 하지만 그 내용이 아무리 기가 막히고 극적일지라도 모두 비슷비슷할 뿐입니다. 그런데 그 세월을 인도하시고 함께하신 하나님을 발견하게 되면 삶은 전혀 다른 차원에서 전개됩니다. 하나님 앞에서, 끝없던 넋두리는 침묵하게 되고 그 복잡하던 것들이 하나하나 차근차근 정리되기 시작합니다. 그리고 마지막에 남는 것, 그것은 하나님과 그분의 은혜에 대한 감사입니다. 이것이 신앙의 본질입니다.

민수기는 이 신앙의 본질을 찾아가는 여정의 기록으로서 중요한 책입니다.

　민수기에는 여덟 번에 걸친 이스라엘의 실패가 기록되어 있습니다. 그 까탈스런 이스라엘 백성들이 38년 동안 여덟 번만 실패하였겠습니까? 하지만 수없이 반복되는 똑같은 실패들을 분류한 것으로 보면 이해가 쉬울 것입니다. 그들의 실패를 타산지석으로 삼아야 하는데, 그것을 제대로 배우기 위해서는 두 가지 유의사항이 있습니다.

　첫째, 왜 그들이 실패하였는지 그 실패의 원인을 찾아내야 합니다. 아무리 복잡하고 다양한 사건이 일어난다고 하더라도, 그 원인은 아주 단순합니다. 그런데 대부분의 사람들은 자신의 실패의 진짜 원인을 보지 못합니다. 실패한 자신을 인정하기가 싫고 초라한 자신을 직시하기가 두렵기 때문입니다. 이것은 단순한 문제가 아닙니다.

　이것은 창세기 3장부터 등장하는 인간의 가장 본질적인 문제입니다. 선악을 알게 하는 나무의 실과를 따먹은 아담과 하와는 자신의 잘못을 인정하지 않고 책임 전가와 변명으로 일관합니다.

　둘째, 하나님께서 이스라엘의 실패를 어떻게 해결하시는지를 보아야 합니다. 이스라엘의 끝없는 실패에도 불구하고, 하나님께서는 새로운 기회를 주십니다. 이것이 하나님의 크신 사랑입니다. 그

크신 하나님의 사랑과 해결 방법을 보지 못한 채 민수기를 읽는다면 이스라엘의 신세타령을 듣는 데 불과합니다.

게이로드 노이스는 이런 말을 했습니다. "탈진은 과도한 일 때문이라기보다는 흐릿한 자기 정체성에 기인한다." 같은 광야를 가는데 수많은 사람들이 탈진합니다. 그 이유는 자기 정체성의 결여라는 것입니다.

한편 시각·청각 장애인이요 말을 하지 못했던 헬렌 켈러는 이런 말을 합니다. "늘 태양을 향하고 있으면 그늘을 보지 못합니다." 누구보다도 황량하고 어두운 광야를 홀로 가야 했던 헬렌 켈러는 누구보다도 밝은 빛을 보았습니다. 그리고 자신이 누구인지를, 무엇을 해야 하는지를 알았습니다. 그리고 세상을 밝혔습니다. 그리고 '하나님을 모르는' 많은 사람들에게도 빛을 나누어주었습니다.

여호와 하나님께서 온 우주만물과 인간을 만드신 창조주이시라면, 오늘 하나님을 믿는 기독교가 제시하는 정체성이 과연 창조주 하나님의 뜻과 일치하는지 점검할 필요가 있습니다.

예배·전도·봉사·헌금·주일성수·교리 등에 초점을 맞춘 정체성은 너무나 지엽적이고 국수주의적이어서, 각 개인을 안으로는 작은 틀 속에 가두고 밖으로는 세상과 충돌하며 방어적이고 수동적인 삶을 살게 합니다. 또한 교회가 열심히 주입한 하나님의 택함을 받았다는 우월감은 가녀린 촛불처럼 언제 꺼질지 모를 정도로 약하거나 터무니없는 무모함으로 드러나 세상 사람들의 지탄을 받습니다.

　민수기는 430년 동안 이집트의 노예로 살던 이스라엘 백성들을 불러 지존이신 하나님의 제사장으로 세우는 과정의 기록입니다. 무엇을 먹을까 입을까 마실까 하는 염려에 찌든 노예와 같은 삶에서 벗어나 창조주 하나님의 자녀요 제사장으로서, 이 아름다운 지구에서 당당하게 세상을 주도하며 풍성하게 누리며 아낌없이 베풀며 사는 것이 하나님의 뜻입니다. 이 책을 읽는 모든 사람들이 '하나님을 아는 사람'의 삶이 어떤 것인지 보여줄 수 있기를, 그래서 그대가 있음으로 주변 사람들이 더욱 밝아지고 행복해지기를 기원합니다.

"너희는 이스라엘 자손의 모든 회중 각 남자의 수를 그들의 종족과
조상의 가문에 따라 그 명수대로 계수할지니 이스라엘 중 이십 세 이상으로
싸움에 나갈 만한 모든 자를 너와 아론은 그 진영별로 계수하되 각 지파의
각 조상의 가문의 우두머리 한 사람씩을 너희와 함께 하게 하라."

(민 1:2-4)

1

약속의 땅을 위한 준비

하나님께서 그 많은 사람들을 친히 먹이셨습니다. 의식주에 필요한 모든 것을 공급해주셨습니다. 모든 것이 다 하나님의 은혜입니다. 그런데 가장 중요한 것이 있습니다. 바로 하나님의 입에서 나오는 말씀입니다. 이것은 떡보다도, 집이나 의복보다도 중요한 것입니다. 광야 사십 년 동안, 이스라엘 백성들은 그 하나님의 말씀을 배우고 익히고 체험하여 명실공히 하나님의 백성이 되었습니다.

The Story of Heaven

1강 | 민수기 1:44-46

숫자에 담긴 의미

사라진 천 팔백 이십이라는 숫자는 거듭나면서 완전히 버린 것을 의미합니다. 돈이나 권력에 대한 세속적인 관심과 집착, 이념이나 증오심과 같은 것일 수도 있고, 나쁜 성품이나 습관일 수도 있습니다.

민수기 1강

우리는 숫자數字가 지배하는 세상을 살고 있습니다. 무엇이든 수치로 환산됩니다. 목사로서 가장 많이 받는 질문은 "교인 수가 얼마나 됩니까?"입니다. 이러한 현상은 경제·문화·종교 등 모든 삶의 영역에서 마찬가지입니다. 사람들은 일단 만나면 상대방이 얼마나 많이 가졌는지를 알려고 합니다. 많이 가진 사람은 자신의 소유를 과시하고 적게 가진 사람은 많이 가진 것처럼 과장합니다. 그리고 많이 가진 쪽은 어깨에 힘이 들어가고 가지지 못한 쪽은 주눅이 듭니다.

중국 인민군 하면 떠오르는 이미지는 인해전술입니다. 변변한 무기도 제대로 갖추지 못한 군대가 오직 많은 숫자로 적을 압도하는 그 전술 말입니다. 그래서 6.25 동란 때 끝도 없이 밀려드는 중국 인민 군대에 우수한 장비로 무장한 미군조차도 밀릴 수밖에 없었습니다. 그 중국 인민 군대가 사상 처음으로 감축에 들어갔다고 합니다. 이제는 군대의 숫자적 의미가 퇴색한 것입니다.

숫자로 표시된 소유를 지상 목표로 하여 살고 있는 현대인의 삶에도 엄청난 변화가 일어나고 있습니다. 제러미 리프킨은 그의 저서 《소유의 종말》에서 이렇게 말한 바 있습니다. "산업 시대는 소유의 시대였다. 소유와 함께 시작되었던 자본주의 여정은 끝났다. 이제는 접속의 시대가 왔다." 그는 IBM과 마이크로소프트, 두 회사를 비교하며 새로 도래하는 시대를 다음과 같이 설명하고 있습니다.

> 1996년 IBM의 시장 평가액은 707억 달러, 마이크로소프트는 855억 달러입니다. 한편 IBM은 166억 달러의 자산을 공장, 설비, 각종 부동산으로 보유하고 있는 반면, 마이크로소프트의 고정 자산은 9억 5천만 달러에 불과합니다. 그런데도 투자자들은 마이크로소프트의 주식을 훨씬 더 높은 가격에 삽니다. 전통적으로 한 기업의 주식 가치를 평가하는 데 부동산과 같은 고정 자산을 많이 가진 회사의 주식이 훨씬 비쌌습니다. 그러나 이제는 달라졌습니다. 투자자들은

회사를 이끌어가는 사람들의 선의, 아이디어, 재능, 경험과 같은 눈에 보이지 않는 자산에 관심을 두기 시작한 것입니다. 작가이며 언론인인 프레드 두디는 다음과 같은 말로 이런 현상의 핵심을 찌르고 있습니다. "마이크로소프트의 유일한 공장 자산은 직원들의 상상력이다."

이처럼 새로운 시대에는 새로운 가치를 볼 수 있는 새로운 시각과 관점이 요구됩니다. 그래야 새로운 변화에 유연하게 적응하여 퇴보하지 않고 성공적으로 삶을 이끌어갈 수 있습니다.

성경이 중요한 이유는 언제나 전혀 새로운 시각을 제공한다는 점입니다. 이 시각은 바로 하나님의 시각입니다. 인간의 변화가 아무리 빠르고 획기적이라 할지라도, 그 변화는 인간에 의해서 야기되는 것이므로 하나님의 손바닥 안에서 이루어지는 것입니다. 그야말로 '뛰어봤자 벼룩입니다.' 사람들이 하나님의 시각을 갖춰야 하는 이유는, 하나님의 시각은 사물의 본질과 핵심을 꿰뚫고 있기 때문입니다. 그래서 하나님의 시각은 하늘 아래에서 진행되는 모든 변화를 감지할 수 있으며, 따라서 언제나 새로운 통찰력을 제공합니다.

민수기 1장에는 이스라엘 백성들 중에 "이십 세 이상으로 싸움에 나갈 만한 모든 자"(3절)를 계수한 수치가 길게 나열되어 있습니다. 레위 지파를 제외한 이스라엘의 열두 지파에 소속된 싸움에 나갈 만한 이십 세 이상 된 남자들의 숫자가 자세히 기록되어 있고, 그 합계가 "육십만 삼천 오백 오십 명"(46절)입니다. 이 육십만 삼천 오백 오십 명의 숫자는 무엇을 의미하는 것일까요?

이 숫자를 인간의 시각으로 평가해서는 안 됩니다. 인간의 시각이란, "이제 육십만의 군대를 소유한 막강 이스라엘이 되었구나. 이제는 어디 내놓아도 손색이 없게 되었구나"라고 해석하는 것을 말합니다. 이러한 평가는 지극히 즉물적이며 피상적인 것입니다.

우리는 평소 바라던 소원이 이루어지고 소유가 풍성해질 때 마치 하나님의 은혜인 양 좋아하고 감사합니다. 반면에 바라던 소원이 이루어지지 않고 오히려 정반대의 일이 일어나거나 그나마 가지고 있던 것조차 사라져버릴 때 마치 하나님의 징계를 받는 것처럼 탄식합니다. 그러나 사실은 그렇지 않습니다. 이런 태도는 기독교가 기복 신앙으로 전락할 때 나타나는 필연적인 결과로, 하나님의 마음을 전혀 읽어내지 못한 태도입니다.

사사 시대 때, 미디안과 아말렉 군대가 이스라엘에 쳐들어온 적이 있습니다. 그 군대의 숫자가 얼마나 많았는지, 성경은 그들을 "메뚜기의 많은 수와 같고 그들의 낙타의 수가 많아 해변의 모래가 많음 같은지라"라고 기록하고 있습니다(삿 7:12). 그런데 이런 적군에 맞서기 위해 기드온의 수하에 모여든 사람들의 수는 불과 삼만 이천 명이었습니다. 이스라엘의 절대 열세입니다. 어떻게든 더 모아야 하는 상황에서 하나님께서는 그것도 너무 많다고 하십니다. 그래서 하나님의 명령에 따라 두려워 떠는 자들을 모두 돌려보냈더니, 남은 자는 일만 명이었습니다. 하지만 하나님께서는 그 일만 명도 너무 많다고 하셨습니다. 그래서 명령에 따라 무릎을 꿇고 물을 마시는 자를 돌려보냈습니다. 그랬더니 남은 자는 불과 삼백 명이었습니다. 그러나 기드온의 삼백 용사는 수다한 적군을 가볍게 물리쳤습니다.

다윗 시대 때입니다. 다윗은 승승장구하여 이스라엘 나라의 기초를 튼튼히 하였습니다. 그러던 어느 날 다윗은 수하 참모의 반대에도 불구하고 이스라엘 백성들의 인구를 조사하라고 명령합니다. 그런데 하나님께서는 다윗의 처사에 진노하셨습니다. 결과로 다윗에게 내려진 징계는 칠 년 동안의 기근, 석 달 동안의 패배, 삼 일 동안의 온역 중 하나를 택하라는 것이었습니다. 다윗은 가장 짧은 삼 일 동안의 온역을 택하였으나 그로 인해 죽은 사람이 칠만 명이나 되었습니다. 이 사건들은, 힘의 근원은 군대의 숫자가 아니라 오직 하나님임을 가르치고 있습니다. 한마디로 말해서, 소유에 의지하지 말라는 것입니다. 사람의 생명이 그 소유의 넉넉함에 있지 않다(눅 12:15)는 것입니다. 생각의 패러다임을 바꿔야 합니다. 소유의 넉넉함 대신 하나님의 지혜와 통찰력을 구해야 합니다. 그래야 제대로 살 수 있습니다.

"육십만 삼천 오백 오십"이라는 숫자가 의미하는 진짜 뜻을 알기 위해서는 한 가지 숫자가 더 필요합니다. 그 숫자는 민수기 마지막에 등장하는 숫자입니다. 민수기 26장 51절에 기록되어 있습니다. "이스라엘 자손의 계수된 자가 육십만 천 칠백 삼십 명이었더라." "육십만 천 칠백 삼십"이라는 숫자는 젖과 꿀이 흐르는 가나안 땅에 들어가기 직전에 실시한 인구 조사의 결과입니다. 이 두 숫자 사이, 즉 첫 번째 계수와 두 번째 계수 사이에는 실로 삼십칠 년의 세월이 흘렀습니다.

광야 생활의 어려움은 상상을 불허합니다. 먹을 것과 마실 것이 언제나 부족합니다. 한낮은 40-50도를 오르내리는 폭염이요, 밤은 영하 가까이로 기온이 떨어지는 추위입니다. 뱀과 전갈과 맹수의 위험 외에도, 사나운 이민족의 공격이 언제나 도사리고 있습니다. 이백만 명이나 되는 이스라엘 백성들이 이 광야에서 40년을 살았습니다. 그럼에도 불구하고, 인구는 불과 1,820명만 줄었을 뿐입니다. 이 숫자를 통하여 가장 먼저 보아야 하는 것은 '하나님의 은혜'입니다.

하나님께서 친히 하신 말씀입니다. "네 하나님 여호와께서 이 사십 년 동안에 네게 광야 길을 걷게 하신 것을 기억하라. 이는 너를 낮추시며 너를 시험하사 네 마음이 어떠한지 그 명령을 지키는지 지키지 않는지 알려 하심이라. 너를 낮추시며 너를 주리게 하시며 또 너도 알지 못하며 네 조상들도 알지 못하던 만나를 네게 먹이신 것은 사람이 떡으로만 사는 것이 아니요 여호와의 입에서 나오는 모든 말씀으로 사는 줄을 네가 알게 하려 하심이니라. 이 사십 년 동안에 네 의복이 해어지지 아니하였고 네 발이 부르트지 아니하였느니라"(신 8:2-4).

하나님께서 그 많은 사람들을 친히 먹이셨습니다. 의식주에 필요한 모든 것을 공급하주셨습니다. 모든 것이 다 하나님의 은혜입니다. 그런데 가장 중요한 것이 있습니다. 바로 하나님의 입에서 나오는 말씀입니다. 이것은 떡보다도, 집이나 의복보다도 중요한 것입니다. 광야 사십 년 동안, 이스라엘 백성들은 그 하나님의 말씀을 배우고 익히고 체험하여 명실공히 하나님의 백성이 되었습니다.

우리도 광야를 살아갑니다. 각자의 일생은 곧 광야 생활입니다. 이 기간 동안 무엇을 구해야 합니까? 돈도 권력도 명예도 쾌락도 아닙니다. 바로 하나님의 말씀입니다. 그 하나님의 말씀을 주신 것이 가장 큰 하나님의 은혜입니다. 이 말씀으로 온 우주만물과 인간을 창조하셨습니다. 그리고 오늘도 이 말씀으로 피조물들을 움직이고 계십니다. 이 말씀에 담긴 지혜와 통찰력을 얻는다면 하나님께서 만드신 세상에서 제대로 당당하고 행복하게 사는 것은 너무나 당연한 것입니다.

이 숫자에는 또한 두 번째 중요한 의미가 담겨 있습니다. 두 번째 의미를 알기 위해서는 전제 조건이 있습니다. 먼저, 이스라엘의 출애굽 사건은 우리 각자의 일생에서 겪는 사건을 상징한다는 점입니다.

하나님께서는 이집트에서 노예 생활을 하던 이스라엘 백성을 구원해내십니다. 이스라엘 백성들은 홍해를 건넙니다. 홍해를 건넌다는 것은 바로 '세례(침례)'를 의미합니다. 옛사람을 물 속에 장사지내고 새사람을 입겠다는 것입니다. 그러나 세례를 받았다고 금세 새사람이 되는 것은 아닙니다. 옛사람은 그대로 남아 있습니다. 그 옛사람의 숫자가 바로 육십만 삼천 오백 오십 명입니다. 하나님께서는 그들로 광야에서 사십 년을 보내게 하셨고(왜 그렇게 하셨는가는 10강에서 알 수 있습니다), 이집트 노예였던 1세대는 광야에서 모두 죽어야 했습니다.

광야에서의 사십 년은 '신앙 훈련'을 의미합니다. 광야에서 죽은 1세대는 바로 '옛사람의 죽음'을 의미합니다. 그리고 그 광야에서 새로운 2세대가 태어났습니다. 제2세대, 광야에서 신앙 훈련을 통하여 거듭난 백성들은 바로 '새사람'을 의미합니다. 그 숫자가 육십만 천 칠백 삼십 명입니다. 그렇게 거듭난 사람들만이 젖과 꿀이 흐르는 가나안 땅에 들어갈 수 있습니다.

요단 강 건너가 들어가는 가나안 땅은, 바로 육신을 땅에 묻고 들어가는 '천국'을 의미합니다. 그래서 장례식 때 "요단 강 건너가 만나리"라는 찬송을 부릅니다. 옛사람이 죽고 새사람으로 거듭난 사람들만이 천국에 들어갈 수 있습니다. 그러니까 출애굽 사건은 성도로서의 일생이 어떤 것인지를 드라마처럼 보여줍니다.

육십만 삼천 오백 오십 명의 옛사람은 광야에서 죽고 육십만 천 칠백 삼십 명의 새사람이 태어났는데, 그 차이는 불과 천 팔백 이십 명입니다. 이 숫자가 의미하는 것은 무엇일까요? 이것이 우리가 찾아야 하는 세 번째 의미입니다.

'거듭났다'는 것은 덜렁대던 사람이 차분해졌다는 의미가 아닙니다. 머리가 나쁘던 사람이 갑자기 좋게 되었다는 것도 아닙니다. 하나님께서 주신 천성은 변하지 않습니다. 옛사람에게도 열정이 있었습니다. 그러나 그 열정은 땅의 것을 얻기 위한 열정이었습니다. 그러나 거듭난 새사람은 하늘의 것을 얻겠다는 열정을 가지게 되었습니다. 예를 들어봅니다. 사도 바울은 집요한 사람이었습니다. 그의 옛사람은 그리스도인을 박해하는 데 집요하였습니다. 그러나 주님을 만나 거듭난 다음, 그 집요함은 복음 전파와 수호를 위하여 유감없이 발휘되었습니다.

사라진 천 팔백 이십이라는 숫자는 거듭나면서 완전히 버린 것을 의미합니다. 돈이나 권력에 대한 세속적인 관심과 집착, 이념이나 증오심과 같은 것일 수도 있고, 나쁜 성품이나 습관일 수도 있습니다.

교회에 다니면서 여전히 돈과 권력, 소유와 숫자에 지대한 관심을 가진 사람들이 많습니다. 그리고 그것을 얻으려고 여전히 안간힘을 씁니다. 그들은 열심을 내어 예수님을 믿고 열심히 봉사를 하였더니 훨씬 더 많은 것을 얻었다고 합니다. "야아, 이렇게 하면 더 많은 소유를 얻을 수 있구나. 할렐루야." 그래서 더욱 열심히 간증하며 전도를 합니다. 이런 이야기들은 교회 주변에서 너무도 많이 볼 수 있습니다. 그러나 이런 유의 믿음은 하나님께서 원하시는 것이 결코 아닙니다.

사도 바울은 이렇게 말합니다. "그러나 무엇이든지 내게 유익하던 것을 내가 그리스도를 위하여 다 해로 여길뿐더러 또한 모든 것을 해로 여김은 내 주 그리스도 예수를 아는 지식이 가장 고상하기 때문이라. 내가 그를 위하여 모든 것을 잃어버리고 배설물로 여김은 그리스도를 얻고 그 안에서 발견되려 함이니 내가 가진 의는 율법에서 난 것이 아니요 오직 그리스도를 믿음으로 말미암은 것이니 곧 믿음으로 하나님께로부터 난 의라"(빌 3:7-9). 사도 바울이 그 전에는 유익하던 것이었으나 현재는 배설물로 여겨 완전히 폐기 처분한 것이 바로 천 팔백 이십의 숫자가 의미하는 것입니다.

그런데 그리스도인들이 전이나 후에도 전혀 유익하지 않은 것을 여전히 고수하고 있는 것들이 너무도 많습니다. 그것이 무엇인지는 갈라디아서 5장 19-21절에 자세히 나와 있습니다. "육체의 일은 분명하니 곧 음행과 더러운 것과 호색과 우상 숭배와 주술과 원수 맺는 것과 분쟁과 시기와 분냄과 당 짓는 것과 분열함과 이단과 투기와 술 취함과 방탕함과 또 그와 같은 것들이라." 그리고 이런 일을 하는 자들은 절대로 하나님의 나라를 유업으로 받지 못할 것이라고 못 박고 있습니다.

민수기 초두에서 자세히 나열되는 각 지파의 이십 세 이상 된 남자의 숫자와 그 총계는 바로 이스라엘 백성의 옛사람을 의미합니다. 이 숫자를 읽으며 나에게 여전히 남아 있는 옛사람이 무엇인지 보아야 합니다. 처음 믿었을 때와 현재를 비교하여 얼마나 성장하였는가를 살펴보아야 합니다. 여전히 경박한 느낌을 행복으로 알고 살고 있다면, 여전히 세속적인 가치관을 가지고 더 많은 소유를 추구하고 있다면, 여전히 증오하며 억울해 하며 낙담하며 살고 있다면, 나는 이 광야를 헛고생하며 지나온 것입니다. 만약 여전히 그 모습으로 살아가겠다면 광야에서 죽어버린 1세대처럼 젖과 꿀이 흐르는 가나안 땅으로 들어갈 수 없습니다.

사도 바울은 에베소서 4장 22-24절에서 다음과 같이 신신당부합니다. "너희는 유혹의 욕심을 따라 썩어져가는 구습을 따르는 옛사람을 벗어버리고 오직 너희의 심령이 새롭게 되어 하나님을 따라 의와 진리의 거룩함으로 지으심을 받은 새사람을 입으라." 바로 이 말씀이 민수기의 숫자를 통하여 우리로 하여금 알게 하기 원하시는 핵심입니다.

이 아름다운 세상, 발목을 붙잡고 늘어지는 잡다한 것을 끊어버리고 훨훨 자유롭게 날아봅시다.

민수기 3:4 | **2**강

제사장이 된 아론의 가문

예수님께서는 리더십에 관한 단어를 한 번도 사용하지 않으셨습니다. 대신 "따르라", "순종하라"는 단어는 제자들의 귀에 못이 박히도록 강조하셨습니다. 그리고 예수님 자신께서 십자가에 죽기까지 순종하셨습니다.

민수기 2강

"여호와께서 시내 산에서 모세와 말씀하실 때에 아론과 모세가 낳은 자는 이러하니라"(민 3:1)에 이어지는 다음 절은, "아론의 아들들의 이름은 이러하니 장자는 나답이요 다음은 아비후와 엘르아살과 이다말이니" 입니다.

이상한 점이 무엇입니까? 아론의 아들들 이름만 나열되어 있을 뿐, 모세의 아들인 게르솜과 엘리에셀의 이름은 어디에도 찾아볼 수 없습니다. 아론은 모세의 형입니다. 하나님께서 말이 우둔한 모세에게 대언자로 붙여준 사람입니다.

출애굽 역사에서 모세는 단연 주역이었고, 아론은 조역이었습니다. 더욱이 아론은, 모세가 시내 산에 올라 사십 일을 지내는 동안

산 아래에서 백성들의 요구에 따라 금송아지나 만들어 하나님과 모세의 진노를 초래한 못난 사람이었습니다. 그런데 이상한 것이 있습니다. 위대한 모세의 후예들은 출애굽한 다음이나 가나안 땅에 정착한 이후에도 별다른 활약을 보이지 못한 채 성경의 역사 뒤로 사라져버렸습니다. 반면, 아론의 후예들은 제사장 그룹으로서 이스라엘 전면에서 계속 활동하는 것을 볼 수 있습니다.

여기에는 하나님의 깊은 뜻이 담겨 있습니다. 한마디로 이스라엘이 한 사람의 출중한 인물이나 그의 가문에 의해서 주도되는 것을 원치 않으시는 것입니다.

아론에게는 네 아들이 있었습니다. 나답과 아비후와 엘르아살과 이다말이었습니다. 이들은 출애굽하여 시내 산 계약을 맺고 성막과 십계명을 통하여 일 년 동안 훈련을 받은 다음, 기름부음을 받고 제사장 직분을 위임받았습니다.

그런데 주목해야 할 구절이 있습니다. "나답과 아비후는 시내 광야에서 여호와 앞에 다른 불을 드리다가 여호와 앞에서 죽어 자식이 없었으며"(4절)라는 기록입니다. 이 사건은 단 한 줄에 불과하지만 대단히 심각한 사건이었습니다. 이 사건은 성막을 처음 짓고 처음으로 하나님께 제사를 드릴 때에 일어났습니다.

온 백성이 숨죽이고 바라보는 가운데, 대제사장 아론은 두렵고 떨리는 마음으로 차근차근 규례에 따라 첫 번째 제사를 진행했습니다. 이것은 역사상 처음으로 드리는 제대로 된 제사, 하나님의 명령에 따른 합당한 제사였습니다. 제사의 말미에 아론은 백성을 향하여 손을 들어 축복하고, 모세와 함께 성소로 들어갔습니다. 그때 광경을 성경은 다음과 같이 기록하고 있습니다.

"모세와 아론이 회막에 들어갔다가 나와서 백성에게 축복하매 여호와의 영광이 온 백성에게 나타나며 불이 여호와 앞에서 나와 제단 위의 번제물과 기름을 사른지라. 온 백성이 이를 보고 소리 지르며 엎드렸더라"(레 9:23-24). 얼마나 두렵고 놀라운 광경이었을까요?

이어서 아론의 아들 두 아들, 나답과 아비후에게 성소의 분향단에서 향을 사르는 임무가 주어졌습니다. 각기 향로를 가지고 성소에 들어간 그때에 또 한 번 놀라운 일이 벌어졌습니다. 성소에서 엄청난 불이 나와 그들을 불살라버린 것입니다. 사람들은 또 한 번 경악하였습니다. 이럴 수가? 그 사건의 발단은 단 하나, "여호와께서 명령하시지 아니하신 다른 불"(레 10:1)을 사용하였기 때문입니다. 다른 불이란 무엇일까요? 원래 규정대로라면, 이들은 번제단의 불을 사용해야 했습니다. 그런데 그 규정을 무시해버리고 각자 소지한 불을 임의대로 사용한 것입니다.

이 제사는 처음으로 성막에서 드리는 제사였습니다. 그렇게 중요한 첫걸음에서부터 나답과 아비후는 잘못을 범한 것입니다. 이것은 이스라엘의 새로운 공동체, 즉 구약 교회 형성에 치명적인 것이었습니다. 이것을 그대로 묵과한다면, 그 다음은 보지 않아도 뻔한 것이었습니다.

이와 유사한 사건이 신약 교회에서도 일어났습니다. 바로 "아나니아와 삽비라 사건"(행 5:1-5)입니다. 아나니아는 소유를 팔아 일부는 자신이 가지고, 일부는 제자들에게 가져왔습니다. 그 사실을 아내인 삽비라도 알고 있었습니다. 그런데 그런 그들을 향하여 베드로가 이렇게 말합니다. "아나니아야, 어찌하여 사탄이 네 마음에 가득하여 네가 성령을 속이고 땅 값 얼마를 감추었느냐. 땅이 그대로 있을 때에는 네 땅이 아니며 판 후에도 네 마음대로 할 수가 없더냐. 어찌하여 이 일을 네 마음에 두었느냐. 사람에게 거짓말한 것이 아니요 하나님께로다"(행 5:3-4). 그 말을 듣자마자 아나니아와 삽비라의 혼은 떠나고 그들은 죽고 말았습니다. 그 광경을 보고 있던 모든 사람들은 크게 놀라고 두려워하였습니다.

자신의 소유를 전부 팔아 교회에 바치고 다만 그 일부를 자신이 가졌다고 해서, 성령을 속이는 일이며 사탄의 하수 노릇을 한다는 것입니다. 하나님을 속였다는 것입니다. 그리고 그 일로 그들은 죽어야 했습니다. 그렇다면 집과 모든 소유를 내 것으로 알고 사는 우리들은 어떻게 되는 것일까요? 하나님께서는 왜 이렇게까지 하신 걸까요?

예수님께서 부활 승천하신 다음, 제자들이 모여 기도하는 가운데 마가의 다락방에 성령이 강림하셨습니다. 성령 충만한 제자들이 거리로 뛰쳐나가 부활하신 주님을 선포하였습니다. 하루에 삼천 명씩 예수님을 구세주로 영접하는 사람들이 늘어났습니다. 엄청난 성령의 바람이 불어온 것입니다. 초대 교인들은 성령 아래 온전히 하나가 되었습니다. 이것이 바로 신약 교회의 태동입니다.

신약 교회의 처음에는 '너와 나'가 따로 없었습니다. 서로 내어놓고 필요한 사람이 쓰는 그런 공동체였습니다. 그 첫 불을 놓은 것은 구브로 사람 요셉이었습니다. 그는 자신의 모든 소유를 팔아 교회에 내어놓았고, 그 돈은 구제와 선교에 요긴하게 사용되었습니다. 그로 인하여 요셉은 '바나바'라고 불리게 되었는데, 바나바란 '권면과 위로의 아들'이라는 뜻입니다. 바나바는 제자들과 초대 교인들의 사랑과 존경을 한 몸에 받게 되었습니다. 그런 모습을 아나니아가 보았습니다. 그리고 그의 마음속에 욕심이 생겼습니다. '나도 그렇게 하여 사람들의 존경과 인정을 받으리라.' 그리고 그와 같이 행한 것입니다.

　사람들은 몰랐습니다. 그러나 성령 하나님은 알고 계셨습니다. 성령 충만한 베드로도 알게 되었습니다. 아나니아의 행동은 성령을 모욕하는 일이었으며, 하나가 된 초대교회 공동체를 다시 쪼개려는 치명적인 일이었습니다. 이 땅에 불어온 성령의 바람을 거스르는 엄청난 일이었습니다. 그야말로 성령을 훼방하는 사건이었습니다. 이 일을 묵과하거나 그대로 방치한다면 그 다음은 불 보듯 뻔합니다. 사람들이 얼마나 재빨리 하나님을 떠나 제 갈 길로 가는지 우리 자신이 너무나 잘 알고 있습니다.

　제사장은 하나님께서 세우신 공동체의 리더들입니다. 하나님 나라의 리더들이 가장 먼저 배워야 하는 일은 '따르는 일'입니다. 예수님께서는 리더십에 관한 단어를 한 번도 사용하지 않으셨습니다. 대신 "따르라", "순종하라"는 단어는 제자들의 귀에 못이 박히도록 강조하셨습니다. 그리고 예수님 자신께서 십자가에 죽기까지 순종하셨습니다. 하나님 나라의 리더들은 먼저 하나님의 명령에 순종함으로 공동체를 살리는 사람들입니다. 다른 사람들을 살려야 자신도 사는 존재들입니다.

　세계적인 기업 제너럴 일렉트릭 사는 간부 승진의 기준으로, 그 사람 밑에서 일한 사람들이 과거에 비해 얼마나 많이 발전하였는가를 가장 중시합니다. 리더는 다른 사람을 이용하여 자신이 성공하는 사람이 아닙니다. 다른 사람을 성공시키는 사람이 진정한 리더입니다.

하나님께서 아론과 그의 아들들을 제사장 나라 이스라엘의 대제사장과 제사장, 제사장 중의 제사장으로 삼으신 이유는 이스라엘을 살리라는 것입니다. 그 일은 먼저 따르는 일에서 시작합니다. 진정한 리더십leadership은 바로 팔로우십followship입니다.

나답과 아비후는 그 일에 첫걸음부터 실패하였습니다. 그래서 죽임을 당했고, 또한 무자無子하였습니다. 후손이 없었다는 말입니다. 실패한 제사장의 또 한 예에는 엘리 제사장과 그의 아들들, 홉니와 비느하스가 있습니다. 그들의 후손도 끊어져버렸습니다. 그래서 사도 바울은 "선 줄로 생각하는 자는 넘어질까 조심하라"(고전 10:12)고 경고하고 있습니다.

혹시 나는 아담과 이브처럼 하나님께서 금하신 열매를 따먹고 있는 것은 아닌지, 나답과 아비후처럼 하나님께서 명하지 아니한 불을 사용하고 있는 것은 아닌지 잘 살펴보아야 합니다. 다른 불이란 하나님의 뜻에 합당하지 않은 모든 것입니다. 리더는 언제나 그 언행에 있어서 과연 하나님께 용납될 것인지 여부를 먼저 살펴야 합니다.

　요즈음 우리나라의 가장 큰 문제 중 하나는, 리더의 권위는 인정하지 않으면서도 자신은 한사코 리더가 되려 한다는 것입니다. 이런 문제는 교회에서도 동일하게 나타납니다. 이것은 리더를 임무에 대한 책임으로 생각하지 않고, 신분 상승과 권력의 강화 수단으로 보기 때문입니다.

　사도 바울은 로마서에서 다음과 같이 말합니다. "피조물이 고대하는 바는 하나님의 아들들이 나타나는 것이니 피조물이 허무한 데 굴복하는 것은 자기 뜻이 아니요 오직 굴복하게 하시는 이로 말미암음이라. 그 바라는 것은 피조물도 썩어짐의 종노릇 한 데서 해방되어 하나님의 자녀들의 영광의 자유에 이르는 것이니라"(롬 8:19-21).

　엄청난 말씀입니다. 참 하나님의 자녀들이 나타나기 전까지는 모든 피조물들이 허무한 데 굴복하도록 만드셨다는 것입니다. 이것은 하나님의 뜻입니다. 드디어 하나님의 자녀들이 나타났습니다. 동시에 피조물들이 썩어짐의 종노릇으로부터 해방되고, 그들 또한 하나님의 자녀들의 영광과 자유에 참여하게 됩니다. 그래서 온 피조물들이 하나님의 자녀가 나타나기를 탄식하며 학수고대하고 있는 것입니다.

하나님께서는 성도들을 모든 사람들의 제사장으로 세우셨습니다. 제사장은 모든 피조물을 대표하여 하나님 앞에 서며, 동시에 하나님의 대리자로서 모든 피조물을 이끄는 가장 존귀한 존재입니다. 모든 피조물의 운명은 제사장이 어떻게 하느냐에 따라 결정됩니다. 그러므로 한국 교회가 다시 리더십을 회복하고 발휘해야 합니다.

한 수도원이 있었습니다. 한때는 대단히 번성하여 많은 사람들이 그 수도원을 찾아왔습니다. 그러나 지금은 퇴락하여 원장과 세 명의 수도사만이 남아 있을 뿐이었습니다. 그나마 네 명의 수도사마저도 의견이 늘 달라 티격태격 싸우고 갈등하며 살아갔습니다. 수도원 덕분에 번창하던 그 마을 역시 퇴락의 길을 걷고 있었습니다. 그러던 어느 날, 그 마을에 한 유대 랍비가 오게 되었습니다. 그 랍비는 훌륭한 사람이었는지, 마을 사람들이 찾아들기 시작하였습니다. 그 명성이 이 수도원에까지 미치게 되었습니다.

수도원으로 인하여 늘 고민하던 수도원 원장이 늦은 밤, 아무도 몰래 그 랍비를 찾았습니다. 그리고 고민을 이야기하고 수도원을 회생시킬 방안이 무엇이냐고 물었습니다. 조용히 원장의 말을 듣고 난 랍비는 입을 열었습니다. "내가 이 마을에 온 이유는, 기도 중에 이 수도원에서 위대한 메시아가 난다는 말을 들었기 때문입니다." 그러고는 입을 닫았습니다. 수도원 원장은 그 말을 듣고 놀랐습니다.

　수도원으로 올라간 원장은 세 명의 수도사들을 모아놓고 그 말을 전했습니다. 다음날부터 수도원의 분위기가 완전히 달라졌습니다. 그 전 같으면 큰 소란으로 확대되었을 다툼의 조짐이 보여도 서로 이렇게 생각하였습니다. '혹시 저 사람이 메시아일 수도 있어. 저 사람에게 대들었다가 큰일을 당할 수 있지.' 수도 생활을 하다가 게으름을 피우고 싶어도, '혹시 하나님께서 나를 메시아로 택하실 수도 있지.' 그렇게 생각하며 기도와 말씀 연구에 정성을 쏟았습니다. 그런 생활이 계속되면서 그 수도원은 다시 옛 명성을 회복하기 시작하였고, 그 마을도 어두움의 그늘자가 걷히며 활기와 행복을 되찾기 시작하였습니다.

　"아버지께서 나를 세상에 보내신 것같이 나도 그들을 세상에 보내었고"(요 17:18).

　예수님은 최고의 리더이십니다. 그러나 언제나 하나님 아버지의 명령에 따르셨습니다. 그 예수님께서 나를 세상의 리더로 보내십니다. 당연히 나도 예수님을 따라야 합니다.

　진정한 리더는 언제나 이인자입니다.

3강 | 민수기 3:39-43

레위 지파 사람들

하나님의 일에는 그것을 감당할 인격과 능력과 신앙이 있어야 합니다. 삼십 세에서 오십 세까지 인생의 최고조에 달하는 시기를 사용하시겠다는 것입니다. 통상 이십 세가 넘으면 성인 대우를 받습니다. 그러나 하나님의 일을 하기 위해서는 왕성한 체력과 혈기와 서투름에서 벗어나야 한다는 것입니다. 예수님도 요셉도 다윗도 모두 삼십 세에 사역을 시작하였습니다.

민수기 3강

서울역 뒤편 중림동 언덕에는 자그마한 성당이 한 채 서 있습니다. 이름은 약현 성당. 서소문밖 네거리로 불리던 이곳은 새남터와 더불어 기독교인 처형장이었습니다. 1801년 신유박해에서 시발된 여러 박해 기간 동안 수많은 순교자의 피가 스민 유서 깊은 곳입니다. 1892년 이곳에 세운 성당이 바로 약현 성당입니다. 그런데 약현 성당에 불을 지른 사람이 있었습니다. 한 개신교 신자였습니다. 그는 천주교는 이단으로서 마땅히 없어져야 한다는 왜곡된 신앙관의 소유자였습니다. 다른 종교인들은 그런 일을 하지 않는데, 유독 개신교 신자들은 타종교가 신성시하는 건물이나 물건들을 훼손하는 경우가 대단히 빈번합니다.

레위 지파 사람들 49

왜 그런 걸까요? 한마디로 왜곡된 선민의식 때문입니다. 자신만이 하나님의 택함을 받은 선민이라는 것입니다.

오늘 읽은 본문 말씀은 레위 지파에 관한 기록입니다. 레위 지파는 이스라엘의 영적 지도자요 하나님의 일꾼으로서 이스라엘 자손 중에 특별히 선택받은 핵심 그룹core group입니다. 자, 어떻게 레위 지파가 그런 지위를 얻게 되었는지 살펴봅시다.

하나님께서 친히 말씀하십니다. "레위인은 내 것이라. 나는 여호와니라"(민 3:45). 참으로 엄청난 말씀이 아닐 수 없습니다. 하나님이 친히 택하신 레위인들의 지위는 대단할 수밖에 없었습니다. 또한 레위 지파만은 언제나 열외였습니다. 하나님께서 모세에게 친히 이르십니다. "너는 레위 지파만은 계수하지 말며 그들을 이스라엘 자손 계수 중에 넣지 말고"(49절). 이 말씀 이후 레위 지파는 특수한 지위와 권한을 누리면서 하나님의 일을 전담하였습니다. 다른 지파들은 이십 세 이상의 남자들을 계수케 하셨는데, 레위 지파만은 다릅니다.

하나님의 명령입니다. "레위 자손을 그들의 조상의 가문과 종족을 따라 계수하되 일 개월 이상 된 남자를 다 계수하라"(민 3:15). 다른 지파들은 이십 세 이상으로 싸움에 나갈 만한 자를 계수케 하였으나, 레의 지파는 일 개월 이상이면 다 계수하라고 하십니다. 레위 지파의 남자 아기는 태어날 때부터 핵심 그룹의 멤버요, 영적 지도자로서 택정을 받은 것입니다.

또 하나 레위인을 특별하게 만든 것이 있었는데, 그것은 모든 족속과 가문과 집안에서 태어난 장자를 대신한다는 점입니다. "이스라엘 자손 중 모든 처음 태어난 자 대신에 레위인을 취하고 또 그들의 가축 대신에 레위인의 가축을 취하라"(민 3:45). 당시나 지금이나, 장남 또는 장손의 지위는 특별하였습니다. 특히 옛날에는 장자는 아버지의 재산을 상속하며 가문을 대표하는 권리를 가졌습니다. 그런데 레위인은 그들을 대신하는 존재이므로, 사람들은 레위인을 장손 또는 장자로서 대접해주었습니다. 어디를 가든 레위인은 상석에 앉았고 특별 대접을 받았습니다. 그러니까 하나님께서는 모든 백성들 중에 이스라엘을 택하시고, 이스라엘 중에 레위 지파를 택하신 것입니다. 레위 지파는 하나님의 선택을 두 번이나 받은 특별한 존재입니다.

그런데 우리가 주목해야 할 것이 있습니다. 바로 레위인이 선택되는 과정입니다. 하나님께서는 먼저 모든 족속의 장자의 수를 셀 것을 명령하셨습니다. "여호와께서 또 모세에게 이르시되 이스라엘 자손의 처음 태어난 남자를 일 개월 이상으로 다 계수하여 그 명수를 기록하라"(민 3:40). 모세가 세어보았더니 일 개월 이상 된 장자의 수가 22,273명이었습니다. 그런데 그 숫자가 레위 지파 일 개월 이상 된 남자의 수 22,000명(민 3:39)과 가장 가까웠습니다.

각 가정의 장자들을 모든 가정에서 차출하여 하나님의 일을 시키면 여러 가지 복잡하고 번잡스러운 일들이 생길 것입니다. 그래서 하나님께서는 각 가정의 장자를 차출하여 쓰느니, 레위 지파 전체를 뽑아 하나님의 전용 일꾼으로 삼자고 결정하셨습니다.

레위인이 잘나서, 특별히 똑똑해서 그러한 장자의 특권을 누리는 것이 절대 아닙니다. 그저 장자의 숫자와 비슷했기 때문입니다. 그러므로 레위인들에게 요구되는 것은 감사와 겸손입니다. 그리고 충성과 헌신입니다.

그렇다면 수다한 민족 중에 이스라엘을 택하신 이유가 무엇일까요? "여호와께서 너희를 기뻐하시고 너희를 택하심은 너희가 다른 민족보다 수효가 많기 때문이 아니니라 너희는 오히려 모든 민족 중에 가장 적으니라"(신 7:7).

이스라엘이 잘나서가 아니라 가장 약하고 못났기 때문에 택하셨습니다. 이스라엘은 물경 430년 동안 이집트의 노예로 살았습니다. 아마도 역사상 최장기 노예였을 것입니다.

여기서 성경의 밑바닥에 흐르는 맥脈을 볼 수 있습니다. 약한 자를 택하셔서 강한 자를 부끄럽게 하신다는 것입니다.

　이스라엘 백성과 바리새인들의 실패는 바로 여기에 있습니다. 자신들이 잘나서 하나님께 선택받은 줄로 착각하였습니다. 이것이 바로 '시오니즘'이라고 하는 선민의식입니다. 그래서 그들은 감사를 몰랐고, 하나님으로부터 항상 '목이 곧은 백성'이라는 책망을 들었고, 타민족으로부터는 배척을 받았습니다. 오늘날 한국 교회가 사회로부터 당하고 있는 비판과 전혀 다르지 않습니다. 타산지석으로 삼아야 합니다.

　성도란 어떤 사람들입니까? 먼저 이스라엘 민족입니다. 수많은 민족 중에 하나님의 선택을 받은 이스라엘이 곧 구약 백성들입니다. 우리는 누구입니까? 새 이스라엘입니다. 그러므로 성도는 바로 레위인입니다.

　한국 민족을 대표하여 하나님의 일을 하도록 선택받은 사람들이 바로 성도들입니다. 우리가 잘나서, 똑똑해서, 남달라서 선택받은 것이 아니라, 하나님의 주권에 의해서 선택받은 것입니다. 그러므로 우리가 취해야 할 태도는 감사와 겸손입니다. 또한 성실한 사명 감당이요, 하나님을 향한 자발적인 충성입니다.

　좀 더 깊이 들어가봅시다. 왜 하나님께서는 이스라엘의 장자를 택하시고 그들을 레위 지파로 대체하셨는지, 우리는 그 깊은 속내를 알아야 합니다. 하나님의 명령입니다. "너는 태에서 처음 난 모든 것과 네게 있는 가축의 태에서 처음 난 것을 다 구별하여 여호와께 돌리라 수컷은 여호와의 것이니라"(출 13:12).

이 명령이 내려질 당시의 상황을 머릿속에 한번 그려보십시오. 칠흑같이 어두운 밤, 하나님의 수많은 사자들이 하늘에서 내려와 이집트의 모든 집들을 검색합니다. 문설주와 인방에 피를 바르지 않은 가정의 장자를 치는 무서운 밤입니다. 여기저기서 절규와 탄식이 밤공기를 찢으며 들려옵니다. 이스라엘 백성들은 옷을 입고 허리띠를 동이고 떠날 준비를 하며 급히 구운 양고기를 먹습니다. 그런 절박한 상황에서 내려진 명령은, 바로 모든 처음 난 것을 하나님께 돌리라는 명령입니다.

왜 하나님께서는 장자를 바치라고 명령하시는 것일까요?

그것은 하나님께서 전혀 새로운 차원의 관계를 원하시기 때문입니다. 장자는 그 가족과 가문을 대표합니다. 이스라엘의 모든 장자를 하나님의 것으로 돌리는 순간, 전 이스라엘 백성은 하나님과 가족 관계에 들어가게 되는 것입니다.

하나님께서는, 양을 잡아 그 피를 문설주와 인방에 바르면 살리라는 터무니없는 하나님의 명령을 믿고 따른 사람들을 자녀로 삼으셨습니다. 출애굽하는 동안, 주인이 종을 부리듯 하지 않고, 부모가 자녀를 대하듯 보호하고 인도하고 지켜주신다는 것입니다. 이에 대하여 사도 바울은 말합니다. "너희는 다시 무서워하는 종의 영을 받지 아니하고 양자의 영을 받았으므로 우리가 아빠 아버지라고 부르짖느니라"(롬 8:15).

레위인은 하나님의 장자들입니다. 성도들 또한 택함을 받은 하나님의 장자들입니다. 사도 바울은 또 이렇게 말합니다. "하나님이 미리 아신 자들을 또한 그 아들의 형상을 본받게 하기 위하여 미리 정하셨으니 이는 그로 많은 형제 중에서 맏아들이 되게 하려 하심이니라"(롬 8:29).

예수님은 대제사장이십니다. 우리 모든 성도들은 레위인이요 제사장들입니다. 동시에 영적 맏아들입니다. 이를 위하여 사탄의 하수로 살고 있던 우리를 하나님께서 부르셨습니다. 또한 부르신 우리를 의롭다고 하시고, 끝내는 영화롭게 하십니다. 레위인이신 여러분, 소망을 가지십시오. 힘을 내십시오.

민수기 1장 47절 이하에는 레위인들의 임무가 길고 자세하게 기록되어 있습니다. 오직 레위인들만이 성막과 성막에 속한 각종 기구들을 철거, 운반, 설치, 관리할 수 있었습니다. 다른 사람들이 가까이 오거나 손을 대면 죽임을 면치 못했습니다. 대단한 보호와 특별조치가 아닐 수 없습니다. 이스라엘 백성들이 진을 칠 때는 성막을 중심으로 그 주위를 레위 지파가 둘러싸고, 나머지 모든 지파들은 그 주변 사방에 순서에 따라 진을 쳤습니다. 이렇게 한 이유는 "이스라엘 자손의 회중에게 진노가 임하지 않게"(민 1:53) 하기 위해서였습니다. 즉 레위 지파가 어떻게 하느냐에 따라 하나님의 진노 여부가 결정된다는 것입니다. 그러므로 레위 지파는 그 책임이 얼마나 막중한지 새삼 깨달아야 합니다. 그 깊은 뜻을 외면하고, 또 그 책임은 소홀히 하면서 선민의식과 특권만 내세운다면 개도 웃고 소도 웃을 것입니다.

하나님께서는 다음과 같이 명령하십니다. "곧 삼십 세 이상으로 오십 세까지 회막의 일을 하기 위하여 그 역사에 참가할 만한 모든 자를 계수하라"(민 4:3). 이 명령은 레위 지파에게만 내려진 특별 명령입니다. 이십 세 이상 된 남자들을 계수해야 하는 다른 지파와는 달리, 레위 지파는 일 개월 이상 된 남자를 계수하여 보고해야만 했습니다. 다른 지파는 그 숫자가 곧 임무를 담당할 사람들의 숫자입니다. 그러나 레위 지파는 다릅니다. 레위 지파 사람들의 임무 담당 연령은 삼십 세에서 오십 세로 제한되었습니다. 왜 삼십 세에서 오십 세로 제한하신 것일까요?

교회에서 흔히 볼 수 있는 일이 있습니다. 목회자가 성도들에게 성가대나 주일 학교 교사, 선교회 활동 등 교회 일을 부탁하면 종종 이런 대답을 듣습니다. "글쎄요. 시간을 낼 수가 없네요. 너무 바빠서요. 죄송합니다." "그런 일들은 젊은 대학생들에게 시키시지요." "아 요번에 아무개 씨가 은퇴를 하셨다고 들었는데…" 등등의 대답입니다. 이 대답들의 공통점은 이십 대 이하와 육십 대 이상에 속한 사람들에게 교회 일을 맡기라는 것입니다. 그러나 삼십 세에서 오십 세까지의 기간은 인생에서 가장 왕성하게 일할 수 있는 최고의 황금기입니다. 그런데 대부분의 성도들은 이 시기를 오직 자신을 위하여 사용해버립니다. 심각한 현상이 아닐 수 없습니다.

그렇다면 삼십 세에서 오십 세까지의 레위인을 계수하라고 조치하신 하나님의 의도는 무엇일까요?

첫째, 하나님의 뜻에는 그것을 감당할 인격과 능력과 신앙이 있어야 합니다. 삼십 세에서 오십 세까지 인생의 최고조에 달하는 시기를 사용하시겠다는 것입니다. 통상 이십 세가 넘으면 성인 대우를 받습니다. 그러나 하나님의 일을 하기 위해서는 왕성한 체력과 혈기와 서투름에서 벗어나야 한다는 것입니다. 예수님도, 요셉도, 다윗도, 모두 삼십 세에 사역을 시작하였습니다. 또한 오십 세 이상이 되면 신체의 여러 능력들이 떨어지기 시작합니다. 한마디로, "최상의 것으로 하나님의 일을 수행하라"는 것입니다.

둘째, 하나님의 일에는 준비된 일꾼이 필요합니다. 레위인들은 일 개월 이상이면 계수되었지만, 25세가 될 때까지 성막에는 접근할 수 없었습니다. 그렇다고 아무렇게나 보통 사람들과 구별되지 않고 사는 것이 아닙니다. 엄격히 레위인으로 구별되어 양육되었습니다. 그리고 25세부터 5년간의 견습 기간을 거쳐서 정상적인 봉사를 할 수 있었습니다. 그러니까 20년 동안의 봉사 기간을 위하여 30년을 기다리고 훈련받는 것입니다.

민수기 4장 1절에서 30절까지는 지루할 정도로 자세하고 세밀하게 작업 지시가 기록되어 있는데, 이것은 하나님의 성막 중에 있는 각종 기구들을 옮길 때에 시행해야 하는 일들입니다. 그 내용을 일일이 기억할 필요는 없습니다. 그러나 우리가 반드시 보아야 하는 것이 있습니다. 바로 '그 정성의 지극함'입니다. 한마디로, "최선의 정성으로 하나님의 일을 수행하라"는 것입니다.

그들이 어떻게 행해야 하는지, 성소의 기구 중에서 가장 중요한 법궤를 포장하는 것을 예로 들겠습니다.

성소는 네 겹 앙장을 덮어 만든 천막입니다. 그 성소는 그룹이 그려진 두꺼운 휘장에 의해서 전실과 후실로 나뉘는데, 그 두꺼운 휘장은 예수님께서 십자가에서 숨을 거두실 때 찢어진 그 휘장을 말합니다. 휘장 뒤 후실은 하나님의 법궤가 놓여 있는 지성소, 곧 지극히 거룩한 장소입니다. 이곳에는 일 년에 한 번 대제사장만이 들어갈 수 있습니다. 그리고 하나님의 법궤에 손을 대는 사람은 그 자리에서 죽습니다. 직접 보아서도 안 됩니다. 법궤는 곧 하나님 자신을 상징하기 때문입니다. 그러므로 법궤를 포장할 때에도 최고의 주의가 필요합니다. 레위인일지라도 법궤를 직접 만지면 죽기 때문입니다.

먼저 레위 지파 고핫 자손이 성소의 전실에 들어가서 그룹이 그려진 휘장을 조심스럽게 떼어내고는 그 휘장을 높이 쳐들고 법궤로 다가갑니다. 법궤를 직접 보지 않기 위해서입니다. 그러고는 그 휘장으로 법궤를 잘 덮습니다. 그리고 해달 가죽으로 그 위를 한 번 더 덮습니다. 해달 가죽은 홍해 바다에서 서식하는 물개나 또는 돌고래의 가죽을 말합니다. 비나 바람으로부터 보호하기 위해서입니다. 그러고는 그 위에 순청색 보자기로 한 번 더 덮습니다. 순청색은 사막에서 멀리서도 눈에 잘 띄는 강렬한 색깔입니다. 하늘, 곧 하나님의 권위와 영광을 상징합니다. 그런 다음 법궤에 달려 있는 고리에 채를 꿰고 운반합니다.

순청색 보자기에 정성스럽게 싼 법궤를 레위인들이 어깨에 메고 맨 앞에서 행진하면, 온 이스라엘 백성들이 그 뒤를 따릅니다. 암갈색, 회색으로 가득한 사막에 찍힌 한 점의 순청색. 혼돈과 공허와 흑암의 세상에 들어오는 한 줄기 빛, 곧 모든 것의 원천이신 삼위일체 하나님이십니다.

이렇게 자세히 설명하는 이유는 하나님을 대함에 있어 얼마나 엄중한 자세와 절차가 요구되는지 보여주기 위해서입니다. 지금은 성막이 폐지되었지만 이와 같은 하나님에 대한 자세와 정성은 세상 끝날까지 요구된다는 사실을 기억해야 합니다. 하나님의 일을 지극 정성으로 행하시기를 간절히 바랍니다.

한 치의 오차 없이 이런 일을 수행하기 위해서는 철저한 훈련이 필요합니다. 얼마 전 박기복 감독이 만든 〈영매〉라는 다큐멘터리 영화를 보았습니다. 무당들의 삶을 다룬 영화입니다. 무당에는 세습무와 강신무 두 종류가 있습니다. 세습무는 대대로 자손들에게 무당 일을 전수시킵니다. 강신무는 어느 날 신을 받아 무당이 됩니다. 그런데 굿하는 일의 심도에 있어서 세습무를 강신무가 따라갈 수 없다고 합니다. 그만큼 세습무는 어려서부터 철저하게 훈련을 시키기 때문입니다. 그래서 세습무는 그 모든 일들이 너무나 어려워서 자손들에게 가르치지 않아 그 맥이 끊어지게 되었다고 합니다. 그 영화를 보면서 무당이 되는 데에도 저런 훈련의 과정을 거치는데, 하나님의 제사장들인 우리는 얼마나 소홀히 행하는가 하는 생각으로 부끄러웠습니다.

4장 12절에는 '봉사'라는 단어가 나옵니다. "성소에서 봉사하는 데에 쓰는 모든 기구를 취하여." 여기에서 봉사라는 단어는 히브리어로 '쇠레트 *sharab*'라고 합니다. 이 말은 비천한 사역을 일컫는 '아바드 *abade*'와는 차원을 달리하는 단어입니다. 이것은 고귀한 인물이 하는 일을 지칭합니다.

레위인들은 전쟁이나 일반 사역에서 제외되었습니다. 그 이유는 레위인들은 '쇠레트'를 위하여 구별된 사람들이기 때문입니다. 아무리 중요한 일도 세상 일이라면 '아바드'입니다. 목숨이 오락가락 하는 전쟁일지라도. 황금을 삼태기로 담는 일일지라도 역시 '아바드'입니다. 그런데 특이한 것은, 성경은 요셉이 보디발의 집에서 행한 일을 거룩한 일 '쇠레트'로 보고 있다는 것입니다. 그러니까 '쇠레트'는 그 일의 성격에 의해서 결정되는 것이 아니라, 그 일을 수행하는 사람이 누구냐에 따라, 그리고 그 자세에 따라 구별된다는 것입니다. 천박한 노예의 일일지라도, 요셉은 하나님께 하듯이, 하나님께 영광 돌리며 수행하였다는 것입니다. 그런데 현대의 레위인인 우리들은 어떻게 하고 있습니까? '쇠레트'는 외면하고 '아바드'에만 눈을 번뜩이고 있지 않습니까? 하나님의 일 '쇼레트'도 세상 일 '아바드'처럼 수행하고 있지 않습니까?

　성도는 현대의 레위인들입니다. 하나님께서 내게 맡기신 일이 무엇입니까? 이는 교회에서 하는 일로만 제한하는 것이 아닙니다. 여러분이 수행하는 모든 일들이 하나님께서 맡기신 것입니다. 최고의 정성으로, 최상의 것으로 하나님께 하듯이 기쁨으로 수행하십시오. 요셉이 하듯이, 천한 노예의 일도 하나님의 거룩한 일 '쇼레트'로 만드십시오.

민수기 6:1-8 | **4**강

특별한 사람들, 나실인

나실인들은 어두운 세상을 밝히는 가장 밝은 빛이라 할 수 있습니다. 이들은 자기 자신을 드림으로써 더러워진 자신이 정화되고 하나님의 임재를 깊이 경험하는 은총을 입게 됩니다. 나아가 자신을 철저히 구별하여 하나님께 드림으로 하나님의 영적인 빛을 자신들을 통하여 세상에 드리게 하는 것입니다.

민
수
기
4
강

    기원전 73년 검투사 스파르타쿠스는 동료들을 이끌고 반란을 일으킵니다. 이탈리아 남부까지 점령하고 기세를 올렸던 그는 2년 후 진압되고, 당시 함께 진압된 6,000명의 노예들은 아피아 가도에 세워놓은 십자가에서 처형되어야 했습니다.

    한번 노예는 영원한 노예였습니다. 태어나면서 부여된 신분은 낙인처럼 지울 수가 없었습니다. 어린아이나 부녀자들은 남자들의 소유물로 간주되었고, 그나마 이러한 신분의 굴레가 벗겨진 것은 최근의 일입니다. 여자에게 선거권이 최초로 인정된 것은 1893년 뉴질랜드에서였고, 영국에서 여자들에게 선거권이 주어진 것은 1928년이었으며, 놀랍게도 스위스에서는 1971년에야 연방 선거에서 여성들에게 선거권이 부여되었습니다.

그런데 이스라엘에서는 출애굽 당시부터 여성의 권리를 인정하였습니다. 성경을 하나님의 말씀으로 인정하는 이유는, 성경에는 인간이라면 생각할 수 없는 내용들, 즉 하나님의 생각이랄 수밖에 없는 내용들이 너무나 많기 때문입니다.

나실인에 대한 규정이 그중 하나입니다. "이스라엘 자손에게 전하여 그들에게 이르라 남자나 여자가 특별한 서원 곧 나실인의 서원을 하고 자기 몸을 구별하여 여호와께 드리려고 하면"(민 6:2).

하나님의 택함을 받은 사람들은 제사장들과 레위 지파입니다. 이미 그 택함의 과정은 설명드렸습니다. 그들이 특별해서가 아니지만, 어쨌든 제사장이나 레위 지파의 지위는 다른 사람들이 범접할 수 없었습니다. 하나님으로부터 특별 보호와 권한과 임무를 부여받은 존재들로서 이들의 지위는 세습되었는데, 그 또한 오직 남자들에게만 국한되었습니다. 그런데 나실인은 출신 지파나 성별에 관계없이 누구나 될 수 있었습니다.

나실인 규정 중 가장 돋보이는 내용은 "남자나 여자가 특별한 서원 곧 나실인의 서원을 하고 자기 몸을 구별하여 여호와께 드리려고 하면"입니다. 천한 집안 출신이든 여성이든, 자신을 하나님께 드리고자 할 때에는 누구든지 기쁘게 받으시겠다는 것입니다. 하나님의 공평이 가득 담긴 법입니다.

　여기서 퀴즈 하나 내봅니다. 왕과 제사장과 예언자 중 누가 가장 강력한 존재일까요? 정답은 예언자입니다. 그런데 예언자는 그 출신이 다양합니다. 농사꾼도 있고 양치기도 있습니다. 예언자들은 자신들의 서원에 의해서 된 것이 아니라 하나님의 부름을 받아 된 것인데, 왕이나 제사장들이 그들의 말을 무시할 수 없었던 것은 건국 초기부터 제정된 나실인 규정 때문이었습니다.

　사사는 왕국 시대 이전에 이스라엘을 다스린 사람들로서 왕과 제사장과 예언자의 역할을 모두 했던(사사마다 그 수행 역할이 다르긴 하지만) 무소불위의 막강한 존재였습니다. 드보라는 여자였고, 입다는 깡패와 다를 바 없는 부랑아 출신이었습니다. 그러나 백성들은 이들을 따랐습니다. 그 이유는 나실인 규정 때문이라고 해도 과히 틀린 말이 아닙니다.

　노예제도 폐지나 여권신장, 어린이 우대와 같은 현대법들은 모두 성경의 정신을 구현한 것입니다. 이런 생각들은 자신의 기득권과 이익을 극대화하려는 인간의 머리에서는 도저히 나올 수 없습니다.

　낮은 신분의 인생, 차별당하는 인생, 실패한 인생, 죄를 범한 인생, 난잡한 인생, 도박과 술에 찌든 인생, 그 어떤 인생이라도 "이제 나를 구별하여 하나님께 드리기를 원합니다"라고 하면, 하나님께서 기뻐 받으시겠다는 것입니다. 나실인 규정은 무엇보다도 하나님의 사랑이 가득 담긴 법입니다.

먼저, 나실인은 히브리어 '나지르nazir'에서 유래한 말입니다. 이 말의 원 뜻은 '~에서 스스로 떠나다', '자신을 성결케 하다', '하나님께 구별된 자' 등입니다. 나실인이 되기 위해 가장 먼저 해야 할 일은 가치관을 바꾸는 일입니다. 세상의 물욕에서 하나님의 은혜로 전환하는 것입니다. '스스로 떠나다.' 본토 친척 아비 집을 떠나 하나님께서 지시하는 곳으로 떠나는 것입니다. 이것이 나실인으로서의 첫걸음입니다.

세상은 하나님께서 만드신 것입니다. 세상은 얻겠다고 얻어지는 곳이 아닙니다. 그런 사람들은 그저 반짝하고 나타났다 사라질 뿐입니다. 하나님께서는 세상을 맡을 만한 사람을 찾고 계십니다. 그리고 그 사람에게 세상을 맡기십니다. 나 자신을 구별하여 하나님께 드리는 사람, 즉 나실인에게 맡기십니다. 인생의 성공은 얼마나 하나님께 헌신하느냐에 달려 있습니다.

미래산업 전 회장인 정문술 씨는 그것을 몸으로 보여준 인물입니다. 그는 얼마 전, 한국 두뇌들의 산실인 KAIST에 300억 원을 기증하였습니다. 또 사재 1,000억 원을 직원들에게 나누어주고는 한창 일할 60세의 젊은 나이에 회장직에서 물러났습니다. 후배에게 자리를 물려준 다음 회사에는 일체 나타나지도 않는다고 합니다. 요즈음 그분은 성경 공부 등 신앙생활에 전념하고 있습니다. 신학교에 입학할 계획도 가지고 있다고 합니다. 정 회장은 나실인으로서 기업을 운영하신 분입니다.

청년들 가운데 이런 인물들이 많이 나와야 합니다. 또한 고령화 사회로 접어든 우리 사회에서, 은퇴한 실버 세대에서도 나실인들이 많이 나와야 합니다. 그리스도인에게 은퇴란 있을 수 없기 때문입니다.

자신을 하나님께 바치기로 서원한 나실인에게는 지켜야 할 사항이 세 가지 있습니다.

첫째는 포도주와 독주를 멀리하는 것입니다. "포도주와 독주를 멀리하며 포도주로 된 초나 독주로 된 초를 마시지 말며 포도즙도 마시지 말며 생포도나 건포도도 먹지 말지니 자기 몸을 구별하는 모든 날 동안에는 포도나무 소산은 씨나 껍질이라도 먹지 말지며"(민 6:3-4). 엄청난 결벽이 아닐 수 없습니다. 그런데 이 규정의 의미는, 기쁨을 세상에서 찾지 말고 오직 하나님에게서만 얻으라는 것입니다. 하나님만이 유일한 위안이며, 서원한 날 동안 오직 하나님에게서만 기쁨을 얻겠다는 결단입니다.

　두 번째는 머리를 깎지 않습니다. "그 서원을 하고 구별하는 모든 날 동안은 삭도를 절대로 그의 머리에 대지 말 것이라. 자기 몸을 구별하여 여호와께 드리는 날이 차기까지 그는 거룩한즉 그의 머리털을 길게 자라게 할 것이며"(민 6:5). 이 규정은, 유대인들은 머리털에서 여호와의 힘이 나온다고 믿는 데서 기인한 것입니다. 머리털은 피와 함께 생명을 상징합니다. 머리에 삭도를 대지 않는 행위는 생명의 주권자이신 하나님에 대한 철저한 복종과 경외를 나타냅니다. 이는 "나는 여호와에 의해서 만들어진 그분의 소유로서, 나 자신의 온 정력을 다 바쳐 여호와만을 섬기겠다"는 표식이며, 오직 하나님만 의지하겠다는 결단입니다.

　셋째는 죽은 사람의 시신은 그 부모라도 멀리해야 하는 것입니다. "자기의 몸을 구별하여 여호와께 드리는 모든 날 동안은 시체를 가까이 하지 말 것이요 그의 부모 형제 자매가 죽은 때에라도 그로 말미암아 몸을 더럽히지 말 것이니"(민 6:6-7). 부정한 것은 모양이라도 취하지 않겠다는 의지입니다. 서원한 기간 동안은 생명의 은총을 누리는 살아 있는 것들과만 관계를 맺겠다는 것입니다. 주님께서도 제자들에게 "죽은 자들이 그들의 죽은 자들을 장사하게 하고 너는 나를 따르라"(마 8:22)고 명령하셨습니다. 이 규정은 오직 살리는 일, 생명의 일에 헌신하겠다는 결단입니다.

이 규정에 이어, 특별히 부지불식간에 죽은 것과 접촉했을 경우에 대한 규정이 민수기 6장 9-12절에 기록되어 있습니다. 그 어떤 것이든 죽은 것과 접촉하였다면 머리를 다시 밀어야 했고, 그때까지의 노력은 모두 무효가 되었습니다.

나실인 규정에서 보아야 할 것은, 나실인은 어떤 강제에 의해서 되는 것이 아니라 순수한 자발성에 의해서 된다는 점입니다. 그러므로 고의적으로 범한 허물에 대한 해결 방법은 주지 않으셨습니다. 다만 실수에 의한 허물의 해결 방법은 제시하시되, 그동안의 노력은 모두 무효 처분을 내리셨습니다. 그만큼 철저한 헌신을 요구하고, 한 점의 허물도 용납하지 않겠다는 것입니다.

그렇게 철저히 자신의 죄와 불순물을 제거하여 순수하고 깨끗한 몸과 마음과 영혼을 하나님을 위해서만 쓰기로 한 사람들이 바로 나실인입니다. 이런 어려운 규정을 지키며 나실인이 되기를 원하는 사람이 과연 있을까요? 대단히 많습니다. 오늘날에도 있습니다. 뉴욕 맨해튼 거리나 유태인들이 살고 있는 마을에서 종종 나실인들을 만날 수 있습니다. 이들은 금세 눈에 띕니다. 검은 양복에 검은 모자를 썼는데, 뭉친 머리가 모자 밖으로 길게 나와 있습니다. 이들이 바로 나실인으로 서원한 사람들입니다.

이들은 어두운 세상을 밝히는 가장 밝은 빛이라 할 수 있습니다. 이들은 자기 자신을 드림으로써 더러워진 자신이 정화되고 하나님의 임재를 깊이 경험하는 은총을 입게 됩니다. 나아가 자신을 철저히 구별하여 하나님께 드림으로 하나님의 영적인 빛을 자신들을 통하여 세상에 비춰게 하는 것입니다.

나실인에는 두 종류가 있습니다. 일정 기간을 정하여 스스로 나실인이 된 사람입니다. 또 다른 하나는, 부모의 서원에 의해 평생 나실인으로 살아가는 사람입니다. 그 대표적인 인물이 삼손과 사무엘입니다. 이들은 그 부모의 서원에 의해 나실인이 된 사람들입니다. 그런데 삼손은 나실인의 서원을 무시하였습니다. 술과 이방 여인을 가까이하고 아무렇게나 살았습니다. 그 결과가 무엇입니까? 그 엄청난 힘과 지혜에도 불구하고 그는 이방인의 수치를 당하였습니다. 그러나 마지막 순간 자신을 온전히 하나님께 드림으로, 다곤 신전을 무너뜨릴 힘을 여호와로부터 허락받았습니다. "삼손이 죽을 때에 죽인 자가 살았을 때에 죽인 자보다 더욱 많았더라"(삿 16:30). 그리하여 삼손은 나실인으로서의 삶을 훌륭하게 마감하였습니다.

반면 사무엘은 달랐습니다. 그는 나실인으로서 처음부터 끝까지 철저하게 살아갔습니다. 그 결과를 성경은 이렇게 전하고 있습니다. "사무엘이 자라매 여호와께서 그와 함께 계셔서 그의 말이 하나도 땅에 떨어지지 않게 하시니"(삼상 3:19). 얼마나 좋겠습니까? 내 기도가 모두 하나님께 상달된다고 생각해보십시오. 이것이 나실인에게 주시는 하나님의 은총입니다.

또 있습니다. "이에 블레셋 사람들이 굴복하여 다시는 이스라엘 지역 안에 들어오지 못하였으며 여호와의 손이 사무엘이 사는 날 동안에 블레셋 사람을 막으시매"(삼상 7:13). 나실인이 버티고 있는 한, 사탄의 세력, 악의 세력이 얼씬도 못한다는 말입니다. 이것이 나실인을 통하여 그 공동체에 내려지는 하나님의 복입니다. 단 한 사람의 나실인이 있어도 그런 엄청난 복을 누리게 됩니다.

마지막으로 주목해야 할 사항이 있습니다. 이들은 나실인으로서의 서원 기간을 마칠 때에 속죄제를 드렸다는 점입니다. 그렇게 성결하게, 철저하게 지낸 나실인에게도 하나님께서는 속죄제를 요구하셨습니다. 여기에는 깊고 깊은 뜻이 담겨져 있습니다.

첫째, 아름다운 일을 수행하였다 하여도 인간은 여전히 죄인일 수밖에 없음을 인식하라는 것입니다.

둘째, 아무리 대단한 일을 해냈다 하여도 그것은 인간의 힘에 의한 것이 아니라 하나님의 도우심의 결과임을 알라는 것입니다.

셋째, 아무리 거룩한 사명을 완수하였다 하여도 인간인 이상 부지불식간에 죄를 지었음을 인정하라는 것입니다.

철 덩어리 1킬로그램이 있습니다. 그 가격은 5달러 정도 합니다. 그것을 그냥 내버려 두면 언젠가는 녹이 슬어 쓸모없이 되어버립니다. 그런데 그것을 불에 달구어 말편자를 만들면 20달러가 되고, 더욱 가공하여 바늘을 만들면 500달러의 값어치가 나가고, 칼날을 만들면 4,000달러의 가치가 되며, 정교한 시계 스프링으로 만들면 30,000달러의 가치를 창출할 수 있습니다. 불이 뜨거우면 뜨거울수록, 철을 두드리면 두드릴수록, 불순물은 빠지고 강도는 높아집니다. 그리고 그 값어치는 기하급수적으로 상승합니다.

사람은 태어날 때에 그다지 큰 차이를 보이지 않습니다. 저는 어릴 때에 몸이 약해서 운동을 잘하지 못했습니다. 그래서 100미터를 16.7초 정도에 달렸습니다. 그렇다고 해서 100미터 세계 최고기록 보유자가 저보다 두 배 이상 잘 달리는 것은 아닙니다. 그저 몇 초 더 빨리 달립니다. 특별한 이상이 없는 한, 사람의 IQ는 대체로 100 안팎입니다. 아무리 머리가 좋아도 200 이상 되는 사람은 거의 없습니다.

서진규 씨는 엿장수의 딸로 태어났습니다. 집안이 가난하여 갖은 고생을 하며 고등학교를 간신히 졸업하였습니다. 졸업 후 가발 공장 직공, 식당 종업원, 캐디 등 험한 일로 생계를 꾸려가다가 1971년 단돈 100달러만을 들고 미국으로 건너갔습니다. 어려운 가운데서도 버루크 대학에 입학하여 죽기 살기로 일하며 공부하였습니다. 그러다가 결혼을 하였는데, 그만 무능하기 짝이 없는 사람을 만났습니다. 그런데 가난보다 더 무서운 것은 남편의 폭력이었습니다. 이 지옥의 탈출구는 어디일까요? 어린 딸을 남에게 맡기고 유산한 지 보름도 안 되는 몸으로 미 육군에 입대를 하였습니다. 이를 악물고 훈련에 임한 서진규 씨는 자신보다 열 살이나 아래인 미국 남자들과의 경쟁에서 최우수 성적을 받고 군인이 되었습니다. 그러나 그녀의 꿈은 끝나지 않았습니다. 미군 장교가 되기로 한 것입니다. 역시나 최선을 다했습니다. 그래서 복무 중에도 학업을 계속하여 하버드 대학원까지 마쳤을 뿐만 아니라 소령까지 진급하였습니다. 중령 진급을 앞두고 그는 박사 학위를 받기 위하여 전역을 하였습니다. 그러고는 열심히 공부하여 하버드 대학에서 박사 학위를 받았습니다.

서진규 씨는 어떤 일에 도전하기에 앞서 항상 세 가지를 점검한다고 합니다.

첫째, 나에게 꼭 필요한 것이 무엇인가?

둘째, 내가 가지고 있는 것이 무엇인가?

셋째, 나는 무엇을 준비해야 하는가?

그녀는 녹슨 무쇠 덩어리였습니다. 그 양도 남보다 훨씬 적었습니다. 그러나 자신을 연마하여 순도 100%의 통통 튀는 정교하면서도 우수한 스프링으로 만들었습니다. 그리고 그 연마는 일생 동안 계속될 것입니다.

하나님께서 이사야 선지자를 통하여 이렇게 말씀하십니다. "보라 내가 너를 연단하였으나 은처럼 하지 아니하고 너를 고난의 풀무 불에서 택하였노라"(사 48:10).

"고난의 풀무 불에서 택하였노라." 얼마나 귀한 말씀인지 모릅니다. 하나님께서는 우리를 좀 더 가치 있는 그리스도인, 순전한 성도로 만들기 위해서 우리에게 더 많은 정련과 연마를 거치게 하십니다.

여러분은 어떤 고난 가운데 계십니까? 어떤 어려움을 당하고 계십니까? 고난을 통하여 나를 정련하여 하나님의 사람으로 만드시는 하나님의 손길을 보십시오. 이 손길을 보지 못하면 고난은 쓸모없고 무의미한 고통일 따름입니다. 그러나 하나님의 손길을 통한 귀한 사랑과 지고한 뜻을 발견할 때 고난은 하나님께서 주신 둘도 없는 선물임을 깨닫게 됩니다.

그런데 자신을 연마하기 위하여 스스로 고난 가운데 들어가는 사람들이 있습니다. 스스로 절제하며 스스로 가난해지며 스스로 어려운 훈련을 자청한 사람들입니다. 바로 나실인들입니다. 하나님께서는 침체된 공동체, 어두워진 공동체에 나실인을 통하여 새 빛과 새 힘과 새 생명을 공급해오셨습니다.

오늘날 대한민국과 한국 교회에는 그 어느 때보다도 나실인이 절실히 요구됩니다. 단 한 달만이라도 마음의 서원을 하십시오. 그리고 그 기간 동안만이라도 철저하게 살아가보십시오. 이 과정을 통하여 모든 죄와 불순물들이 소멸되고 나는 다시 순전한 하나님의 사람으로 정화됩니다. 존귀한 사람이 됩니다. 무엇보다 나를 통하여 내가 속한 공동체가 하나님의 빛으로 다시 밝아집니다. 하나님께 나를 드리는 나실인으로 사십시오.

"자기의 몸을 구별하는 모든 날 동안
그는 여호와께 거룩한 자니라."

(민 6:8)

2

온유한 리더십

모세는 하나님과 입을 맞출 정도로 아주 친밀하며 가까웠습니다. 가장 가까이 하나님과 동행하는 사람이 모세였습니다. 이것이 모세가 능력의 지도자가 될 수 있었던 비결입니다. 물론 그는 허물이 있고 약점이 있는 사람입니다. 그러나 하나님과 동행함으로써, 하나님의 뜻에 자신을 철저히 복종시킴으로써, 온유한 사람이 됨으로써, 그의 허물과 약점은 굵이고 위대한 지도자가 될 수 있었습니다.

5

강 | 민수기 11:1-17

이스라엘의 첫 실패

원망은 사명을 보지 못하게 하고, 은혜를 보지 못하게 하며, 무엇보다도 가장 중요한 본질을 보지 못하게 합니다. 원망은 마침내 하나님을 보지 못하게 합니다. 그래서 원망은 사소한 것처럼 보이지만 필연적으로 큰 실패를 낳습니다.

민수기 5강

지방 소도시에서 초등학교를 다닌 저는 공부를 잘한다는 소리를 꽤 들었습니다. 초등학교 3학년 어느 날, 산수 시간에 나눗셈을 배웠습니다. 원래 논리적이지 못하고 숫자에 한없이 약한 저는 나눗셈을 이해하지 못했습니다. 그런데 교장선생님과 학부모님을 모시고 진행하는 연구수업 시간에 공부를 제일 잘한다는 명목으로 제가 지명을 받고 칠판 앞으로 나와 문제를 풀게 되었습니다. 물론 못 풀었습니다. 사람들은 긴장해서 그런가보다 여겼지만 저는 나눗셈의 원리를 알지 못했습니다. 이것이 제 기억에 남아 있는 저의 첫 번째 실패입니다.

민수기에는 여덟 번의 이스라엘의 실패가 기록되어 있습니다. 오늘 읽은 민수기 11장의 내용은 이스라엘이 범한 첫 번째 실패의 내용입니다.

11장 1절은 이렇게 시작됩니다. "여호와께서 들으시기에 백성이 악한 말로 원망하매." 한마디로 '원망'이 이스라엘 백성들의 첫 실패였습니다.

그동안 이스라엘은 시내 산 계약을 맺고, 일 년 간 시내 산기슭에 머물며 성막을 중심으로 십계명에 대하여 공부한 다음, 제사장 그룹과 레위 지파를 중심으로 조직을 정비하였습니다. 그리고 가데스 바네아를 향하여 길을 떠난 지 사흘이 지났습니다.

가데스 바네아는 지중해 가까운 곳에 위치한 곳으로 가나안 땅을 마주보고 있는 마을입니다. 그러니까 신 광야 남쪽에 있는 시내 산에서 북서쪽으로 걸어 사흘을 가면 도착하는 곳입니다. 그곳에서 모세는 각 지파에서 한 사람씩 정탐꾼을 선발하여 젖과 꿀이 흐르는 가나안 땅으로 보냈습니다. 그저 정탐을 하러 간 것 같지만 대단히 중요한 사항을 테스트하는 과정이었습니다. 하나님께서 이스라엘이 과연 젖과 꿀이 흐르는 가나안 땅에 들어갈 자격이 있는지 그 여부를 알아보시는 것입니다. 이스라엘 백성들은 수능 시험을 앞둔 수험생들과 같은 것입니다.

그런 상황에서 원망의 작은 불씨가 당겨진 것입니다. 그 불씨는 아주 작은 데서 비롯되었습니다. "그들 중에 섞여 사는 다른 인종들이 탐욕을 품으매 이스라엘 자손도 다시 울며 이르되 누가 우리에게 고기를 주어 먹게 하랴"(민 11:4). 이스라엘 중에 섞여 사는 무리란, 출애굽할 당시 이스라엘 백성들을 따라 나선 이방인들을 말합니다. 그들은 탐욕을 품었는데 그 탐욕이란 별것이 아닌, 음식에 관한 것이었습니다.

일 년 동안 시내 산기슭에서 제사장 훈련을 받으며 그들이 먹은 것은 만나였습니다. 만나는 밤에 이슬이 내릴 때 함께 내렸는데, 깟씨와 같고 모양은 진주와 같이 생겼습니다. 그것을 아침에 거두어 갈기도 하고 찧기도 하여 삶거나 과자를 만들어 먹었습니다. 깟씨란 미나리과에 속하는 고수풀 씨를 지칭하는데, 길이가 3밀리미터쯤 되는 크기라고 합니다.

만나만 일 년 동안 먹었으니 질릴 만도 하겠다는 생각이 듭니다. 고기도 먹고 싶었을 것입니다. 이스라엘의 그 마음은 점점 더 커져 갔습니다. 섞여 사는 무리의 작은 원망은 삽시간에 온 이스라엘에 퍼졌습니다. 이제는 이스라엘 백성들이 한탄합니다. "우리가 애굽에 있을 때에는 값없이 생선과 오이와 참외와 부추와 파와 마늘들을 먹은 것이 생각나거늘 이제는 우리의 기력이 다하여 이 만나 외에는 보이는 것이 아무것도 없도다"(민 11:5-6).

하지만 이 말은 턱없이 과장된 것입니다. 애굽에서 그들은 노예였습니다. 물론 풍요로운 애굽에서 생선과 오이와 참외와 파와 마늘 등을 먹을 수 있었을 것입니다. 그러나 그것은 값없이 먹은 것이 아닙니다. 말할 수 없는 고역과 노예로서의 수모의 대가로 애굽인들이 던져주는 것을 겨우 얻어먹었을 따름입니다.

제가 성지순례라는 이름으로 이집트와 이스라엘 등지를 여행했을 때, 여행 내내 떠나지 않는 생각이 하나 있었습니다. 이스라엘 백성들을 시내 광야로 인도하신 하나님의 의도였습니다. 이스라엘 백성이 살던 곳은 고센 땅으로, 나일강 삼각주 한가운데 위치한 풍요로운 지역이었습니다. 나일강은 일 년에 한 번 범람하는데, 범람하는 시기에만 높은 데로 피신하였다가 범람 이후 내려와서 씨를 뿌리면 엄청난 수확을 할 수 있었습니다. 현지 한국인들은 이집트 농민들에게 부탁하여 배추나 무와 같은 채소를 공급받는데, 그 크기가 엄청나서 먹을 수 없을 정도라고 합니다. 가만 놔두면 한국에서 생산되는 것의 서너 배 크기는 된다고 합니다. 그래서 이집트 농민들에게 배추와 무의 크기를 알려주고 그만큼 크면 출하하라고 알려주었다고 합니다. 이집트 농토는 멀리서 보기에도 비옥했습니다. 그 넓디넓은 땅에는 푸른 채소와 곡물들로 가득하였습니다. 그런데 하나님께서는 이스라엘 백성으로 하여금 그 땅을 떠나게 하셨습니다.

나일 강 유역을 조금만 벗어나면 황량하기 짝이 없는, 끝없이 펼쳐진 광야가 등장합니다. 그런데 그 광야도 물만 공급하면 풍요로운 땅이 된다고 합니다. 하나님께서는 이스라엘 백성들로 하여금 그 땅도 지나가게 하셨고 가끔씩 만나는 오아시스 지역도 지나가게 하셨습니다. 그리고 마침내 도달하게 하신 곳은 시내 산이었습니다. 그곳은 온통 바위뿐이었습니다. 하나님께서 인도하신 여정은 짙푸른 초록색에서 옅은 갈색으로, 그리고 마지막은 삭막한 암갈색으로 바뀌었습니다.

작은 풀조차도 그 뿌리가 수미터에 이를 정도로 생존이 거의 불가능한 지역이었습니다. 간간이 한 그루씩 서 있는 자그마한 싯딤나무가 예사롭지 않아 보였습니다. 그렇게 크기까지 얼마나 처절한 과정을 거쳤을까, 경이로울 정도였습니다. 그런 곳에서 씨를 뿌린들 무엇을 추수하겠으며, 노력한들 무엇을 얻을 수 있겠으며, 능력과 지혜가 출중한들 무엇을 이룰 수 있겠습니까?

씨만 던져놓으면 엄청난 수확을 가져다주는 땅을 떠나게 하신 이유, 인간의 모든 능력과 지혜를 한순간에 무용지물로 만들어버리는 땅으로 인도하신 이유는 단 하나입니다. 하나님을 보게 하기 위해서였습니다. 하나님만을 의지하게 하기 위해서였습니다.

풍요에 코를 박고 그것을 얻기 위해 구걸하며 살아가는 인간들, 정말 중요한 것을 보지 못하고 한 덩이의 참외와 한 줌의 마늘을 얻기 위해 하나님께서 주신 그 고귀한 자존심을 걸레처럼 던져버리는 사람들의 눈을 하나님께로 돌리기 위하여 그렇게 하신 것입니다. 오직 주만 바라보게 하기 위하여 바위와 돌들만 존재하는 시내 산으로 인도하신 것입니다.

원망은 작은 것에서 시작되지만 점점 커져서 마침내는 사람들의 눈을 가려버립니다. 원망은 사명을 보지 못하게 하고, 은혜를 보지 못하게 하며, 무엇보다도 가장 중요한 본질을 보지 못하게 합니다. 원망은 마침내 하나님을 보지 못하게 합니다. 그래서 원망은 사소한 것처럼 보이지만 필연적으로 큰 실패를 낳습니다. 이것이 원망의 무서운 점입니다. 여기에 한 가지가 덧붙여지는데, 원망은 전염성이 매우 강하다는 것입니다. 그래서 무심코 던진 원망의 작은 불씨가 공동체 전체를 태워버립니다.

하나님께서는 원망하는 그들에게 불을 보내심으로 그 원망의 마음을 소멸시켜버리셨습니다. 원망의 불길이 이스라엘 전체를 태우기 전에 하나님의 불길로 잠재워버리신 것입니다. 그래서 그곳 이름을 '다베라*Taberah*'라고 하였습니다. 이 말은 '불에 탄 곳'이라는 뜻입니다.

다베라. 가슴속에서 끝도 없이 일어나는 작은 원망을 초기에 다 베어버리라는 뜻 아닐까요? 성도는 거룩한 자존심이 있어야 합니다. 눈앞의 작은 이익에, 돈 몇 푼에 하나님의 영광을 버려서는 안 됩니다. 성도는 거룩한 욕구가 있어야 합니다. 탐욕 대신에 사명을 감당하리라는 다짐이 있어야 합니다.

하나님께서 이스라엘 백성들에게 만나만 주신 것은, 만나로 족하기 때문입니다. 하나님은 절대로 우리의 정력을 쇠약하게 하실 분이 아니십니다. 만나는 애쓴다고 얻어지는 것이 아닙니다. 만나는 욕심을 쿠린다고 쌓아둘 수 있는 것이 아닙니다. 만나는 하늘에서 내려지는, 하나님으로부터만 얻을 수 있는 은혜의 양식입니다.

10절 이하에는 이 사건에 대한 하나님의 후속 조치가 기록되어 있습니다.

이스라엘 백성들의 원망을 감당할 수 없어, 모세는 하나님께 탄원합니다. "어찌하여 주께서 종을 괴롭게 하시나이까. 어찌하여 내게 주의 목전에서 은혜를 입게 아니하시고 이 모든 백성을 내게 맡기사 내가 그 짐을 지게 하시나이까"(11절). 마침내 모세의 탄원은 그 극에 달합니다. "주께서 내게 이같이 행하실진대 구하옵나니 내게 은혜를 베푸사 즉시 나를 죽여 내가 고난당함을 내가 보지 않게 하옵소서"(15절).

모세의 탄원의 정도가 심하다고 할 수도 있습니다. 하지만 우리가 시내 광야와 같은 곳에 일주일만 있었어도 그보다 더한 원망과 불평을 쏟아냈을 것입니다. 그들은 이미 일 년 간 그곳에 있었으니, 백성들의 원망이나 모세의 탄원을 이해할 만도 합니다. 그런데도 하나님께서 그들을 징계하시는 이유는, 어떻게 해서든지 하나님의 마음을 알게 하시기 위해서입니다. 가장 중요한 것은 하나님과 하나님께서 주시는 사명이기 때문입니다.

하나님께서는 모세에게 다음과 같이 말씀하십니다.

"이스라엘 노인 중에 네가 알기로 백성의 장로와 지도자가 될 만한 자 칠십 명을 모아 내게 데리고 와 회막에 이르러 거기서 너와 함께 서게 하라. 내가 강림하여 거기서 너와 말하고 네게 임한 영을 그들에게도 임하게 하리니 그들이 너와 함께 백성의 짐을 담당하고 너 혼자 담당하지 아니하리라"(민 11:16-17).

자, 여기서 하나님의 해결 방법을 눈 여겨 보십시오.

첫째, 누구를 뽑으라 하셨습니까?

둘째, 누구 앞에 서라 하셨습니까?

셋째, 하나님께서 무엇을 보내신다고 하셨습니까?

모세가 칠십 인 장로와 더불어 회막 앞에 섰을 때 하나님의 신이 그들에게 임하였습니다. 그러자 칠십 인 장로들이 예언을 하기 시작했고, 백성들과 함께 진중에 거하던 엘닷과 메닷 역시 예언을 하기 시작했습니다. 백성들에게는 엄청난 충격이었습니다. 처음 보는 광경이었기 때문입니다. 그 전까지는 오직 모세만이 그런 능력을 보였기 때문입니다.

눈의 아들 여호수아조차 놀라고 말았습니다. 그래서 모세에게 달려와 급히 고합니다. "내 주 모세여 그들을 말리소서"(28절). 그러나 모세는 말합니다. "네가 나를 두고 시기하느냐. 여호와께서 그의 영을 그의 모든 백성에게 주사 다 선지자가 되게 하시기를 원하노라"(29절). 하나님께서는 이스라엘 백성 모두가 성령 충만함을 얻어 예언자·선지자가 되기를 원하십니다. 이것이 우리를 향하신 하나님의 간절한 바람입니다.

1968년 10월 20일 멕시코 시티 올림픽 스타디움에서는 그해 올림픽 마지막 경기인 마라톤 경기가 진행되고 있었습니다. 이미 금·은·동메달 수상자는 결정되었고, 이제 날이 어둑해지고 있는 가운데 꼴찌 그룹이 힘겹게 비틀거리며 들어오고 있었습니다. 그때 구급차의 사이렌 소리가 울리며 마지막 주자의 모습이 보였습니다. 그의 이름은 '존 스티븐 아쿠아리'로, 아프리카 탄자니아 선수였습니다. 그는 다리에 부상을 당하여 피투성이가 되어 있었습니다. 마지막 한 바퀴를 도는 중에도 몇 차례나 쓰러졌습니다. 그때마다 다시 일어나 뛰었습니다. 결코 포기하지 않았습니다. 그리고 결승점에 들어와 완주를 확인하고는 이내 쓰러져버렸습니다. 관중들은 그의 포기하지 않는 모습에 크게 감동하였습니다. 모두 일어나 큰 박수를 보냈습니다. 한 기자가 그에게 물었습니다. "왜 포기하지 않았습니까?" 그러자 그는 가쁜 숨을 몰아쉬며 이렇게 대답했습니다. "내 조국 탄자니아는 포기하라고 나를 이곳까지 보낸 것이 아닙니다. 끝까지 달리라고 나를 여기까지 보낸 것입니다."

"끝까지 달리라고 나를 여기까지 보낸 것입니다." 아프리카의 가난하고 작은 나라 탄자니아가 존 스티븐 아쿠아라를 멀리 7,000마일 떨어진 멕시코로 보내면서 사명을 부여하였듯이, 우리 하나님께서도 이 땅에 우리를 보내며 한 사람 한 사람에게 완수할 사명을 주셨습니다. 그 맡기신 사명이 무엇인지 아는 사람이 바로 하나님의 사람이요, 그 사명을 완수하려고 애를 쓰는 것이 바로 인생의 목적입니다.

세상을 경악시켰던 지난 9.11 미국 테러 때의 일입니다. 테러리스트들에게 납치되어 워싱턴 백악관을 향하는 비행기에 탔던 승객

토마스 버닛(38세)은 네 번에 걸쳐 아내에게 전화를 걸었습니다. 아내는 아무 대항도 하지 말고 목숨을 보존하라고 신신당부하였습니다. 그러나 버닛은 이렇게 마지막 말을 남겼습니다. "우리 모두 죽게 되겠지만 그래도 우리는 뭔가 할 거야. 여보, 사랑해." 그리고 얼마 후 그 비행기는 피츠버그 상공에서 추락하였습니다. 아마도 버닛과 동료들은 목숨을 걸고 테러리스트의 일을 저지하였을 것입니다. 그래서 더 큰 화를 면케 되었습니다. 만약 그때 백악관이 테러 공격을 받았다면 지금 세상은 어떻게 되었을까요? 상상할 수 없는 재앙이 온 세계를 덮쳤을 것입니다.

"그래도 우리는 뭔가 할 거야." 죽음 앞에서도 토마스 버닛과 동료들은 그 순간 감지한 사명을 하나밖에 없는 생명을 버리며 감행하였습니다.

경제가 그 바닥을 알 수 없을 정도로 곤두박질치고 있습니다. 정치가 그 중심을 잃고 마구 흔들리고 있습니다. 너무나 혼탁하여 앞날을 도저히 점칠 수 없습니다. 탄식과 아우성이 도처에서 들려옵니다. 그러나 우리 민족이 지금까지 경제와 정치로 살아온 것이 아닙니다. 하나님의 사랑과 은혜로 살아온 것입니다. 하나님의 사랑과 은혜를 본 사람은 어떤 상황에서도 원망하지 않습니다.

성도들은 세상에서 소망을 찾지 않습니다. 하나님의 말씀을 통하여 소망을 보는 사람들입니다. 기도로 하나님의 능력과 지혜를 얻는 사람들입니다.

정치와 경제가 세상을 유지하는 기둥이 아닙니다.

말씀과 기도가 세상을 굳건히 세우는 두 기둥입니다.

민수기 12:3 | **6**강

모세의 온유함

예수님은 하나님의 아들이십니다. 하나님의 뜻에 자신의 뜻을 완전히 복종시켰습니다. 십자가에서 죽기까지 복종하셨습니다. 이것이 바로 우리를 구원할 힘의 원천이 되었습니다. 그 예수님께서 우리를 향하여 즈님의 온유함을 배우라고 당부하십니다.

민수기
6강

현대 사회는 '권위 상실의 시대', '권위 부재의 시대'라 불릴 정도로 가정과 국가, 교회와 학교, 그리고 사회 전반에서, 권위가 심각한 도전을 받고 있습니다. 마치 선진 사회는 권위를 무너뜨려야만 오는 것으로, 개혁은 권위를 파괴해야만 이루어지는 것으로 생각합니다.

그런데 '권위'와 '권위주의'는 반드시 구분해야 합니다.

이스라엘 공동체에 또다시 큰 어려움이 찾아옵니다. 그런데 그 원인은 공동체 리더인 모세가 그 빌미를 제공하였습니다. 모세가 구스 여자를 아내로 맞아들인 것입니다. 구스 여자란 에티오피아 여자를 말합니다. 당시는 일부다처가 흔한 일이어서 모세도 별 문제 될 것이 없다고 생각했을 것입니다.

그저 넘어가리라 생각했는데, 모세의 누나 미리암과 형 아론이 모세의 행동을 비난하고 나섰습니다. 그런데 그 비난의 내용이 큰 사단을 일으킵니다. 그저 "그렇게 하면 되겠습니까? 백성들의 눈도 생각하여야지요" 하고 넌지시 나무랐으면 별 탈이 없었겠는데, 덜커덕 이런 말을 합니다. "여호와께서 모세와만 말씀하셨느냐. 우리와도 말씀하지 아니하셨느냐"(민 12:2).

그들은 왜 모세의 허물만을 지적하지 않고 엉뚱한 말을 하는 것일까요? 그것은 이를 빌미로 모세의 권위를 무너뜨리려는 의도가 숨겨져 있기 때문입니다.

사도 바울이 로마서에서 중요한 말을 합니다. "각 사람은 위에 있는 권세들에게 복종하라. 권세는 하나님으로부터 나지 않음이 없나니 모든 권세는 다 하나님께서 정하신 바라. 그러므로 권세를 거스르는 자는 하나님의 명을 거스름이니 거스르는 자들은 심판을 자취하리라"(롬 13:1-2).

해석이 어려운 말입니다. 그 어려움은 내용의 난해성 때문이라기보다는 상황의 변화 때문입니다. 권위가 무너지는 현대에 부당한 권위에 대해서도 복종해야 하는가라는 너무나 중차대한 의문이 제기되기 때문입니다.

원론은 이렇습니다. 권세는 하나님으로부터 나온 것이고, 하나님께서 부여하신 것이므로 복종해야 한다는 것입니다. 부당한 권위에 저항해야 하는가 하는 것은 다음 문제로서 이에 대한 논의는 뒤로 미루겠습니다.

리더는 그 공동체를 이끄는 사람입니다. 그러므로 그가 무너지면 공동체는 커다란 혼란에 빠집니다. 아버지가 무너지면 그 가정이 어려움을 겪습니다. 목사가 무너지면 그 교회가 혼란에 빠집니다. 사장이 무너지면 그 회사가 무너집니다. 모세는 바로 그런 빌미를 제공한 것입니다. 이것은 리더 모세의 명명백백한 잘못으로서 변명의 여지가 없습니다.

그런데 여기서 주의해야 할 중요한 사항이 있습니다. 미리암과 아론은 모세의 잘못을 지적한 것이 아니라 권위에 대하여 도전하였다는 점입니다. "네가 네 마음에 이르기를 내가 하늘에 올라 하나님의 뭇 별 위에 내 자리를 높이리라. 내가 북극 집회의 산 위에 앉으리라. 가장 높은 구름에 올라가 지극히 높은 이와 같아지리라 하는도다"(사 14:13-14).

이 말은 사탄인 루시퍼가 마음속으로 한 말입니다. 미리암과 아론이 한 말의 배후에는 분명 이와 같은 사탄의 속삭임이 있었습니다. 사탄은 미리암과 아론을 부추겨 하나님의 공동체인 이스라엘을 와해시키려 하는 것입니다.

　하나님께서는 그들이 하는 말을 들으셨습니다. 그리고 즉각적으로 개입하십니다. "이 사람 모세는 온유함이 지면의 모든 사람보다 더하더라"(민 12:3). 하나님께서 모세를 인정하신 것입니다. 모세가 무너지면 이스라엘 전체가 흔들린다는 것을 잘 아시기 때문입니다.

　자, 이제 가장 중요한 지점에 도착하였습니다. 여기서 말한 '온유함'에 대해 정확하게 인식하셔야 합니다. 온유함은 히브리어로 '아나우 *anav*'라고 하는데, 단순히 성품이 따뜻하다는 뜻이 아닙니다. 훨씬 더 중요한 의미를 지닌 단어입니다. 그 의미는 '하나님의 뜻에 자신의 뜻을 복종시킨다'입니다. "더하더라." 과거로부터 지금까지 그랬다는 것입니다. 하나님께서는 지금까지 모세를 죽 지켜보셨는데, 모세는 언제나 하나님의 뜻에 자신의 뜻을 복종시키려고 애쓰는 것이 보였습니다. 그것을 하나님께서 인정하신 것입니다. 그리고 이어서 모세의 권위를 탐한 미리암과 아론을 벌하십니다. 미리암은 문둥병에 걸려 진 밖으로 쫓겨나게 되었습니다.

　하나님의 이러한 처사를 보면 여러 가지 생각이 듭니다. 제일 먼저 드는 생각은 '교회 지도자나 하나님의 사람을 건드려서는 안 되겠구나' 하는 생각입니다. 또한 교회 지도자는 이런 생각을 합니다. '하나님의 천사를 보았지? 하나님은 언제나 내 편이시라고!' 하면서 자신을 정당화합니다. 이런 태도는 한국 교회에 보편화되어 있습니다. 그러나 이것은 대단히 잘못된 것입니다.

우리 모두 마음에 새겨야 할 것이 있습니다. 하나님은 누구의 편도 아니라는 사실입니다. 하나님은 하나님 편이십니다. 동시에 우리 모두의 편이십니다.

교회에서 문제가 생기면 서로 각자 자신이 옳다고 주장합니다. 그런데 둘 중에 누군가가 조금 더 옳은 것이지, 한 편이 절대적으로 옳은 것은 아닙니다. 대립하는 두 사람 모두에게 하나님의 말씀이 들립니다. 더 옳은 사람도, 덜 옳은 사람도 하나님의 말씀 앞에서 자신을 되돌아보아야 합니다. 왜냐하면 하나님의 말씀과 하나님의 천사만이 절대적으로 옳기 때문입니다.

"이 사람 모세는 온유함이 지면의 모든 사람보다 더하더라." 모세는 온유한 사람입니다. 철저히 하나님의 뜻에 자신의 뜻을 복종시키려 한 사람임에 틀림이 없습니다. 그러나 다른 사람과 비교하여 그렇다는 말입니다. 사람들 중에서 가장 낫다는 말이지, 하나님의 기준에 완전히 합격하였다는 말이 아닙니다.

오직 우리 주 예수 그리스도만이 하나님의 기준에 완전히 부합

된 분입니다. 인간은 아무리 훌륭해도 한갓 인간일 뿐입니다. 아무리 잘해도 항상 부족합니다. 항상 모자랍니다. 그러므로 하나님이나 성경 말씀을 들어 자신을 정당화해서는 안 됩니다. 아무리 다 옳다고 하여도 하나님을 동원하여 나 자신을 정당화한다면 하나님을 이용하는 것이 됩니다. 하나님의 이름을 망령되이 일컫는 것이 됩니다.

잘 알려진 이야기가 있습니다. 링컨 대통령은 역대 미국 대통령 중 가장 훌륭한 사람입니다. 남북 전쟁 때 일입니다. 남부나 북부나 모두 한 하나님을 믿고 있습니다. 서로가 자신들이 이기게 해달라고 기도를 합니다. 하나님께서 누구 편을 들어주시겠습니까? 이때 링컨이 그 유명한 말을 합니다. "우리가 하나님의 뜻을 헤아리고 그분의 뜻을 따라야 합니다. 하나님이 우리 편이 되시는 것이 아니라, 우리가 하나님 편이 되어야 합니다."

하나님을 내 편으로 끌어내려서는 안 됩니다. 내가 하나님 편으로 가야 합니다. 하나님은 절대자이시기 때문입니다. 그런데 하나님의 편이 되는 것은 단순한 것이 아닙니다. 하나님의 편에 선다고 하면서 분열을 조장하는 경우가 대단히 많기 때문입니다. 고린도 교회에서 큰 분쟁이 생겼을 때 사도 바울은 이렇게 말합니다. "너희에 대한 말이 내게 들리니 곧 너희 가운데 분쟁이 있다는 것이

라. 내가 이것을 말하거니와 너희가 각각 이르되 나는 바울에게, 나는 아볼로에게, 나는 게바에게, 나는 그리스도에게 속한 자라 한다는 것이니"(고전 1:11-12).

고린도 교회를 세우고 복음을 전해준 사도 바울 파, 현재 고린도 교회를 목회하고 있는 아볼로 파, 초대교회의 최고 지도자 베드로 파로 나뉘어 서로 싸우는 과정에, '그리스도에게 속한 자'라고 주장하는 파벌이 생겼습니다. 소위 '그리스도 파'가 가장 옳은 것 같으나 사도 바울은 똑같이 취급하고 있습니다. 그리스도 파란 "나는 그 누구에게도 속하지 않는다. 나는 그리스도에게 속해 있다"고 주장하면서 또 다른 파벌을 만드는 세력입니다. 어떤 면에서는, 사도 바울이 말하는 이 그리스도 파가 더 큰 소란을 일으킬 수 있습니다. 자신들이 가장 정당하다고 착각하기 때문입니다. 진정한 그리스도에 속한 성도는 모든 소란을 끌어안으며 인내하며 하나님께 기도하는 사람들을 말합니다. 모든 비난을 묵묵히 감수하며, 평화를 위하여 자신을 내어주는 '작은 예수'들을 의미합니다.

나라가 어렵습니다. 서로 남의 허물을 들추며 비방하기에 급급합니다. 상대방을 허물하며 서로가 더 옳다고 주장합니다. 교회가 소동에 휘말립니다. 서로가 성경 말씀을 들이밀며 자신이 더 정당하다고 목소리를 높입니다. 사탄은 이 광경을 바라보며 팔짱을 끼고 회심의 미소를 짓고 있습니다. 그래서 하나님의 뜻에 자신을 복종시키는 '아나우', 즉 온유함이 무엇보다 중요합니다. 우리가 하나님의 말씀 앞에 겸허히 서야 하는 이유가 바로 여기에 있습니다.

하나님께서는 모세와 미리암과 아론을 회담 문 앞에 세우십니다. 그리고 말씀하십니다. "내 말을 들으라. 너희 중에 선지자가 있으면 나 여호와가 환상으로 나를 그에게 알리기도 하고 꿈으로 그와 말하기도 하거니와 내 종 모세와는 그렇지 아니하니 그는 내 온 집에 충성함이라. 그와는 내가 대면하여 명백히 말하고 은밀한 말로 하지 아니하며 그는 또 여호와의 형상을 보거늘 너희가 어찌하여 내 종 모세 비방하기를 두려워하지 아니하느냐"(민 12:6-8).

하나님께서는 자신의 뜻을 보이실 때 이상과 꿈으로 보이시기도 합니다. 그런데 모세에게는 한 차원 높은 차원에서 하나님께서 말씀하십니다. 하나님께서는 친히 모세와 대면하십니다.

하나님과의 대면. 이것이 모세가 다른 사람과의 결정적인 차이입니다. '대면하다'의 히브리어 원뜻은 '입을 맞추다'입니다. 하나님을 친히 대면하면 죄인인 인간은 다 죽습니다. 모세도 마찬가지입니다. 이것은 은유적인 표현으로서, 모세는 하나님과 입을 맞출 정도로 아주 친밀하며 가깝다는 말입니다. 가장 가까이 하나님과 동행하는 사람이 모세였습니다. 아내 십보라보다도, 구스 여자보다도, 그 어떤 사람보다도 하나님과 가까웠습니다.

　이것이 모세가 능력의 지도자가 될 수 있었던 비결입니다. 물론 그는 허물이 있고 약점이 있는 사람입니다. 그러나 하나님과 동행함으로써, 하나님의 뜻에 자신을 철저히 복종시킴으로써, 온유한 사람이 됨으로써, 그의 허물과 약점은 덮이고 위대한 지도자가 될 수 있었습니다.

　예수님께서는 마태복음 5장 5절에서 "온유한 자는 복이 있나니 그들이 땅을 기업으로 받을 것임이요"라고 말씀하십니다. 이 말씀은 성품이 착한 사람에게 상급으로 땅을 주신다는 말이 아닙니다. 하나님의 뜻에 자신의 뜻을 복종시키는 사람에게 세상을 맡기신다는 뜻입니다. 너무나 당연한 말씀입니다.

　온유함으로 형제 중에 존귀한 자가 된 사람이 있습니다. 역대상 4장 9-10절에 기록된 '야베스'란 사람입니다. "야베스는 그의 형제보다 귀중한 자라. 그의 어머니가 이름하여 이르되 야베스라 하였으니 이는 내가 수고로이 낳았다 함이었더라. 야베스가 이스라엘 하나님께 아뢰어 이르되 주께서 내게 복을 주시려거든 나의 지역을 넓히시고 주의 손으로 나를 도우사 나로 환난을 벗어나 내게 근심이 없게 하옵소서 하였더니 하나님이 그가 구하는 것을 허락하셨더라."

야베스란 '슬픔, 수고'라는 뜻입니다. 야베스가 누구인지 정확하게 알지는 못합니다. 그러나 분명한 것은, 그는 어렵고 비천한 집안에서 태어난 사람이란 것입니다. 하지만 현재 그는 '형제 중에 존귀한 자'가 되었습니다. 그 비결은 무엇일까요? 바로 '아나우', 즉 온유함에 있었습니다.

야베스는 자신의 뜻을 하나님께 복종시켰습니다. 하나님 여호와의 손 아래 들어갔습니다. 그래서 얻은 축복이 바로 "지경이 넓어진" 것입니다. 온유한 자로서 땅을 기업으로 받은 것입니다. 주의 손 아래 있으므로 하나님께서 그의 인생을 도와주셨습니다. 당연히 환난에서 벗어날 수 있었고 근심이 없게 되었습니다. 지경이 넓어진다는 말이나 땅을 기업으로 받는다는 말은 땅부자가 된다는 뜻이 아니라 '영향력이 커진다'는 의미입니다.

하나님은 온유한 모세의 권위를 다시 세워주셨습니다. 지도자로서의 영향력을 회복시키신 것입니다. 요즈음 청소년들은 부모나 교사의 권위, 어른들의 권위에 거침없이 도전합니다. 그 해결책은 오직 '아나우', 즉 온유함 외에는 없습니다. 주님의 뜻에 따라 사는 것입니다. 국가 지도자나 교회 지도자가 개인의 이득을 챙기지 않고 하나님의 뜻에 자신의 뜻을 복종시킬수록, 그에 비례하여 그 영향력이 증대됩니다. 국민이나 성도들이 그의 허물을 덮어주며 따르게 됩니다.

예수님께서 이렇게 말씀하십니다. "나는 마음이 온유하고 겸손하니 나의 멍에를 메고 내게 배우라. 그리하면 너희 마음이 쉼을 얻으리니"(마 11:29). 예수님은 하나님의 아들이십니다. 하나님의 뜻에 자신의 뜻을 완전히 복종시켰습니다. 십자가에서 죽기까지 복종하셨습니다. 이것이 바로 우리를 구원할 힘의 원천이 되었습니다. 그 예수님께서 우리를 향하여 주님의 온유함을 배우라고 당부하십니다. 우리가 예수님의 온유함을 배울 때, 야베스가 근심이 없어지고 존귀한 자가 되었듯이 "마음에 쉼을 얻고, 존귀한 제사장"이 됩니다.

권위는 대단히 중요합니다. 권위의 중요성은 아무리 강조해도 지나치지 않습니다. 권위는 하나님으로부터 기인한 것이며, 하나님께서는 공동체를 세울 때 반드시 하나님께서 권위를 친히 부여하신 지도자를 보내십니다. 그러므로 권위는 마땅히 존중되어야 합니다. 그러나 '권위주의'는 절대로 안 됩니다. 하나님으로부터 권위를 인정받은 것이라 하여, 그 권위를 자신의 이득을 챙기거나 남을 억압하거나 자신의 약점을 은폐하거나 스스로 높이는 목적으로 사용하여서는 절대로 안 됩니다. 그렇게 하는 것이 바로 권위주의입니다. 그런데 이 권위주의가 교회에서, 그중에서도 교회 지도자들 가운데서 가장 두드러지게 나타난다는 사실은 불행한 일이 아닐 수 없습니다. 그래서 권위를 쉽사리 인정하지 않는 젊은이들이 교회로부터 멀리 떨어지려고 합니다. 이것이 한국 교회의 위기를 초래하는 원인 중의 하나입니다.

우리가 해야 할 일은 권위를 무너뜨리는 것이 아니라 '권위주의'를 타파하는 일입니다. 곰팡내 나는 교조적인 권위를 옹호하는 것이 아니라 현대인들을 이끌어갈 '새로운 권위', '참 권위'를 창출해내는 것입니다.

예수님께서는 이천 년 전에 이미 그 새로운 권위를 창출하셨고, 제자들과 우리들에게 가르쳐주셨습니다. 예수님은 하나님의 아들로서, 그리고 하나님 자신으로서의 최고의 절대적 권위를 가진 분입니다. 그러나 한 번도 그 권위를 행사하신 적이 없습니다. 오히려 스스로를 낮추셨습니다. 십자가에서 죽기까지 낮추셨습니다. 그러면서 하시는 말씀이 있습니다.

"인자가 온 것은 섬김을 받으려 함이 아니라 도리어 섬기려 하고 자기 목숨을 많은 사람의 대속물로 주려 함이니라"(막 10:45).

하나님께서는 오늘도 온유한 리더를 애타게 찾고 계십니다. 하나님을 사랑하며 사람들을 섬기는 생명의 리더가 어디 없습니까?

3

40년간의 광야 생활

섬기는 리더십의 압권은 십자가 죽음입니다. 예수님께서는 사랑하는 우리를 위하여 그 고귀한 생명을 기꺼이 드렸습니다. 그런데 그것은 모두 하나님의 명령에 순종한 것이었습니다. 그래서 예수님께서 남기신 말씀은 "다 이루었다"입니다. 하나님의 말씀을 이루었다는 것입니다. 예수님은 그 전지전능한 능력을 하나님의 말씀을 이루는 데 온전히 사용하셨습니다. 마음에 깊이 새기시기를 간절히 바랍니다. 예수님께서 온몸으로 보여주신 '섬기는 리더십'의 핵심은 '순종'과 '사랑'입니다.

7강 | 민수기 13:32-33

가장 큰 실패

우리가 해야 할 일은 자신이 가진 정보와 능력과 배경을 동원하여 상황을 판단하는 것이 아닙니다. 나에게 유리하게 돌아가는가, 어떻게 하면 살 수 있을까를 점치는 것이 아닙니다. 우리가 해야 하는 단 하나는, 내가 지금 하나님의 약속을 붙들고 있는가, 내가 하나님의 말씀 안에 있는가, 내가 지금 예수님의 방법을 사용하고 있는가를 점검하는 일입니다.

민수기 7강

그림은 손으로 그린다고들 생각합니다. 그런데 손재주로 그림을 그리는 사람은 화가라고 부르지 않고 그림 기술자라고 부릅니다. 소위 '이발소 그림'은 소재는 다르지만 그리는 기법은 누가 그리든지 똑같습니다.

　요즈음에는 '물방울 그림'을 많이 볼 수 있는데, 그 그림을 처음으로 그린 화가는 프랑스에서 활동하고 있는 김창렬 화백입니다. 원작은 수천만 원을 호가합니다. 그러나 그 그림을 흉내 낸 모작은 그저 수만 원에 불과합니다. 원작은 눈으로 그렸고 모작은 손으로 그렸기 때문입니다. 마찬가지로 음악도 귀로 하는 것입니다. 아무리 훌륭한 목소리, 고가高價의 악기를 가지고 있다 하여도, 들을 귀가 없으면 아름다운 음악을 창조해낼 수 없습니다.

한 왕이 있었습니다. 자신의 왕국을 물려주기 위해 세 왕자를 불렀습니다. 그리고 명령을 내립니다. "가장 높은 곳에 있는 것을 가지고 오는 사람에게 왕국을 물려주겠노라." 세 왕자는 길을 떠났습니다. 며칠 후에 왕자들이 돌아왔습니다. 큰아들의 손에는 가장 높은 산에서만 자라나는 희귀한 꽃이 들려 있었습니다. 둘째아들의 손에는 식물조차 자라지 못하는 더 높은 산에서 구한 돌멩이가 들려 있었습니다. 그러나 막내아들 손에는 아무것도 없었습니다. 하지만 그의 얼굴은 상기되어 있었습니다. 그리고 이런 말을 하였습니다. "아버님, 높은 산 너머에는 아름다운 대지와 강이 펼쳐져 있었습니다." 왕은 그의 왕국을 막내아들에게 물려주었습니다. 눈으로 본다고 다 보는 것이 아닙니다. 마음으로 본 만큼 성장합니다. 그래서 무엇을 보았느냐, 무엇을 꿈꾸느냐가 중요합니다.

《최고 경영자 예수》라는 책을 쓴 로리 베스 존스는 그 책을 쓰게 된 동기를 이렇게 말합니다. "삶의 지향점 없이 떠도는 사람들이 굉장히 많음을 알고 놀랐습니다. 무한한 가치를 지닌 인간의 에너지와 지성이 돌파구를 찾지 못하거나 너무 빈약하게 활용되고 있음을 알고 당황하였습니다. 그래서 최고의 삶의 모범을 보이신 예수님을 연구하게 되었습니다."

예수님은 고귀한 것을 구하셨습니다. 예수님은 멀리 내다보셨습니다. 예수님은 사물의 중심을 보셨습니다. 예수님은 사명에 초점을 맞추셨습니다. 예수님은 달리 보셨습니다. 사람들은 나사로가 죽었다고 생각하였습니다. 그러나 예수님은 나사로가 잠을 잔다고 보셨습니다. 사람들은 겉모습만을 본 것입니다. 그러나 예수님은 하나님 창조의 본질을 보셨습니다.

하나님께서는 노예 출신 오합지졸 이스라엘 백성을 출애굽시키시고, 시내 산기슭에서 일 년 간 머물게 하셨습니다. 그곳에서 성막과 십계명을 주어 하나님의 제사장으로 훈련시키셨습니다. 이스라엘 백성들이 성막을 학교 삼아, 십계명을 교과서 삼아 공부한 지 일 년이 되었을 때 하나님의 명령이 떨어집니다.

"사람을 보내어 내가 이스라엘 자손에게 주는 가나안 땅을 정탐하게 하되 그들의 조상의 가문 각 지파 중에서 지휘관 된 자 한 사람씩 보내라"(민 13:2).

드디어 하나님의 시험이 시작된 것입니다.

정탐꾼은 가나안 땅을 탐지할 사람, 곧 스파이를 말합니다. 그런데 하나님의 선발 기준은 언제나 사람들과는 다릅니다. 통상 팀으로 보낸다면, 용감하고 똑똑한 자들을 선발하고 팀장을 한 명 임명

합니다. 그러나 하나님은 공평하게 각 지파에서 족장을 한 명씩 선발하도록 하셨습니다. 왜 그렇게 하셨을까요? 족장은 그 가문과 집안의 대표자입니다. 그들이 무엇을 보았느냐에 따라 집안의 운명이 달라집니다. 지도자가 무엇을 보았느냐에 따라 그 공동체의 미래가 결정되기 때문입니다. 하나님은 그것을 점검하시겠다는 것입니다.

하나님의 명령대로 각 지파에서 한 사람씩 족장을 선발하자, 모세를 통하여 하나님의 명령이 내려집니다. "너희는 네겝 길로 행하여 산지로 올라가서 그 땅이 어떠한지 정탐하라"(17-18절). 하나님의 명령, 한마디로 "보고 오라"는 것입니다.

그들은 하나님께서 약속하신 땅을 40일 동안 정탐하고 돌아왔습니다. 그 땅은 과연 하나님의 말씀대로 젖과 꿀이 흐르는 풍요로운 땅이었습니다. 그들은 그 땅의 포도송이와 과일들을 가지고 왔는데, 포도송이가 얼마나 큰지 막대에 꿰어 메고 올 정도였습니다.

그들은 이구동성으로 말합니다. "당신이 우리를 보낸 땅에 간즉 과연 그 땅에 젖과 꿀이 흐르는데 이것은 그 땅의 과일이니이다"(27절). 과연 하나님의 약속이 옳았습니다. 가나안 땅은 너무나 아름답고 풍요로운 땅이었습니다. 그런데 그들의 이어지는 보고는 대단히 어두운 것입니다. "그러나 그 땅 거주민은 강하고 성읍은 견고하고 심히 클 뿐 아니라 거기서 아낙 자손을 보았으며 아말렉인은 남방 땅에 거주하고 헷인과 여부스인과 아모리인은 산지에 거주하고 가나안인은 해변과 요단 가에 거주하더이다"(28-29절).

　그야말로 굿뉴스good news와 배드뉴스bad news, 두 가지를 가져온 것입니다. 정말로 좋은 땅인데, 그 땅은 모두 다른 족속들이 이미 차지하고 있으며, 게다가 그 사람들은 모두 아낙 자손, 즉 장대한 거인족들이며 성읍은 크고 견고하여 자신들의 힘으로는 도저히 점령할 수 없다는 것, 좋아봤자 그림의 떡이라는 것입니다. 그 보고를 들은 백성들이 웅성웅성 동요하기 시작하였습니다. 그러자 갈렙이 그들 앞에 나서서 백성들을 진정시키며 말했습니다. "우리가 곧 올라가서 그 땅을 취하자. 능히 이기리라"(30절).

　그러나 나머지 열 사람의 의견은 달랐습니다. "우리는 능히 올라가서 그 백성을 치지 못하리라. 그들은 우리보다 강하니라"(31절). 여기서 의견이 둘로 나뉘었습니다. 겁을 먹고 부정적인 견해를 밝힌 열 명의 족장을 따라, 백성들의 두려움은 점점 더 커져만 갔습니다.

　그들은 갈렙의 주장에 앞을 가로막고 단정적으로 말합니다. "우리가 두루 다니며 정탐한 땅은 그 거주민을 삼키는 땅이요 거기서 본 모든 백성은 신장이 장대한 자들이며 거기서 네피림 후손인 아낙 자손의 거인들을 보았나니 우리는 스스로 보기에도 메뚜기 같으니 그들이 보기에도 그와 같았을 것이니라"(32-33절).

갑자기 '젖과 꿀이 흐르는 약속의 땅'이 '거주민을 삼키는 땅'으로 둔갑하고, '하나님의 선택받은 백성'이 졸지에 '메뚜기'로 전락해버렸습니다. 참으로 어이없는 일입니다. 어떻게 한 순간에 그렇게 되는 것일까요? 젖과 꿀이 흐르는 '축복의 땅'이 거주민을 삼키는 '저주의 땅'으로, 존귀한 '제사장'이 바람에 날려 떠도는 '메뚜기'로 바뀔 수 있는 것일까요?

정탐꾼 열 사람은 겉껍데기만을 보았기 때문입니다. 겉만 보는 사람은 상황에 따라 울고 웃습니다. 그 땅의 풍성한 과일을 보자 좋다고 싱글벙글하다가, 장대 같은 거인들을 보자 울고불고 난리입니다.

누구나 그런 것은 아닙니다. 사탄의 손아귀에 사로잡힌 모든 사람이 필연적으로 보이는 현상입니다. 이러한 현상은 태초에 에덴동산의 아담과 이브에서부터 발견된 것입니다.

사탄은 아담과 이브에게 이런 말을 합니다. "너희가 그것을 먹는 날에는 너희 눈이 밝아져 하나님과 같이 되어 선악을 알 줄 하나님이 아심이니라"(창 3:5). "눈이 밝아지리라. 그래서 하나님같이 되리라"는 것입니다. 아담과 이브는 이 말에 혹해서 그 과일을 먹고 말았습니다. 그런데 웬일입니까? 정말 눈이 밝아진 것입니다. 그런데 그 밝아진 눈으로 본 것은 다름 아닌, 자신들의 벗은 몸이었습니다.

'보다'라는 뜻의 힐라어에는 두 가지가 있습니다. '블레포blepo'와 '호라오horao'입니다. '블레포'는 그저 육안으로 보는 것인 반면, '호라오'는 영적으로 깨닫는 것입니다. 예수님께서 하신 "그들로 보기는 보아도 알지 못하며"(막 4:12)라는 말씀은, "그들이 보아도(블레포) 알지(호라오) 못하며"라는 의미로서, 육안으로는 볼 수 있지만 영적으로는 맹인이라는 것입니다.

"사람들로 하여금 겉만 보게 하라." 이것이 사탄의 가장 큰 목표입니다. 하나님께서 제시하시는 목표를 '호라오'하는 사람이 진정한 하나님의 사람입니다.

세상을 한번 둘러보십시오. 온통 겉모습에 목숨을 거는 사람들로 가득합니다. 다이어트, 성형 수술은 일반화되었습니다. 명품으로 치장하기 위해서 남의 카드를 수십 장 훔쳐, 수억 원을 탕진한 젊은 여자가 체포된 적도 있습니다. 취업에도 외모가 가장 중시되는 세상입니다.

하나님의 명령을 거역하도록 수단과 방법을 가리지 않는 것이 사탄입니다. 하나님의 말씀이 무너져버리면, 사람들의 눈은 중심과 본질을 떠나 겉껍데기로 쏠려버립니다. 그러면 모든 것이 끝나 버립니다.

눈이 밝아져 자신의 벗은 몸을 본 순간, 아담과 이브에게 찾아온 것은 '두려움'과 '부끄러움'입니다. 그러자 그들은 무화과 잎으로 대충 가리고 황급히 숲 속으로 숨어버렸습니다. 축복의 땅 에덴 동산은 저주의 땅으로, "아버지!" 하고 부르며 달려가 품에 안겼던 가장 가까웠던 하나님은 무서운 감시자요 심판자로 가장 멀어져버린 것입니다. 그러고는 무엇보다 귀중한 생명과 시간을 부끄러움을 가리는 데 탕진해버립니다.

바로 그 일이 열 사람의 정탐꾼에게도 똑같이 일어난 것입니다.

성경의 역사는, 하나님께서 사람의 겉만 보는 시각을 교정하시기 위한 여정입니다. 아담과 이브의 에덴 동산으로부터의 추방, 가슴 아픈 노아의 홍수, 아브라함의 부르심, 이삭과 야곱과 요셉의 목숨을 거는 훈련이 있었습니다. 그리고 430년 동안이나 계속된 탄식과 절망의 노예 생활. 이어서 부르신 모세. 열 가지 재앙과 홍해에서의 기적이 있었습니다. 그리고 마지막으로 시내 산 계약과 그곳에서의 일 년 간의 훈련이 이어졌습니다. 그렇게 여기까지 온 것입니다. 실로 길고도 험난한 길이었습니다. 그런데도 그들은 하나도 변하지 않았습니다. 여전히 시선은 겉껍데기에 고정되어 있었고, 그에 따라 울고 웃고 있습니다. 그런 모습들을 보며 탄식하시는 하나님을 한번 생각해보십시오.

그런데 오 호수아와 갈렙만은 하나님의 마음을 알게 되었습니다. 하나님께서 원하시는 대로 중심과 본질을 보게 되었고, 하나님의 약속의 실현을 보았습니다.

불신앙은 겉으로 드러난 상황만 보게 합니다. 그러나 참 신앙은 본질을 꿰뚫어봅니다. 불신앙은 두려움과 패배 의식을 동반합니다. 그러나 참 신앙은 신념과 용기를 동반합니다.

수잔 제프스 박사는 그의 저서《두려움을 느껴라. 그리고 어떻게든 그것을 행하라》는 책에서, 사람은 항상 두려움 속에서 모든 것을 처리한다고 말합니다. 새로운 시도는 모험과 위험이 동반되기 마련입니다 그에 대한 두려움은 당연한 것입니다. 만약에 그 두려움이 사라지기를 기다린다면 결국은 시작조차도 할 수 없을 것입니다. 어떻게 두려움과 패배의식을 극복할 수 있을까요? 그 길은 오직 하나님의 약속을 믿고 붙잡는 것입니다.

사람들은 어떻게든지 안전하려고 합니다. 어떻게든지 이기려고 합니다. 어떻게든지 자신이 옳다는 것을 증명하려고 합니다. 이 모든 것이 살기 위해서 하는 것입니다. 열 명의 정탐꾼들도 그렇게 하였습니다. 그러나 그렇게 한다고 해서 사는 것이 아닙니다.

예수님께서 이 땅에 오셨을 때, 그분은 절대로 이기려 하지 않으셨습니다. 어떤 공격이 오더라도 그냥 당하셨습니다. 그 이유는 예수님이 승리 그 자체이시기 때문입니다. 예수님을 십자가에 못 박고 대적자들은 이겼다고 환호성을 올렸습니다. 그러나 가장 저주스러운 패배의 상징인 십자가에서조차도 예수님은 진 것이 아닙니다. 예수님의 승리의 근거는 바로 하나님의 약속입니다.

예수님은 절대로 자신이 옳다는 것을 증명하지 않으셨습니다. 논쟁도 변명도 그 어떤 것도 하지 않으셨습니다. 사람들이 냉소하며 비웃고 되돌아서도 눈 하나 깜짝하지 않으셨습니다. 그 이유는, 예수님은 진리 그 자체이기 때문입니다. 예수님의 진리의 근거는 바로 하나님의 말씀입니다.

예수님께서 흔들림이 없이 당당하셨던 이유는 하나님의 아들이었기 때문이 아닙니다. 초능력을 가진 슈퍼맨이라서 그런 것도 아닙니다. 예수님은 자신이 지금 하나님의 약속을 붙잡고 하나님의 말씀대로 살고 있음을 잘 알았기 때문입니다.

우리가 해야 할 일은 자신이 가진 정보와 능력과 배경을 동원하여 상황을 판단하는 것이 아닙니다. 나에게 유리하게 돌아가는가, 어떻게 하면 살 수 있을까를 점치는 것이 아닙니다. 우리가 해야 하는 단 하나는, 내가 지금 하나님의 약속을 붙들고 있는가, 내가 하나님의 말씀 안에 있는가, 내가 지금 예수님의 방법을 사용하고 있는가를 점검하는 길입니다.

그렇게 하고 있다면 내가 하는 일이 어리석어 보이고 초라해 보이고 남들의 동정이나 비난이나 질시의 대상이 된다고 하여도 별로 개의할 것이 없습니다. 지금 나는 승리의 길, 진리의 길을 가고 있는 것이기 때문입니다.

열 사람들은 가나안 땅에서 불가능과 패배를 봅니다. 그러나 갈렙과 여호수아는 하나님의 약속과 그 실현을 봅니다. 세상 사람들은 십자가에서 저주와 죽음을 봅니다. 그러나 예수님은 영광과 부활을 봅니다.

신앙생활의 목적이 의식주 걱정 없는 풍요로운 삶, 온갖 부귀영화, 높은 곳에서 뛰어내려도 보장받는 안전함입니까? 이러한 것들은 바로 사탄이 광야에서 사십 일 금식하신 예수님께 제안한 것들입니다. 만약 교회에서 이런 것들을 열심히 빌고 있다면, 사탄의 제안을 이루어달라고 하나님께 비는 꼴이 됩니다.

예수님은 다르게 보셨습니다.

8강 | 민수기 14:32-33

방황하는 자

왜 목표나 행동 계획을 세우지 않는 것일까요? 그것은 안일한 삶의 태도와 실패에 대한 두려움 때문입니다. 계획을 세우지 않으면 시도하지 않아도 되고, 그러면 실패도 없기 때문입니다. 그러나 성공 또한 없습니다. 그런데 이러한 인생 자체가 실패입니다. 이런 현상을 한마디로 '비전 상실 증후군'이라고 말합니다. 비전을 보지 못하는 사람은 반드시 날벌레처럼 유리하다가 소멸되어버립니다.

민수기 8강

사람들은 최고로 무서운 중형을 사형이라고 생각합니다. 그런데 하나님께서는 그렇지 생각하지 않으십니다. 과연 하나님께서 생각하시는 최고의 벌은 무엇일까요?

이스라엘 중에서 선발된 열두 명의 정탐꾼이 사십 일 동안 젖과 꿀이 흐르는 가나안 땅을 정탐하고 돌아온 후, 가데스 바네아에서는 큰 소동이 일어났습니다.

열 명의 부정적인 보고에 온 이스라엘이 큰 절망에 빠졌습니다. 성경은 그 상황을 이렇게 전하고 있습니다. "온 회중이 소리를 높여 부르짖으며 백성이 밤새도록 통곡하였더라"(민 14:1). 이어서 모세와 아론에 대한 원망이 폭발하였습니다. "우리가 애굽 땅에서

방황하는 자

죽었거나 이 광야에서 죽었으면 좋았을 것을 어찌하여 여호와가 우리를 그 땅으로 인도하여 칼에 쓰러지게 하려 하는가. 우리 처자가 사로잡히리니 애굽으로 돌아가는 것이 낫지 아니하랴"(2-3절). 그들의 원망은 여기서 끝나지 않고 한 발 더 나아갑니다. "우리가 한 지휘관을 세우고 애굽으로 돌아가자"(4절). 자기들대로 살 길을 찾자는 것입니다.

한번 생각해보십시오. 가나안의 아낙 자손들이 쳐들어온 것도 아닙니다. 가나안의 아낙 자손들은 이스라엘의 존재조차 모르고 있습니다. 정탐꾼들은 다만 이들을 보고 왔을 뿐입니다. 그런데도 이런 큰 소동이 난 것입니다.

이것이 부정적인 생각이 지닌 무서운 점입니다. 부정과 의심의 작은 씨가 생각의 중심에 떨어지면 그 씨가 뿌리를 내리고 싹을 돋웁니다. 그리고 그 씨는 엄청난 속도로 자라납니다. 순식간에, 하룻밤 사이에 그 생각은 온 백성을 덮어버립니다. 그 위력이 얼마나 대단한 것인지는 상상을 초월합니다. 열 가지 재앙과 홍해를 가른 그 엄청난 하나님의 기적도 무력해지고, 일 년 동안 그 고생을 하며 배웠던 하나님의 십계명도 사라져버리고, 최초의 성소인 성막 또한 일순간에 무너져버렸습니다. 그리고 하나님의 백성들은 메뚜기 떼들로 전락하여 대성통곡을 하고 있습니다.

이것이 이스라엘 백성의 두 번째 실패입니다. 첫 번째 실패의 씨앗이 '탐욕'이었다면, 두 번째 실패의 씨앗은 '부정적인 생각'입니다.

한번 사람들을 사로잡은 부정적인 생각은 사람들의 귀를 막아버립니다. 이것이 부정적인 생각의 또 다른 무서운 점입니다. 모세와 아론은 절망한 백성의 아우성 앞에 엎드려버렸습니다. 어찌 할 바를 몰랐기 때문입니다. 그런 가운데 눈의 아들 여호수아와 여분네의 아들 갈렙이 옷을 찢으며 백성들 앞으로 분연히 나섰습니다. 그리고 외칩니다.

"우리가 두루 다니며 정탐한 땅은 심히 아름다운 땅이라. 여호와께서 우리를 기뻐하시면 우리를 그 땅으로 인도하여 들이시고 그 땅을 우리에게 주시리라. 이는 과연 젖과 꿀이 흐르는 땅이니라. 다만 여호와를 거역하지는 말라. 또 그 땅 백성을 두려워하지 말라. 그들은 우리의 먹이라. 그들의 보호자는 그들에게서 떠났고 여호와는 우리와 함께 하시느니라. 그들을 두려워하지 말라"(7-9절).

바로 이것이 하나님께서 원하시는 것입니다. 그러나 백성들은 귀를 막아버렸습니다. 여기서 끝나지 않았습니다. 돌을 들어 여호수아와 갈렙을 쳐서 그 입을 막으려 하였습니다. 사탄으로서는 하나님의 공동체를 무너뜨릴 절호의 기회를 잡은 것입니다. 그야말로 200만 대 4입니다. 모세와 아론과 여호수아와 갈렙만 제거하면 사탄은 다시 이스라엘을 수중에 넣을 수 있습니다. 이 절대절명의 위기에 하나님께서 나타나셨습니다.

"온 회중이 그들을 돌로 치려 하는데 그때에 여호와의 영광이 회막에서 이스라엘 모든 자손에게 나타나시니라"(10절).

가만히 계실 하나님이 아니십니다. 돌을 들어 던지려는 이스라엘 백성들 앞에 하나님께서 영광중에 나타나셨습니다. 그러고는 네 명을 제외한 이스라엘 백성들 모두를 멸하려 하셨습니다.

11절 이하에는 이스라엘을 모두 멸하시려는 하나님과 그 백성을 살려달라고 애원하는 모세의 줄다리기가 기록되어 있습니다.

"구하옵나니 주의 인자의 광대하심을 따라 이 백성의 죄악을 사하시되 애굽에서부터 지금까지 이 백성을 사하신 것 같이 사하시옵소서"(19절).

모세는 자신을 돌로 치려는 백성들을 위해 목숨 건 기도를 드리고 있습니다. 모세의 심정을 헤아려보십시오. 바로 모세의 이 마음이 이스라엘 백성을 구한 것입니다. 하나님께서 어떻게 그런 기도를 거절하시겠습니까? 당연히 모세의 기도를 들으셨습니다. 하지만 하나님의 징계마저 취소된 것은 아닙니다. 두 번째 실패에 대한 하나님의 징계는 이렇습니다.

"너희의 시체는 이 광야에 엎드러질 것이요 너희의 자녀들은 너희 반역한 죄를 지고 너희의 시체가 광야에서 소멸되기까지 사십 년을 광야에서 방황하는 자가 되리라"(32-33절).

하나님의 약속을 믿지 못한 일 세대는 광야에서 죽고, 그 자녀들은 부모의 죄를 지고 광야에서 방황하는 자가 된다는 것입니다. "방황하는 자가 되리라." 이것이 하나님께서 내리시는 가장 무서운 벌입니다.

이 벌을 받은 사람이 또 한 사람 있습니다. 가인입니다. 가인은 동생 아벨을 죽이는 범죄를 저지릅니다. 세상의 법정에서는 사형 또는 최소한 무기징역을 선고하였을 것입니다. 그러나 하나님께서는 가인의 목숨을 거두지 않으셨습니다. 그 대신 '유리하는 자'의 벌을 내리셨습니다.

"네가 밭을 갈아도 땅이 다시는 그 효력을 네게 주지 아니할 것이요 너는 땅에서 피하며 유리하는 자가 되리라"(창 4:12).

동생을 죽이고도 단지 유리하는 자가 되는 선고를 내리셨다면, 그 벌에는 사형보다도 중한 무엇이 있기 때문입니다. '유리하는 자', '방황하는 자'는 인생의 목적을 모른 채 이리저리 방황하는 사람을 말합니다.

유명한 곤충학자 장 앙리 파브르는 날벌레의 생태를 주의 깊게 관찰하던 중 매우 중요한 사실을 발견하였습니다. 날벌레들은 아무런 목적도 없이 무턱대고 앞에서 날고 있는 놈만을 따라 빙글빙글 난다는 것입니다. 어떤 방향이나 목적지도 없이 그냥 돌기만 합니다. 그렇게 무턱대고 7일 동안 계속해서 날다가 결국에는 굶어 죽어갑니다.

스티븐 코비가 말합니다. "본인 스스로를 리더라고 생각하십시오. 내 영향력을 높일 수 있다고 생각하십시오. 여러분의 내면 깊은 곳에는 위대함의 씨앗이 있습니다."

성공하지 못하는 이유는 기회가 부족하거나 능력이 없어서가 아닙니다. 기회는 항상 우리 주위에 널려 있습니다. 그런데 대부분의 사람들은 목표를 설정하지 않습니다. 당연히 계획도 세우지 않고 그 수많은 기회들을 잡지도 못합니다.

왜 목표나 행동 계획을 세우지 않는 것일까요? 그것은 안일한 삶의 태도와 실패에 대한 두려움 때문입니다. 계획을 세우지 않으면 시도하지 않아도 되고, 그러면 실패도 없기 때문입니다. 그러나 성공 또한 없습니다. 그런데 이러한 인생 자체가 실패입니다. 이런 현상을 한마디로 '비전 상실 증후군'이라고 말합니다. 비전을 보지 못하는 사람은 반드시 날벌레처럼 유리하다가 소멸되어버립니다.

이스라엘 정탐꾼들이 그랬습니다. 하나님의 약속의 땅에 들어갔으나 하나님의 비전을 보지 못하고, 장대 같은 그곳 주민들만 보고 왔습니다. 실패에 대한 두려움이 엄습하였고, 메뚜기로 전락하여 주저앉아 울기에 이르렀습니다. 그래서 그들은 '방황하는 자'의 벌을 받았습니다.

성경은 '유리하는 자'의 벌을 받은 가인의 삶을 이렇게 결론지어 말합니다.

"가인이 여호와 앞을 떠나서 에덴 동쪽 놋 땅에 거주하더니"(창 4:16).

가인이 유리하는 자가 되어서 가장 먼저 한 일은 하나님 앞을 떠나는 것이었습니다. 그리고 에덴 동편 놋 땅으로 가서 살았습니다. '아무것도 아니네'라고 생각할 수도 있습니다. 그런데 가인이 살았다는 '놋', 그 이름의 의미는 '방황하다, 유리하다, 도망자가 되다'입니다.

하나님 앞을 떠난 사람은 이미 벌을 받고 있는 것입니다. 높고 높은 자리에 앉아 엄청난 부와 권력을 누리며 거대한 저택에 살고 있다 하더라도, 하나님 앞을 떠났다면 거기가 바로 놋 땅입니다. 그 벌이 바로 '유리하는 자'입니다. '죄 따로, 벌 따로'가 아닙니다. 죄와 벌은 동전의 앞뒤와 같아서 죄 가운데 벌이 있습니다. 이 벌의 중함을 아는 사람이 영적인 사람입니다.

'코람 데오*Coram Deo*'란 말이 있습니다. 이 말은 '하나님 앞'이라는 의미를 지닌 히브리어입니다. 코람 데오, 하나님 앞에 선다는 것은 단순히 건강하게 잘 먹고 잘 사는 것을 의미하는 것이 아닙니다. 코람 데오는 하나님의 약속을 본다는 것이며, 그 약속 가운데 하나님의 비전을 본다는 것입니다. 그때만이 유리하고 방황하는 삶이 종식되고 진정한 삶을 살 수 있습니다. 여호수아와 갈렙은 여호와 앞에 있습니다. 견고한 성읍과 거대한 아낙 자손들 앞이 아닌, 하나님 앞에 있습니다. 그래서 그들은 담대할 수 있었습니다.

그런데 하나님의 비전을 이루기란 쉬운 것이 아닙니다. 반드시 돌을 들어 치려는 반대자들이 있으며, 팔짱을 끼고 비웃음을 흘리는 방관자들이 있습니다. 《비전을 넘어 핵심가치로》라는 책을 쓴 오브리 맬피스는 그런 사람들을 '비전 뱀파이어'라고 부르고 있습니다. 뱀파이어는 흡혈귀를 말합니다. 이들은 하나님의 비전을 이루겠다는 사람들을 의식적으로나 무의식적으로 비판하고 반대하고 공격하는 무리들입니다. 이들이 바로 하나님의 비전을 보지 못한 열 명의 정탐꾼과 나머지 백성들입니다. 이들은 그저 사람들의 대적자가 아니라 하나님의 대적자가 됩니다.

하나님께서는 하나님의 비전을 본 사람을 어떤 순간, 어떤 상황에서도 보호하시고 함께하십니다. 그리고 반드시 그 약속을 실행하십니다. 하나님께서 말씀하십니다.

"여분네의 아들 갈렙과 눈의 아들 여호수아 외에는 내가 맹세하여 너희에게 살게 하리라 한 땅에 결단코 들어가지 못하리라"(민 14:30).

"너희는 그 땅을 정탐한 날 수인 사십 일의 하루를 일 년으로 쳐서 그 사십 년 간 너희의 죄악을 담당할지니 너희는 그제서야 내가 싫어하면 어떻게 되는지를 알리라 하셨다 하라. 나 여호와가 말하였거니와 모여 나를 거역하는 이 악한 온 회중에게 내가 반드시 이같이 행하리니 그들이 이 광야에서 소멸되어 거기서 죽으리라"(34-35절).

사십 년. 하나님께서 언도하신 선고 형량입니다. 그런데 사십 년은 산술적인 연수年數가 아닙니다. 바로 평생을 말합니다. 하나님의 약속, 하나님의 비전을 보지도 믿지도 못한 사람들은 광야와 같은 세상에서 평생 방황하다가 소멸된다는 것입니다.

더욱 무서운 것이 있습니다. 하나님의 비전을 보지 못한 일 세대는 광야에서 죽을 뿐만 아니라, 그 자녀들이 부모의 죄를 지고 광야에서 유리하게 된다는 사실입니다.

"너희의 자녀들은 너희 반역한 죄를 지고 너희의 시체가 광야에서 소멸되기까지 사십 년을 광야에서 방황하는 자가 되리라"(33절).

벌이 나에게서만 끝난다면 아무렇게나 살다가 죽으면 그뿐입니다. 그런데 그 죄를 자녀들이 지고 가야 한다는 것이 더 무섭습니다. 사람들은 이상합니다. 자신은 인생의 목표 없이 되는 대로, 닥치는 대로 살아가면서도, 그 자녀들이 닥치는 대로 사는 것은 참지 못합니다. 그런 삶을 사는 자녀를 보는 것보다 더 큰 고통은 없습니다.

세상에서 가장 오래된 성문법은 함무라비 법전입니다. 이 법전은 커다란 돌비석에 새겨져 있는데, 고대 바빌론 제1왕조 6대왕 함무라비가 만든 것입니다. 주전 1750년경에 만들어진 것이므로 지금으로부터 약 3,700여 년 전의 것입니다. 여기에는 모두 282조의 규정이 기록되어 있는데, 거기에는 "눈에는 눈, 이에는 이"라는 글귀가 써 있습니다. 이것이 벌의 가장 기본적인 정신입니다. 죄를 지어 피해를 준 만큼 같은 정도의 벌을 주는 것입니다. 그래서 죄를 짓고도 벌을 받지 않으면 무슨 큰 이익이나 본 것처럼 좋아합니다. 또한 피해자는 가해자가 벌을 받지 않고 활보하면 억울해 합니다.

사람들은 전지전능하지 못합니다. 그래서 지은 죄를 즉시 감별해내지 못합니다. 현행범이 아닌 이상 그 죄를 밝히는 데 많은 시간이 소요되고, 나중에 그 죄에 상응하는 벌을 선고합니다. 그래서 '죄 따로, 벌 따로'라는 생각을 하게 됩니다. 이것이 사람들이 생각하는 죄와 벌에 대한 견해입니다.

그런데 예수님은 그렇게 보지 않으셨습니다. '죄 따로, 벌 따로'가 아니라, '죄 안에 이미 벌이 있다'고 보셨습니다.

"그를 믿는 자는 심판을 받지 아니하는 것이요 믿지 아니하는 자는 하나님의 독생자의 이름을 믿지 아니하므로 벌써 심판을 받은 것이니라. 그 정죄는 이것이니 곧 빛이 세상에 왔으되 사람들이 자기 행위가 악하므로 빛보다 어둠을 더 사랑한 것이니라"(요 3:18-19).

죄를 지어 어둠 가운데 머무르는 것 자체가 심판이요 벌입니다. 따라서 죄를 짓지 않는 것이 무엇보다도 중요합니다. 그러나 인간은 본질상 사악하고 연약하므로 죄에서 완전히 자유로울 수는 없습니다. 대부분의 사람들은 죄를 지은 후, 어둠 속으로 숨어버립니다. 그런데 죄의 문제를 다룰 때 가장 중요한 것은 그 범죄를 밝히고 처벌하는 것이 아닙니다. 죄를 지은 사람으로 하여금 빛 가운데로 나아오게 하는 것입니다.

윌리엄 클라크는 1876년 미국에서 일본으로 건너갑니다. 그의 비전은 '일본 근대화'였습니다. 그는 일본 젊은이들을 훈련시켜 낙

후한 일본을 근대화시키기를 원했습니다. 그런데 도착해서 보니, 일본 측 책임자가 큰 실의에 빠져 있었습니다. 일본에서 엄선한 열 명의 청년들이 모두 술에 만취되어 있었기 때문입니다. 그는 그들을 고향으로 돌려보내려 하였습니다. 그러나 클라크는 그들을 설득하여 훈련을 시키기 시작하였습니다. 기술뿐만 아니라 꿈과 이상을 심어주었는데, 그때 사용한 교재가 바로 성경책이었습니다. 그들은 변화되기 시작했습니다. 임기가 끝나 미국으로 돌아가는 그를 배웅하기 위해 수많은 젊은이들이 모였습니다. 청년들은 그를 따라가기를 원했습니다. 그러나 그는 이제 각자 고향으로 돌아가서 비전을 이루라고 당부하며, "청년이여, 야망을 가지라"라는 유명한 말을 남겼습니다.

40년 동안 광야에서 방황하리라는 벌은 세상의 언도와는 달리, 하나님 앞에 서는 순간 소멸됩니다. 그런데 진짜로 하나님 앞에 서야 합니다. 그리고 하나님의 약속을 믿고 아브라함이 본토 친척 아비집을 떠나 하나님께서 지시하는 곳으로 떠나듯이 실제로 떠나야 합니다. 어떤 난관이 닥쳐와도 주저앉아서는 안 됩니다.

그냥 주저앉아 있겠습니까?

아니면 하나님께서 가라 하시는 곳을 향해 떠나겠습니까?

민수기 15:32-41 | **9**강

세 번째 실패

안식일은 우리로 하여금 쉬라고 주신 날입니다. '주일'은 모든 생각, 모든 머리 회전을 멈추는 날입니다. 모든 걱정과 근심을 십자가 앞에 내려놓는 날입니다. 그리고 하늘로부터 내려오는 하나님의 평강을 받아들이는 날입니다. 예수님과 함께 느끼는 날입니다.

민
수
기
9
강

어느 날 논두렁을 걷다가 가로등 아래의 벼들이 모두 쭉정이인 것을 발견하였습니다. 농부 아저씨께 그 원인을 물었더니, 밤새도록 가로등이 불을 밝히고 있기 때문이라고 하였습니다. 가로등불이 밤을 낮으로 만든 것입니다. 낮이 길면 알곡을 더 맺어야 할 것 같은데 오히려 반대였습니다. 하나님은 밤과 낮을 만드셨습니다. 그래서 벼들도 밤에 잠을 자야 알곡을 맺을 수 있게 하셨습니다.

국화가 탐스러워서 국화 화분을 사다가 거실에 놓아두었습니다. 물도 주고 햇빛이 잘 들도록 돌보아주었는데도 며칠 지나지 않아 시들시들 죽어갔습니다. 아직 많은 꽃봉오리가 제대로 피지도 않았는데 그렇게 된 것입니다. "속아서 샀구나." 국화꽃들을 대충 화분에 꽂아놓았다고 생각했습니다. 그런데 그 원인을 알았습니다. 국화는 날씨가 추워야 꽃봉오리가 피어난다는 것입니다. 거실은 언제나 따뜻하기 때문에 국화가 꽃을 피우지도 못하고 죽어간 것입니다. 하나님께서는 더운 여름도, 추운 겨울도 만들어주셨습니다. 그래서 국화꽃이 아름답게 피어나게 하신 것입니다.

하나님께서는 밝은 낮도 만드시고 깜깜한 밤도 만드셨습니다. 더운 여름도 만드시고 추운 겨울도 만드셨습니다. 평온한 날도 만드시고 바람 사나운 폭풍의 날도 만드셨습니다. 비옥한 평야도, 척박한 광야도 만드셨습니다. 음지도, 또 양지도 만드셨습니다. 다 필요해서 만드셨습니다. 가장 사랑하는 대상인 사람들을 위해서 그렇게 하신 것입니다.

"저런 것은 왜 있는 거야?" 사람의 눈으로 보기에 필요 없는 것이 참 많습니다. 그래서 사람들은 불평하며 그것들을 없애고, 한편으로는 인간의 편의에 따라 개조합니다. 그래서 나중에야 귀한 것을 너무나 소홀히 여겼다는 것을 깨닫고 부랴부랴 복원하려고 합니다. 그러나 이미 너무 늦은 경우가 많습니다. 인간의 편의에 따르며, 하나님의 창조 질서에 거스르며 살아온 결과입니다.

이스라엘이 저지른 세 번째 실패는 아주 사소한 일이 발단이 되었습니다. 한 이스라엘 남자가 있었습니다. 그 남자는 안식일에 들에 나가 땔감을 마련하고 있었습니다. 안식일에는 어떤 노동도 하지 말라는 하나님의 명령이 생각나서 사람들은 그 사람을 모세와 아론에게 끌고 왔고, 어떻게 처리를 해야 할지 몰라 가두어두었습니다. 모세는 하나님께 여쭈었습니다. "하나님, 안식일을 거룩히 구별하여 쉬라고 하였는데도, 이 사람은 쉬지 않고 나무를 하였습니다. 어떻게 하는 것이 좋겠습니까?" 그러자 하나님께서는 깜짝 놀랄 명령을 하셨습니다.

"그 사람을 반드시 죽일지니 온 회중이 진영 밖에서 돌로 그를 칠지니라"(민 15:35).

그냥 쫓아내는 것도 아니고, 백성들로 하여금 돌로 치라는 것이었습니다. 그러나 가혹해도 하나님의 명령인데 어찌하겠습니까? 모세는 백성들에게 하나님의 명령을 그대로 전하였고, 백성들도 그대로 시행하였습니다. 세 번째 실패는, 한마디로 안식일을 범한 일입니다.

성경을 읽다보면 안식일에 대한 이야기는 잊을 만하면 등장합니다. 안식일을 그만큼 중요하게 여기라는 것입니다. 사람들에게는 7일마다 찾아오는 주일이 그저 노는 날, 쉬는 날처럼 보일 뿐입니다. 그래서 내 뜻에 따라 마음 내키는 대로 보내면 되는 날로 여깁니다. 건강을 위해 등산도 가고, 밀린 일도 하고, 지난 일주일 벌이가 좋지 않았으니까 오늘도 나가서 든벌이를 합니다. 대목이니까 더 벌기 위하여 가게 문을 열기도 합니다. 그렇게 무심하게 별 생각 없이 보냅니다.

  이 남자도 그랬을 것입니다. 그가 왜 벌판에 나가 나무를 하였는지 사실 아무런 언급이 없습니다. 단순히 땔감을 구하러 갔는지, 아니면 더 많은 나무를 하여 이웃에게 팔아 돈을 벌 생각이었는지 전혀 알 수 없습니다.

  잘못을 하였다면 그 자초지종을 묻는 것이 순리일 텐데, 어쩐 일인지 하나님께서는 묻지도 따지지도 않으십니다. 그리고 바로 벌을 내리십니다. 그것도 아주 무서운 벌입니다. 유리하는 자의 벌을 받아 사십 년이나 이 광야에서 떠돌아 다녀야 하는 처지였는데, 이제 그나마도 하지 못하게 된 것입니다.

  우리는 또다시 하나님의 가혹한 처벌에 당황합니다. "그게 무슨 돌에 맞아 죽을 일입니까?" 우리의 이성이나 상식으로는 이해할 수 없는 하나님을 종종 만납니다. 그때마다 불평할 게 아니라 하나님 편에서 왜 그리 하셨나 헤아려보아야 합니다. 그래야 하나님의 깊은 속내를 조금이나마 알게 되고, 하나님 편으로 조금씩 발걸음을 옮기게 됩니다.

세 번째 실패

하나님께서 자초지종을 묻지 않으신 이유는 무엇일까요?

첫째, 안식일은 어떤 일이 있어도 반드시 지켜야 한다는 뜻입니다. 사람들은 안식일을 소홀히 여길 수 있으나 하나님은 그렇지 않으십니다.

둘째, 사람들로 하여금 돌로 치게 하신 것은 그야말로 일벌백계의 의도가 있습니다.

"나머지 사람들은 다시는 그렇게 하지 말라!" 하나님께서는 안식일 준수를, 어른 아이 할 것 없이 모두 마음에 단단히 새겨두기를 원하셨습니다. 그래서 광야로 추방만 하여도 죽을 텐데, 모든 사람들로 하여금 돌을 들어 치게 하셨습니다. 그만큼 안식일은 중요하다는 것입니다.

왜 하나님께서는 안식일을 그렇게도 중히 여기시는 걸까요?

안식일을 제정하신 데는 깊은 영적인 의미가 있습니다. 하나님께서는 5일 동안 천지를 창조하시고, 6일째 되는 날 인간을 하나님의 형상으로 만드셨습니다. 그리고 7일째 아침이 밝았습니다. 하나님께서는 이 일곱째 날을 다른 날과 구별하여 거룩하게 하셨습니다. 그리고 안식일이라 칭하셨습니다. 그러니까 아담과 이브에게 가장 먼저 가르치신 내용이 안식일입니다.

하나님의 형상을 닮은 인간과 안식일은 창조의 정점이요 꽃입니다. 하나님의 형상을 가진 인간과 일곱째 날 안식일, 두 가지가 하나님께서 가장 소중하게 여기시는 것입니다.

소중한 것을 잃으면 야단을 맞습니다. 어느 날 아들 녀석에게 집에 두고 온 제 지갑을 가져오라는 심부름을 시켰는데 아들은 그 지갑을 잃어버렸습니다. 그때는 그냥 주의만 주고 넘어갔습니다. 그런데 얼마 못 가서 제 누나의 핸드폰을 잃어버렸습니다. 그래서 호되게 야단을 쳤습니다. 아들이 잃어버린 것을 합산하면 수십만 원이 넘습니다. 하지만 돈 액수가 많아서 야단을 친 것이 아닙니다. 돈보다 더 소중한, 진지한 태도와 사려 깊은 삶의 자세를 잃어버렸기 때문입니다.

사람에게 있어서 가장 중요한 것은 하나님의 형상입니다. 이것을 상실하면 더 이상 사람이라고 할 수 없습니다. 이 하나님의 형상과 안식일 준수는 가장 밀접한 관계가 있습니다. 안식일은 한마디로 말하자면 '하나님과 함께 지내는 시간'입니다. 사랑하는 사람에게서 가장 원하는 것은 '함께하는 것'입니다. 전쟁터에 나가는 아들에게 어머니는 "공을 많이 세우고 오너라"고 하지 않습니다. 어떻게 해서든지, 비겁해도 좋으니까 살아서 돌아오기를 바랍니다.

하나님께서 천지만물을 창조하시고 인간에게 자신의 형상을 부여하신 것은 이 아름다운 세상에서 함께 행복하게 지내자는 것입니다. 첫날부터 여섯째 날까지는 "저녁이 되고 아침이 되니"라는 말이 반복되면서 하루하루가 끝나고 있지만, 제7일은 "저녁이 되고 아침이 되니"라는 말이 사용되지 않고 있습니다. 안식일은 영원히 계속된다는 뜻입니다. 당연합니다. 하나님께서는 우리를 사랑하셔서 영원히 함께하기를 원하십니다. 또한 '일곱'은 완전수입니다. 7일째 들어서면 하나님의 창조가 완성되었다는 뜻입니다.

그런데 어떻게 되었습니까? 아담과 이브는 하나님의 명령을 거역하고 사탄의 말을 따릅니다. 함께한다는 것은 몸과 마음이 모두 서로에게 향해 있다는 뜻인데, 몸만 하나님과 함께 있고, 마음은 하나님을 떠난 것입니다. 당연히 하나님의 형상을 잃게 되었습니다. 하나님의 형상을 상실한 인간은 자동적으로 에덴 동산을 상실하였고, 안식일도 잃어버렸습니다. 안식일을 잃었다는 것은 단순한 사건이 아닙니다. 하나님과의 영원한 안식. 신앙생활의 가장 큰 목적과 최종적인 목표를 상실한 것입니다.

고린도전서 13장 13절 말씀, "그런즉 믿음, 소망, 사랑, 이 세 가지는 항상 있을 것인데 그중의 제일은 사랑이라." 이 말씀은 안식일이 얼마나 중요한지를 말해줍니다. 왜 그런 걸까요?

믿음을 통하여 구원을 받습니다. 예수님을 믿게 되고, 성령을 받게 되고, 그래서 하나님의 자녀가 됩니다. 자녀가 되었다는 것은 잃었던 하나님의 형상을 되찾았다는 것입니다. 소망으로 모든 어려움을 이깁니다. 무슨 소망입니까? 천국 가는 소망입니다. 이것이 바로 하나님과의 영원한 안식을 누리는 소망입니다. 그 소망으로 인하여 유혹도 물리치고, 실망도 극복하고, 고통도 참아냅니다.

그런데 믿음과 소망마저 필요 없게 되는 때가 있습니다. 바로 하나님과 사랑을 나누는 그때, 하나님과 얼굴과 얼굴을 맞대고 사는 그때에는 믿음도 소망도 필요 없습니다. 오직 하나님과의 사랑만이 남습니다. 그래서 그중의 제일은 사랑이라는 것입니다. 이때는 예언도 방언도 지식도 능력도 폐하여지며 모든 것이 완성되는 때입니다.

《엄마 찾아 삼만 리》라는 동화가 있습니다. 돈을 벌러 멀리 떠난 엄마를 찾아 나서는 일곱 살 난 아이의 이야기입니다. 그 소년에게는, 불가능해 보이지만 반드시 엄마를 만나리라는 믿음이 있습니다. 수많은 위험과 공포가 닥칩니다. 그러나 엄마를 만나리라는 소망 가운데 어린 소년은 견디어냅니다. 그리고 엄마를 천신만고 끝에 만납니다. 남은 것은 엄마와의 사랑입니다. 믿음과 소망은 최종적으로 사랑을 만나기 위한 과정 중에 필요한 것입니다. 영원한 사랑이 바로 하나님과의 영원한 안식입니다.

하나님의 형상과 안식일. 오직 인간만이 누릴 수 있는 보물입니다. 동물은 하나님의 형상이 없으며, 안식일이 무엇인지도 모릅니다. 하나님의 형상과 안식일은 동전의 앞뒤와 같아서 서로 떼어낼 수 없습니다. 하나를 잃으면 다른 것도 자동적으로 상실합니다. 반대로 하나를 찾으면 다른 하나도 자동적으로 회복됩니다. 이것이 하나님의 신비이며 비밀입니다. 그래서 안식일을 이토록 소중히 다루고 계시는 것입니다.

그렇게 소중한 것이기에 하나님께서는 이스라엘 백성들을 출애굽시키자마자, 제일 먼저 안식일을 가르치신 것입니다. 홍해를 건너 광야에 이르러 6일째 되는 아침에 만나를 주시며 "안식일에는 들로 나가지 말아라. 먹을 것은 내가 해결해주마. 나를 믿고 나와 함께 잃었던 안식을 누리자" 하셨습니다. 그동안 이스라엘 백성은 이집트의 노예였습니다. 노예는 주인이 부르면 언제든지 달려가야 하는 존재입니다. 이스라엘 백성은 자그마치 430년 동안이나 쉬지 못했습니다.

그런데 광야에서 이 이스라엘 남자는 그 소중한 안식일을 잃어버린 것입니다. 이것이 이스라엘의 세 번째 실패로 기록됩니다. 첫 번째는 탐욕으로 인한 원망의 죄, 두 번째는 하나님의 약속과 비전을 보지 못한 죄, 세 번째가 안식일을 범한 죄입니다. 안식일을 잃으면 모든 것을 잃는 것입니다.

주님께서 이 땅에 오신 이유도 안식일을 회복시키기 위함입니다. 이스라엘 백성이 망쳐버린 안식일을 회복시켜 새로운 안식일, 즉 '주일'을 제정하셨습니다. 예수님께서 십자가에서 처형당하신 직접적인 이유도 다름 아닌 '안식일 논쟁' 때문이었습니다.

예수님이 가신 곳이면 어디나 바리새인들과 서기관들이 따라다녔습니다. 목적은 예수님으로부터 은혜를 받기 위해서가 아니라 예수님을 감시하기 위해서였습니다. 이들은 "안식일을 거룩하게 지키라"는 네 번째 계명을 어떻게 지켜야 하는가를 놓고 수백 년 동안 논쟁하면서, 백 가지가 넘는 복잡한 규정을 만들어 지켰습니다. 그 규정 가운데는 기가 막힌 것도 많습니다. 부득이한 경우, 움직일 수 있는 거리는 이천 규빗, 900미터를 넘지 말아야 합니다. 옷이 찢어져서 바느질을 해야 할 경우, 세 땀만 해야 합니다. 무엇인가를 들어야 하는 경우, 마른 무화과 한 개의 무게 이상을 들어서는 안 됩니다. 그 이상은 노동이 되고, 노동은 안식일에는 아무 일도 하지 말라는 하나님의 말씀을 어기는 것이 되었습니다. 그러니까 예수님은 엄청난 죄를 범한 것입니다. 당연히 이들은 사사건건 시비를 걸고 나왔습니다.

어느 안식일이었습니다. 예수님께서 가르치시기 위하여 회당에 들어가셨습니다. 당연히 바리새인들과 서기관들도 있었습니다. 이들이 회당에 온 이유를 성경은 다음과 같이 설명하고 있습니다. "서기관과 바리새인들이 예수를 고발할 증거를 찾으려 하여 안식일에 병을 고치시는가 엿보니"(눅 6:7). 그동안 여러 번에 걸쳐 안식일에 병자를 고쳐주신 예수님을 유대 종교법에 따라 매장시켜버릴 생각을 한 것입니다.

그 생각을 모를 예수님이 아닙니다. 회당에는 오른손 마른 사람이 있었습니다. 당시 오른손을 사용할 수 없다는 것은 단순한 문제가 아니었습니다. 오른손은 깨끗하고 거룩한 일을 담당하고, 왼손은 더럽고 불경한 일을 하도록 규정되어 있었기 때문입니다. 두 손을 절대로 함께 사용해서는 안 됩니다. 음식은 오른손으로, 배설물은 왼손으로 처리하게 되어 있었습니다. 그래서 오른손 마른 사람은 너무나 더러운 사람으로, 아무도 가까이 하려 하지 않았습니다.

예수님께서 그 사람에게 말씀하십니다. "일어나 한가운데 서라"(눅 6:8). 그 사람은 무리들 한가운데 섰습니다. 그리고 온 회중에게 말씀하셨습니다. "내가 너희에게 묻노니 안식일에 선을 행하는 것과 악을 행하는 것, 생명을 구하는 것과 죽이는 것, 어느 것이 옳으냐"(9절). 그러고는 그 사람을 향하여 명령하셨습니다. "네 손을 내밀라"(10절). 그 사람이 그 한 많은 손을 조심스럽게 내밀었습니다. 예수님께서는 그 손을 고쳐주셨습니다. 그 사람의 한과 최대의 문제를 풀어주신 것입니다. 그 사람은 너무나 감격하였을 것입니다. 사람들은 또다시 놀랐을 것입니다. 그리고 하나님께 영광을 돌렸을 것입니다.

그런데 바리새인과 서기관은 완전히 은혜 밖에 있었습니다. 성경이 전합니다. "그들은 노기가 가득하여 예수를 어떻게 할까 하고 서로 의논하니라"(11절). 이들은 사회적·종교적 매장 정도가 아니라, 아예 예수님을 없애버릴 마음을 먹게 되었습니다. 그러나 예수님은 그에 대하여 아랑곳하지 않고 자신을 가리켜 "안식일의 주인"이라고 말씀하십니다. 그 깊은 의미는 다음과 같습니다.

첫째, 안식일은 사람의 유익을 위하여 존재합니다. 예수님은 이렇게 말씀하십니다. '안식일이 사람을 위하여 있는 것이요 사람이 안식일을 위하여 있는 것이 아니니 이러므로 인자는 안식일에도 주인이니라' (막 2:27-28).

안식일은 우리로 하여금 쉬라고 주신 날입니다. 예수님의 말씀은 너무나 단순합니다. "안식일이다. 일한다고 왔다갔다 하지 말고 그저 쉬거라." '주일'은 모든 생각, 모든 머리 회전을 멈추는 날입니다. 모든 걱정과 근심을 십자가 앞에 내려놓는 날입니다. 그리고 하늘로부터 내려오는 하나님의 평강을 받아들이는 날입니다. 예수님과 함께 노는 날입니다.

둘째, 안식일은 생명을 살리는 날입니다. '나는 내 생명을 살리기 위해 오늘은 등산을 가야 해, 오늘은 밀린 잠을 자야 해, 오늘은 한 푼이라도 더 벌어야 돼.' 이렇게 생각하는 사람들이 많습니다. 그런데 생명의 원천은 돈이나 산이 아닙니다. 낮잠이 아닙니다. 산과 낮잠을 만드신 하나님께 있습니다. 육체의 휴식은 진정한 안식이 아닙니다. 영혼이 쉬어야 합니다. 영혼의 안식은 하나님을 만나야 누릴 수 있습니다. 그래야 내 생명이 살아납니다.

예수님께서 이렇게 말씀하십니다. "내 아버지께서 이제까지 일하시니 나도 일한다"(요 5:17). 이 말씀은 예수님께서도 안식일에 일하셨으니까 나도 일해야 한다는 뜻이 아닙니다. 누군가가 쉬기 위해서는 누군가 일해야 합니다. 하나님께서 졸지도 않고 쉬지도 않으시는 이유는 우리로 하여금 쉬게 하시기 위해서입니다. 예수님께서 안식일에도 가르치시고, 병자를 고치시고, 귀신을 내쫓으신 이유는 우리에게 진정한 안식을 주시기 위해서입니다.

그런데 안식일 논쟁은 오늘날에도 계속됩니다. 일요일은 로마에서 태양신을 섬기는 날이라는 둥, 토요일이 진정한 안식일이라는 둥. 그런 것을 보면서 비록 안식일의 본질을 잃어버렸으면서도, 안식일은 정말 중요한 것이라는 생각이 듭니다.

소풍은 참여 자체가 즐거움이며 보상입니다. 안식일을 주신 하나님께 감사하고, 주일날 예배를 기쁜 마음으로 드리며, 우리에게 하나님 앞에서 영혼다저 쉬는 것 자체가 바로 최고의 즐거움이며 보상입니다.

주일의 본질을 회복합시다.

잃어버린 하나님의 형상을 회복합시다.

10강 | 민수기 16:19

네 번째 실패

목표는 내가 세우는 것이지만 계시는 받는 것입니다. 그러므로 진정한 참 목표는 하나님의 계시에 근거를 두어야 하며, 그러므로 그리스도인들은 끊임없이 하나님께 물어야 합니다.

민수기 10강

"위대한 지도자는 권위를 포기함으로써 권위를 얻는다." 제임스 스톡데일의 말인데, 전통적인 권위가 무너져가는 권위 상실의 시대를 사는 현대인들에게 어떻게 권위를 세워야 하는지 가르쳐주는 지침이 되는 말입니다.

"인간은 신체, 지성, 감성, 영성이라는 네 가지를 가지고 있습니다. 이 중 영성은 양심에 의해 만들어지는데, 우리에게 도덕적 권위를 부여합니다. 이 도덕적 권위가 리더십의 정수입니다." 세계적인 경영 석학 스티븐 코비의 말입니다.

이 도덕적 권위는 지위에서 오는 권위와는 차원이 다릅니다. 만델라는 26년간의 수감 생활을 하였습니다. 수감 기간 동안 그는 도덕적 권위를 쌓았고, 출옥한 후 남아공의 최초 흑인 대통령으로 선출됩니다. 그에게 대통령의 지위는 그동안의 고난에 대한 보상이 아니라 더욱 효율적으로 국민들을 돌보는 데 사용하라는 의미로, 그의 도덕적 권위에 날개를 달아준 것입니다.

그런데 이스라엘의 네 번째 실패는 이 권위에 대한 잘못된 생각에서 비롯되었습니다. 이제 이스라엘의 네 번째 실패가 무엇인지 구체적으로 살펴봅시다. 가데스 바네아에서, 하나님의 약속을 보지 못한 이스라엘 백성들은 사십 년을 광야에서 유리하는 벌을 받았습니다. 그래서 젖과 꿀이 흐르는 가나안 땅을 눈앞에 두고도 광야로 다시 선회해야만 했습니다.

그때 이스라엘에 또다시 위기가 찾아왔습니다. 그 일은 이렇게 시작되었습니다. "레위의 증손 고핫의 손자 이스할의 아들 고라와 르우벤 자손 엘리압의 아들 다단과 아비람과 벨렛의 아들 온이 당을 짓고 이스라엘 자손 총회에서 택함을 받은 자 곧 회중 가운데에서 이름 있는 지휘관 이백오십 명과 함께 일어나서 모세를 거스르니라"(민 16:1-2).

모세에게 집단적으로 반발한 것입니다. 모세에게 반발한 것은 이번이 처음이 아닙니다. 모세의 형제 아론과 미리암이 그랬습니다. 그때는 가족들이었지만, 지금은 그때와는 비교할 수 없을 정도로 규모도 크고 심각합니다. 그 중심인물은 레위 지파 고라와 르우벤 지파 몇몇이었고, 그들을 추종하는 사람들도 이백오십 명의 족장일 정도로 그 수가 엄청났습니다.

그들은 이렇게 말합니다. "너희가 분수에 지나도다. 회중이 다 각각 거룩하고 여호와께서도 그들 중에 계시거늘 너희가 어찌하여 여호와의 총회 위에 스스로 높이느냐"(3절). 고라와 그 무리들이 이렇게 말하는 이유는 모세를 하나님의 사람으로 본 것이 아니라, 그저 권력을 가진 일인자로 보았기 때문입니다. 그래서 모세를 무너뜨리면 자신들이 그 자리를 차지할 수 있다고 생각했습니다. 그들은 그저 모세의 지위를 탐하고 있었던 것입니다. 그들이 말합니다.

"네가 우리를 젖과 꿀이 흐르는 땅에서 이끌어내어 광야에서 죽이려 함이 어찌 작은 일이기에 오히려 스스로 우리 위에 왕이 되려 하느냐"(민 16:13).

이 반란은 이스라엘 백성의 네 번째 실패로 기록됩니다. 이 사건은 본질상 가데스 바네아에서의 실패와 맥을 같이합니다. 이들의 의도와 말과 행동은 모두 하나님을 보지 못한 데서 기인한 것입니다. 하나님의 기적의 연속이었던 출애굽 사건조차 이들은 하나님의 사건으로 보지 않고 있습니다. 하나님의 약속이나 그분의 뜻에는 관심이 없습니다. 그저 강해 보이면 움츠러들고, 좋아 보이면 어떻게 해서든지 빼앗으려는 시정잡배의 행태를 아직도 청산하지 못하고 있습니다.

세상의 역사는 누가 권위와 권력을 차지하느냐의 사건으로 점철되어왔습니다. 권위를 수단으로 보지 않고 목적으로 보기 때문입니다. 권위에 대한 도전은 인간과 세상이 존재하는 한 계속될 것입니다.

그런데 권위를 생각할 때 마음에 새겨야 할 것이 있습니다.

첫째, 모든 권위는 하나님으로부터 온다는 사실입니다. 하나님은 권위의 원천입니다. 이 땅의 모든 권위는 하나님으로부터 왔습니다. 사도 바울이 말합니다. "각 사람은 위에 있는 권세들에게 복종하라. 권세는 하나님으로부터 나지 않음이 없나니 모든 권세는 다 하나님께서 정하신 바라"(롬 13:1).

둘째로, 하나님께서는 각 공동체마다 권위자를 한 사람씩 세우셨습니다.

세 번째, 가장 중요한 점입니다. 권위는 하나님께서 하늘의 일을 하라고 주신 것입니다.

그런데 고라와 그 일당이 바로 권위를 목적으로 본 사람들입니다. 우리가 눈여겨보아야 할 것은 이 사건을 풀어가는 모세의 행동입니다. "모세가 듣고 엎드렸다가"(민 16:4). 그들의 숫자와 위세에 굴복했다는 것이 아니고, 하나님 앞에 엎드렸다는 뜻입니다. 모세는 고라의 무리들을 숫자로 밀어붙이지 않았습니다. 자신이 가진 힘과 권력으로 그들을 무너뜨리지 않았습니다. 대신 "이 일을 어떻게 수습해야 합니까?" 하고 하나님 앞에 무릎을 꿇고 엎드렸습니다. 권위의 원천이신 하나님께 지혜를 구했습니다.

그리고 나서 모세는 일어나 그들에게, 다음날 아침 각자 향로를 가지고 성막 앞으로 모이라고 말합니다. 당시 성막에는 분향단이 있어서 제사장이 매일 아침저녁으로 향을 살랐고, 각 가정에는 향로가 있어서 개인 기도를 할 때 사용하였습니다. 그런데 각자 사용하는 향로들을 가지고 나와 성막 앞에서 향을 살라보게 하겠다는 것입니다. 그래서 하나님께서 어떤 향을 흠향하시는지 모든 사람들 앞에서 확인해보자는 제안입니다.

모세는 하나님의 처사에 모든 것을 맡겼습니다. 우리는 누군가 도전해올 때에 당황하여 스스로를 강화하며 대항하기가 쉽습니다. 그러나 하나님께 맡기셔야 합니다.

사도 바울은 이렇게 말합니다. "내 사랑하는 자들아 너희가 친히 원수를 갚지 말고 하나님의 진노하심에 맡기라 기록되었으되 원수 갚는 것이 내게 있으니 내가 갚으리라고 주께서 말씀하시니라. 네 원수가 주리거든 먹이고 목마르거든 마시게 하라. 그리함으로 네가 숯불을 그 머리에 쌓아놓으리라. 악에게 지지 말고 선으로 악을 이기라"(롬 12:19-21).

만약 모세가 힘으로 그들을 밀어붙였다면 그 다음이 문제입니다. 백성들은 모세를 진정으로 따르는 것이 아니라 두려움으로 복종할 것입니다. 그리고 기회가 닿으면 더욱 거세게 대항했을 것입니다. 모세는 모든 것을 하나님께 맡기고, 하나님의 방법을 따랐습니다. 이것이 모세의 온유함이며 위대함입니다. 이것이 진정한 영적 리더십입니다.

페트로니우스는 기독교로 개종한 그의 조카에게 물었습니다. "폭군 네로까지도 사랑하라는 말이냐?"는 질문에 대하여 그 조카는 "그렇습니다"라고 대답합니다.

원수까지도 사랑하고, 미워하는 자를 선대하며, 저주하는 자를 축복하며, 모욕하는 자를 위해 기도하라는 명령은 다름 아닌, 주님께서 친히 하신 것입니다. 이렇게 명령하신 것은 심판은 하나님의 고유의 권한임을 전제로 한 것입니다. 억울함이나 증오심으로 인하여 생명을 고갈시키는 일이 없도록 원한과 복수의 사슬을 끊고 은혜의 세계로 훨훨 날아가라는 것입니다.

하나님께서는 반드시 그 해결책을 주실 뿐만 아니라 친히 위기에 개입하셨습니다. "고라가 온 회중을 회막 문에 모아놓고 그 두 사람을 대적하려 하매 여호와의 영광이 온 회중에게 나타나시니라"(민 16:19).

그리고 하나님께서 친히 그들에게 심판을 내리셨습니다. "땅이 그 입을 열어 그들과 그들의 집과 고라에게 속한 모든 사람과 그들의 재물을 삼키매 그들과 그의 모든 재물이 산 채로 스올에 빠지며 땅이 그 위에 덮이니 그들이 회중 가운데서 망하니라"(민 16:32-33).

목표를 세우는 일, 비전을 설정하여 일생을 통하여 매진하는 일은 대단히 중요한 일입니다. 사람이라면 누구나 그래야 합니다. 그런데 그 목표와 그 비전의 출처는 어디며, 왜 세웠는지 본질을 명백히 아는 것은 더욱 중요합니다. 그 이유는 오도된 목표와 비전을 위해 생명을 탕진하고 소모하는 일이 너무나 많기 때문입니다.

〈챔피언〉이라는 영화가 있습니다. 세계 복싱 챔피언에 도전하였다가 목숨을 잃은 김득구 선수의 생애를 그린 영화입니다. 세계 챔피언이 된다는 것은 중요한 생애 목표입니다. 그러나 목숨과 바꿀 만한 가치가 있지는 않습니다. 요즈음 시중에는 《10억 만들기》라는 책이 인기를 끌고 있다고 합니다. 부자가 되는 것은 좋은 일입니다. 그러나 이 역시 목숨을 걸 만한 목표는 아닙니다.

1924년 영국의 조지 리 맬러리는 누구도 오르지 못한 에베레스트 산 정상에 오르는 목표를 세웠습니다. 그해 6월 8일, 세 자녀를 둔 38세의 맬러리는 시야에서 사라졌습니다. 75년 후인 1999년 미국 등반 팀에 의해서, 완벽하게 보존된 맬러리의 시체가 발견되었습니다. 바로 그가 "산이 거기 있으니까"라는 유명한 말을 남긴 사람입니다. 에베레스트 산 정상에 오르는 것은 중요한 일입니다. 그러나 목숨과 바꿀 만한 목표는 아닙니다.

왜 그 일을 해야 하는지 그 진정한 가치와 본질을 모르는 채, 모든 에너지와 역량을 거는 일은 어리석은 일입니다. 더 어리석은 일은 자신의 욕망을 채우는 일을 인생의 목표로 삼는 일입니다. 게다가 개인의 목표를 이루기 위해 다른 사람들까지 동원한다는 것은 큰 죄악이 아닐 수 없습니다.

예를 들어, 정치인의 목표는 정권을 잡아 국민들을 잘 살게 하는 것이지 정권 그 자체에 있는 것이 아닙니다. 대통령이나 국회의원 자리가 최종 목표가 아닙니다. 교회에서도 그런 경우를 찾기란 어려운 일이 아닙니다. "땅끝까지 이르러 예수님의 증인이 되는 것"은 예수님의 교회에 부여하신 지상과제입니다. 하지만 그 일이 교세 확장, 교회 성장과 혼동되어 행해지는 경우가 허다합니다.

헨리 블랙커비는 그의 책 《영적 리더십》이라는 책에서, 분별력 없이 리더십을 행사하는 경우, 즉 잘못 설정된 비전의 경우를 다음과 같이 설명하고 있습니다.

"성공 따라하기!"

존재하는 것의 목표를 '성공'으로 설정하고, 과거의 성공이나 남의 성공을 따라하는 것입니다. 많은 조직이나 개인이 특정 업무 방식에서 헤어 나오지 못하는 이유는 그 방법이 여전히 효과적이어서가 아니라, 어제 효과가 있었기 때문입니다. 이것은 성공의 저주입니다. 하나님께서는 똑같은 방법을 두 번 사용하시는 경우가 거의 없습니다. 하나님의 역사가 결코 수학 공식이 될 수는 없습니다. 여호수아가 여리고 성을 점령한 방법을 오늘날에도 적용한다면 웃음거리가 될 것입니다.

그 다음은 '허영심에서 출발한 목표'입니다. 자신이 얻게 될 성공과 칭송을 기준으로 조직의 목표를 정하는 일입니다. 나폴레옹은 유럽을 정복하기 위해 쉬지 않고 전쟁을 벌였습니다. 전쟁에 패한 그는 이런 말을 남겼습니다. "이 전쟁에서 이겼다면 나는 역사상 가장 위대한 사람이 되었을 것이다." 자신의 명성을 위하여 수많은 나라와 사람들을 전쟁의 참화에 몰아넣은 것입니다. 그를 따르는 무리들은 리더의 숨겨진 의도를 알지 못하고, 그의 설득력이나 일시적인 승리에 동원되어 생명을 낭비하였습니다.

세 번째는 '필요에 따르는 목표'입니다. 목표와 비전의 출처가

'필요'나 '요구'인 경우가 많습니다. 사람들이 그렇게 원하니까 그런 목표를 세우는 것입니다. 예를 들어봅니다. 지역 주민을 상대로 설문 조사를 실시하고 자료를 수집하여 우선순위를 정하고 그것을 바탕으로 교회의 목표를 설정합니다. 이런 방식은 무조건 옳은 것은 아닙니다. 성공하는 기업들은 시장에 의해서 움직이는 것이 아니라 오히려 시장을 움직입니다. 교회는 세상의 필요에 의해서 움직이는 것이 아니라 오히려 세상을 주도해야 합니다.

네 번째는 '자원에 따르는 비전'입니다. 인력이나 자원, 재정이나 장비 등의 자원이 있기 때문에 특정 프로그램이나 활동을 계획하는 경우입니다. 남아도는 병력을 활용하기 위해 전쟁을 일으키는 경우와 같습니다. 그러나 자원이 목표를 결정하는 것이 아니라 비전과 목표가 자원을 동원해야 합니다. 리더는 비전을 제시하고 그 비전을 이루는 데 필요한 자원을 확보해야 합니다.

다음은 '리더가 만들어낸 비전'입니다. 많은 기독교 리더들이 목표를 설정합니다. "우리는 하나님을 위해 꿈을 꾸어야 합니다. 우리가 섬기는 능하신 하나님께 어울릴 만한 목표를 세워야 합니다." 열심히 교인들을 깨우고 설득합니다. 너무나 중요하고 훌륭한 일입니다. 그러나 그것이 리더 자신의 논리인지, 하나님의 논리인지를 항상 점검해야 합니다. 얼마든지 리더의 비전이 하나님의 것으로 포장될 수 있기 때문입니다. 인간의 논리로 하나님 나라를 세울 수 있다고 여길 위험의 소지가 언제나 있기 때문입니다.

이런 비전의 출처들이 지닌 공통점은 모두 자기 성공이나 세력 확장에서 비롯되었다는 것입니다.

"그들과 그의 모든 재물이 산 채로 스올에 빠지며 땅이 그 위에 덮이니"(민 16:33). 고라 일당이 받은 벌입니다. 그런데 이와 관련하여 확인할 사항이 있습니다.

"네가 네 마음에 이르기를 내가 하늘에 올라 하나님의 뭇 별 위에 내 자리를 높이리라 내가 북극 집회의 산 위에 앉으리라 가장 높은 구름에 올라가 지극히 높은 이와 같아지리라 하는도다 그러나 이제 네가 스올 곧 구덩이 맨 밑에 떨어짐을 당하리로다"(사 14:13-15).

끝없이 높아지려고만 했던 사탄에 대한 선언입니다. 모세를 누르고 가장 높은 위치에 오르려 했던 고라 일당은 사탄의 하수였으며, 사탄이 받을 심판을 미리 받은 것입니다.

진정한 인생의 목표와 비전의 출처는 오직 '하나님의 계시'입니다. 이사야 선지자는 이렇게 말했습니다. "이는 내 생각이 너희의 생각과 다르며 내 길은 너희의 길과 다름이니라 여호와의 말씀이니라. 이는 하늘이 땅보다 높음 같이 내 길은 너희의 길보다 높으며 내 생각은 너희의 생각보다 높음이니라"(사 55:8-9).

목표는 내가 세우는 것이지만 계시는 받는 것입니다. 그러므로 진정한 참 목표는 하나님의 계시에 근거를 두어야 하며, 그러므로 그리스도인들은 끊임없이 하나님께 물어야 합니다.

하나님의 약속은 하나님 없이는 그 성취가 불가능합니다. 하나님의 약속은 절대적입니다. 아무리 여건이 좋아도 내 목표는 실패할 수 있습니다. 반대로, 아무리 여건이 나빠도 하나님의 약속은 반드시 실현됩니다.

그러므로 영적 리더십이란 자기 비전을 만들어서 그것을 따르는 사람들을 모으는 것이 아니라, 사람들에게 하나님의 약속을 전달하고 그 약속을 하나님과 사람들과 함께 이루어가는 것입니다.

민수기 17:5 | **11**강

아론의 싹 난 지팡이

하나님의 인정은 모든 권위와 리더십에서 가장 중요한 요소입니다. 이렇게 중요한 하나님의 인정을 어떻게 받을 수 있을까요? 그 열쇠는 리더가 아니라 하나님께 있습니다. 리더가 할 수 있는 일은 아무것도 없습니다. 오직 순종할 뿐입니다. 그리고 하나님과 지속적인 만남을 가지며, 더욱 철저히 자신을 하나님께 복종시킵니다.

민
수
기
11
강

평안도 정주의 한 마을에는 한 청년이 남의 집 머슴살이를 하고 있었습니다. 비록 집안이 가난해 남의 집 머슴살이를 하고 있지만 그 청년은 자신의 처지를 비관하거나 부끄러워하지 않고 열심히 일했습니다.

 그는 날마다 주인의 요강을 깨끗이 닦는 일로 하루를 시작했습니다. 주인은 그런 청년을 눈여겨보기 시작했습니다. 모든 일에 성실히 임하는 이 청년이 머슴살이하기에는 너무 아깝다고 여긴 주인은 평양에 있는 숭실중학교에 보내 공부를 시켰습니다. 청년은 거기서도 열심히 공부해 우수한 성적으로 졸업하고 일본 유학까지 다녀왔습니다.

청년은 그 뒤 고향으로 내려와 오산학교 선생님이 되었고, 1919년 3.1 운동을 위해 교장직을 사임하기까지 무보수로 민족 교육에 혼신의 힘을 기울였습니다. 제자들이 인생에서 성공하는 비결을 물으면 언제나 이렇게 일러주었습니다.
"사회에 나가거든 요강 닦는 사람이 되십시오."
아주 작은 일에도 충실하라고 가르치고 또 몸소 실천한 그 청년이 바로 '조선의 간디'로 알려진 독립운동가 조만식 선생입니다.

이스라엘 민족은 이집트의 머슴들이었습니다. 그들을 구원하신 하나님의 뜻은 조만식 선생과 같이 되라는 것이 아닐까요? 현대 사회의 기계, 돈의 노예로 사는 우리들을 부르신 것도 각자의 삶의 자리에서 조만식 선생처럼 살라는 것입니다. 주인의 인정을 받아 공부를 했듯이, 우리들도 하나님의 인정을 받아 하나님의 제사장으로서의 사명을 잘 수행해야 합니다.
하나님께서는 모세에 반역하는 고라와 그 무리를 물리쳐주셨습니다. 그러나 모세에게 반기를 든 고라와 그 무리가 갈라진 땅에 매몰된 후에도, 백성들의 원망은 가라앉지 않았습니다. 오히려 더 높아졌습니다. "이튿날 이스라엘 자손의 온 회중이 모세와 아론을 원망하여 이르되 너희가 여호와의 백성을 죽였도다 하고 회중이 모여 모세와 아론을 칠 때에 회막을 바라본즉 구름이 회막을 덮었고 여호와의 영광이 나타났더라"(민 16:41-42).

　백성들은 고라와 이백오십 명의 무리가 죽은 것을 모세와 아론의 책임으로 돌리며 원망하였습니다. 이들은 여전히 하나님의 권능을 보지 못하고 있습니다. 참으로 끈질긴 인간의 어리석음이 아닐 수 없습니다. 이에 대하여 하나님께서 크게 진노하셨습니다. 하나님의 마음을 늘 읽고 있는 모세는 하나님의 진노를 직감하였습니다. 그리고 황급히 아론에게 명을 내립니다.

　"너는 향로를 가져다가 제단의 불을 그것에 담고 그 위에 향을 피워가지고 급히 회중에게로 가서 그들을 위하여 속죄하라. 여호와께서 진노하셨으므로 염병이 시작되었음이니라"(46절).

　백성을 위하는 모세의 마음이 얼마나 갸륵한 것인지 보여주는 대목입니다. 자기를 반역하고 비난하고 원망하는 백성들을 언제나 사랑하였습니다. 백성들의 허물은 곧 자신의 허물이었고, 백성들의 잘못은 곧 자신의 잘못이었습니다. 마땅히 벌 받을 일을 했음에도 불구하고, 그들이 하나님의 벌을 받는 것을 차마 볼 수 없었습니다.

　아론은 모세의 명을 쫓아 향로에 불을 담아 급히 백성에게로 달려갔습니다. 그러나 때가 늦었습니다. 이미 백성 가운데 염병이 시작되었습니다. 아론은 백성들을 위하여 속죄하고, 속히 산 자들을 따로 불러 고왔습니다. 그러자 염병이 그쳤습니다. "죽은 자와 산 자 사이에 섰을 때에 염병이 그치니라"(48절). 하지만 모세의 사랑을 모른 채 원망하는 이스라엘 백성이 만 사천칠백 명이 그 염병으로 인하여 죽었습니다.

그 후 하나님의 명령이 하달되었습니다. 하나님께서는 각 지파 족장들의 지팡이를 가져오게 하셨습니다. 열두 개의 지팡이에 각 지파의 이름을 쓰게 하고, 그 지팡이를 지극히 거룩한 곳인 지성소에 안치된 법궤 앞에 진열해놓게 하셨습니다. 그러고는 하나님께서 말씀하십니다. "내가 택한 자의 지팡이에는 싹이 나리니 이것으로 이스라엘 자손이 너희에게 대하여 원망하는 말을 내 앞에서 그치게 하리라"(민 17:5).

다음날이 되었습니다. 모두 다 떨리는 마음으로 회막 앞에 모였습니다. 그리고 모세가 지성소 안으로 들어갔더니 놀라운 일이 벌어져 있었습니다. 아론의 지팡이에 움이 돋고 순이 나고 꽃이 피어 살구 열매가 열려 있는 것이었습니다. "이튿날 모세가 증거의 장막에 들어가 본즉 레의 집을 위하여 낸 아론의 지팡이에 움이 돋고 순이 나고 꽃이 피어서 살구 열매가 열렸더라"(8절).

법궤는 하나님의 임재를 상징합니다. 법궤 앞이란 하나님과 이스라엘 백성이 만나는 곳입니다. 그리고 지팡이는 권위를 상징합니다. 각 족장의 지팡이는 그 지파를 상징합니다. 그 지팡이들을 법궤 앞에 놓았다는 것은 모든 지파들이 하나님 앞에 섰다는 것입니다. 그런데 아론의 지팡이에만 움이 돋고 순이 나고 꽃이 피었습니다. 살구 열매가 맺혔습니다. 하나님께서 아론과 레위 지파의 권위를 인정하신 것입니다.

그 모든 것을 이스라엘 백성들에게 확인시키신 다음, 하나님께서 명령하십니다. "아론의 지팡이는 증거궤 앞으로 도로 가져다가 거기 간직하여 반역한 자에 대한 표징이 되게 하여 그들로 내게 대한 원망을 그치고 죽지 않게 할지니라"(10절). 하나님께서 싹이 난 아론의 지팡이를 증거궤 앞에 두게 하신 것은 하나님의 리더들이 무엇을 해야 하는지를 가르쳐주시기 위해서입니다. 하나님의 리더는 언제나 하나님 앞에서 살아야 합니다. 하나님으로부터 지혜와 능력을 구해야 합니다. 그래야 진정한 영적 리더로서의 역할을 제대로 감당할 수 있습니다.

하나님 앞에서 산다는 것은 구체적으로 두 가지 일에 집중하는 것입니다. 즉 '기도'와 '말씀'입니다. 이것이 영적 리더가 가장 정성을 기울여야 하는 일입니다. 하나님께서는 성경을 통하여 사람들을 만나시며, 대화를 나누시며, 하나님의 뜻을 전하십니다. 그러므로 리더는 언제나 성경을 읽고 묵상하는 일을 게을리해서는 안 됩니다.

  금세기 최고의 설교가인 빌리 그레이엄 목사는 그의 자서전에서 이런 말을 하였습니다. "내 삶에는 실패가 많았습니다. 다시 기회가 주어진다면 바꾸고 싶은 것이 많이 있는데, 무엇보다도 설교를 줄이고 공부를 더 많이 하는 일입니다." 여기서 공부란 성경을 더욱 깊이 연구하고 묵상하는 일입니다.

  모든 성도들이 말씀을 늘 가까이 하며 읽고 묵상해야 합니다. 단순히 성경 공부에 참여하거나 설교를 듣는 것만으로는 충분하지 않습니다. 많은 성도들이 하고 있는 경건의 시간 Quiet Time은 아주 좋은 방법입니다. 그런데 주의해야 할 일이 있습니다. 너무 작위적으로 의미를 부여하는 것입니다. 마치 신문에 실린 "오늘의 운세"를 읽듯이 성경을 읽거나, 그 의미를 자의적으로 해석해서는 안 됩니다. 정말 주의해야 합니다. 물이 흐르듯이 성경으로 하여금 하나님의 말씀을 하시도록 해야 합니다. 바람에 돛을 맡기듯이 하나님의 깊은 것까지 통달케 하시는 성령의 운행하심을 받아들이는 자세가 필수적입니다.

  리더는 말씀과 동일한 비중으로 기도에도 힘써야 합니다. 기도의 중요성은 아무리 강조해도 지나치지 않습니다.

  아랍의 산유국들이 석유를 제한적으로 수출하자 유가가 두 배로 뛰는 일이 있었습니다. 이에 석유 난방 제품 매출이 결정적 타격을 받자, 관련 회사들은 매출 목표를 낮추고 인원 감축 조치를 취하기 시작했습니다. 그러나 베케트 주식회사의 CEO 존 베케트가 한 일은 자신이 속한 기도 모임에서 하나님의 인도를 구하는 일이었습니다. 열심히 기도하는 가운데, 모든 사람들이 동일하게 느낀 것이 있었습니다. 그것은 곧 제한적 수출이 곧 해제될 것이라는 것이었습니다. 그들은 하나님께서 "하루하루 나의 인도에 맡기라"고 말씀하시는 것을 느꼈습니다. 이에 베케트는 오히려 매출 목표를 높게 잡았습니다. 하나님의 인도는 통상 사업 논리와 정반대였지만 결국 진가를 드러냈습니다. 그의 회사는 위기를 통해 북미 최고의 주거용 오일 버너 생산업체가 되었으며, 타의추종을 불허하는 선두를 점하게 되었습니다.

히브리어에서 '기도*palal*'와 '노동*pala*'은 어원이 같습니다. 교회에서는 무엇보다도 기도를 강조합니다. 기도를 열심히 하면 하나님께서 길을 열어주신다는 것입니다. 그런데 기도를 노동처럼 열심히 하면 노동 없이도 잘 사는 것이 아닙니다. 맡은 일을 기도하는 마음으로, 늘 하나님께 지혜와 능력을 구하며 해야 합니다. 그래야 제대로 삽니다.

하나님 앞에 섰을 때 아론의 지팡이에 파란 싹이 났습니다. 하나님께서 생명을 불어넣으신 것입니다. 그렇게 하신 이유는 하나님께서 주신 권위와 리더십으로 다른 사람을 살리라는 것입니다.

'비관적 리더십'이라는 말은 가장 모순된 말입니다. 권위와 리더십이 존재하는 이유는 오직 살리기 위해서입니다. 그러므로 진정한 영적 리더라면, 그가 만나는 사람들에게 소망과 용기를 줄 수 있어야 하며, 그 공동체가 변화되고 성장해야 합니다. 진정한 영적 리더는 공동체나 그 구성원들을 살리기 위해서는 체면도 전혀 문제 삼지 않습니다.

해리 투르먼 대통령은 미국 역사상 가장 겸손한 대통령이었습니다. 투르먼이 스탈린과 윈스턴 처칠을 위해 마련한 만찬에서 있었던 일입니다. 유진 리스트 하사가 피아노 앞에서 특별 연주를 준비하고 있었습니다. 리스트 하사가 누구든지 악보를 넘겨달라고 부탁을 하자 투르먼 대통령이 자청하고 나섰습니다. 일개 하사가 연주하고 있는 동안 군 통수권자인 대통령이 악보를 넘겨주었던 것입니다. 리스트 하사는 아내에게 편지를 썼습니다. "미국 대통령이 내 옆에 서서 악보를 넘겨주다니, 그 광경을 한번 상상해보오. 우리 대통령은 그런 분이라오."

투르먼은 루즈벨트의 갑작스런 서거에 뒤를 이어, 부통령에서 대통령의 자리에 오른 사람입니다. 그는 뛰어난 능력의 소유자가 아니었습니다. 그러나 그는 기도의 사람이었습니다. 그리고 겸손한 사람이었습니다. 투르먼은 자신을 돋보이게 하는 것이 아니라 오직 사명을 완수하고 자신에게 맡겨진 공동체를 살리려 하였습니다. 그래서 그 어려운 제2차 세계대전을 성공적으로 수행하여 승리로 이끌었습니다. 그의 전기 작가는 이렇게 적고 있습니다.

"투르먼 주변 사람들의 충성은 전폭적이었고, 절대 흔들리지 않았다. 이후로 투르먼 행정부에 속했던 이들 중, 말로나 글로 투르먼 대통령을 혹평하거나 어떤 식으로든 비하한 사람은 아무도 없었다." 투르먼은 리더가 무엇을 해야 하는지 너무나 잘 알고 있었던 것입니다.

수많은 리더십에 관한 이야기 중에서 최고봉은 예수님께서 몸소 보여주신 '섬기는 리더십'입니다. 예수님은 가장 지고하신 하나님의 아들입니다. 그럼에도 불구하고 가장 낮은 자리에 오셨습니다. 침대 대신 냄새나는 짐승의 먹이통에서 태어나셨습니다. 여우도 굴이 있으나 예수님은 머리 둘 곳도 없으셨습니다. 가장 저주스러운 십자가에서 가장 참혹하게 죽으셨습니다. 그러한 삶을 사신 단 하나의 이유는 우리를 살리기 위해서, 우리를 구원하기 위해서, 우리에게 더욱 풍성한 삶을 주시기 위해서입니다.

섬기는 리더십의 압권은 십자가 죽음입니다. 예수님께서는 사랑하는 우리를 위하여 그 고귀한 생명을 기꺼이 드렸습니다. 그런데 그것은 모두 하나님의 명령에 순종한 것이었습니다. 그래서 예수님께서 남기신 말씀은 "다 이루었다"입니다. 하나님의 말씀을 이루었다는 것입니다. 예수님은 그 전지전능한 능력을 하나님의 말씀을 이루는 데 온전히 사용하셨습니다.

마음에 깊이 새기시기를 간절히 바랍니다. 예수님께서 온몸으로 보여주신 '섬기는 리더십'의 핵심은 '순종'과 '사랑'입니다. 하나님께 순종하고, 다른 사람을 사랑하는 것입니다. 예수님께서는 십자가 죽음을 앞두고 제자들의 발을 씻어주셨습니다. 남의 발을 씻는 일은 노예나 하는 비천한 일입니다. 그러고는 제자들을 향하여 말씀하셨습니다.

"내가 주와 또는 선생이 되어 너희 발을 씻었으니 너희도 서로 발을 씻어주는 것이 옳으니라. 내가 너희에게 행한 것 같이 너희도 행하게 하려 하여 본을 보였노라. 내가 진실로 진실로 너희에게 이르노니 종이 주인보다 크지 못하고 보냄을 받은 자가 보낸 자보다 크지 못하나니"(요 13:14-16).

헨리 블랙커비는 그의 책 《영적 리더십》에서, 하나님의 인정만이 영적 리더를 확증해주는 근거이므로 리더는 반드시 그 차원에서 자신의 삶을 평가해야 한다고 말하고 있습니다. 그는 다섯 가지 중요한 관점을 제시하고 있습니다.

첫째, 하나님은 리더와 그 조직에 대한 하나님의 약속을 반드시 성취하십니다. 그러므로 새로운 구상과 비전을 끊임없이 제시하고 시도하였는데도 한 번도 결실을 보지 못한 리더는 반드시 그 비전이 하나님의 것인지 자신의 것인지를 점검해보아야 합니다.

둘째, 하나님께서 인정하시는 리더라면 그의 명예를 때가 되면 반드시 회복시켜주십니다. 100% 공동체 전체의 지지를 받는 리더는 없습니다. 일을 하다보면 비난을 받게 마련입니다. 그러나 이런 비난이 반드시 리더십이 부족하다는 신호는 아닙니다. 하나님을 거부하는 사람들에게서 나온 비난일 수도 있기 때문입니다. 성령의 인도를 받는 리더라면 결국 하나님께서 그 결백을 입증해주십니다.

셋째, 리더의 삶에 나타나는 하나님의 임재로 공동체의 삶이 변화됩니다. 성령의 능력으로 이끄는 리더만이 사람들의 마음을 변화시켜 새로운 차원에서 하나님을 체험하게 만듭니다. 만약 사람들의 영적 진보가 보이지 않는다면, 그 리더십은 하나님으로부터 온 것이 아니라 자신의 재능에 의존했기 때문입니다.

넷째, 다른 사람들도 리더의 배후에서 일하시는 하나님을 알아봅니다. 하나님께서는 그분의 뜻에 즐거이 복종하며 그분의 약속을 믿는 리더를 택하여, 그를 통해 강하게 역사하십니다. 리더십에서 하나님의 특별한 일이 일어나지 않는다면, 그 이유는 리더의 힘으로 일하기 때문입니다. 아브라함을 괴롭혔던 아비멜렉과 그의 군대장관 비골조차도, 늙고 무능한 아브라함에게 "네가 무슨 일을 하든지 하나님이 너와 함께 계시도다"(창 21:22)라고 인정하였습니다. 믿음으로 행하는 리더들만이 하나님의 기적을 경험할 수 있습니다.

다섯째, 하나님의 인정을 받은 리더의 표지는 그리스도를 닮아 있다는 것입니다. 그는 매사에 예수님의 방식으로 행하며, 그 결과 그를 따르는 사람들도 점점 예수님을 닮아갑니다.

하나님의 인정은 모든 권위와 리더십에서 가장 중요한 요소입니다. 이렇게 중요한 하나님의 인정을 어떻게 받을 수 있을까요? 그 열쇠는 리더가 아니라 하나님께 있습니다. 리더가 할 수 있는 일은 아무것도 없습니다. 오직 순종할 뿐입니다. 위대한 리더들은 자신의 모든 것을 하나님께 드렸습니다. 그리고 하나님과 지속적인 만남을 가지며, 더욱 철저히 자신을 하나님께 복종시킵니다. 더욱 열심히 일하겠다는 각오로는 부족합니다. 하나님의 뜻에 온전히 자기 자신을 드리는 헌신만이 영적 리더가 추구해야 하는 것입니다.

12강 | 민수기 18:19

소금 언약

소금은 영원히 변치 않는 물질로서, 하나님께서는 '소금 언약'이라 명명함으로써 절대로 변치 않는 하나님과의 언약을 강조하셨습니다. 그만큼 아론과 레위인을 특별하게 대하셨습니다.

민수기 12강

예수님의 열두 제자는 요한을 제외하고 모두 순교하였습니다. 예수님의 부활을 의심했던 도마는 부활하신 주님의 몸을 만진 유일한 사람입니다. 기독교 전승에 의하면, 그는 멀리 인도에까지 가서 복음을 전하다가 몸의 가죽이 벗겨지는 참혹한 죽음으로 순교하였습니다. 천수를 다한 유일한 사도 요한 역시 복음을 위하여 온갖 역경을 감수해야 했습니다. 이 때문일까요? 사람들은 하나님의 부르심을 받는 것을 두려워하는 경향이 있습니다.

　하나님의 부르심을 받으면 자기주장이나 성격을 다 죽여야 하고, 개인 생활과 욕망을 포기해야 하고, 부귀영화를 멀리해야 한다고 생각합니다. 다른 사람을 위하여 희생해야 하고, 오직 하나님의 사명을 위하여 자신의 전부를 바쳐야 한다고 생각합니다. 오직 희생만 있을 뿐 보상은 없다고 생각합니다. 그러나 이것은 큰 착각입니다. 하나님의 부르심을 받은 사람들에게는 그 누구보다 더 큰 보상이 주어집니다.

세상이 점점 악해진다고 많은 걱정들을 합니다. 사실 상상을 초월할 정도로 세상은 육적으로 변해가고 있습니다. 그런데 모든 성도들이 마음에 새겨야 할 것이 있습니다. 세상이 육적으로 변할수록, 그에 비례하여 영적인 사람이 훨씬 더 높은 존경을 받으며 훨씬 더 살기 편하다는 사실입니다. 세상이 타락할수록, 사람들은 마음 붙일 곳을 찾지 못하여 탄식하며 참 지도자를 애타게 찾고 있습니다. 정직하기만 하여도 사람들이 그를 존경하며 따릅니다.

어빈 시버즈라는 사람이 있었는데, 그의 직업은 환경 미화원이었습니다. 열일곱 살 때부터 그 일을 했는데, 그는 그 일에 대하여 큰 자부심을 가졌습니다. 그만큼 성실히, 열심히 일했습니다. 그는 두 번이나 베스트 미화원으로 선발되었습니다. 시버즈는 자기가 죽으면 영구차 뒤에 자신이 운전하던 쓰레기 트럭이 따르게 해달라고 유언하였고, 그의 장례식에는 엄청난 사람들이 모여 그의 죽음을 애도하였습니다. 직업이 문제가 아닙니다. 그 직업을 수행하는 태도와 자세가 문제입니다.

모든 리더들에게는 보상이 주어집니다. 가장 가시적인 것은 돈입니다. 그리고 리더들에게는 권력과 명예가 주어집니다. 그러나 많은 돈과 권력과 명예를 위하여 리더가 되기를 원한다면 진정한 리더라고 말할 수 없으며, 자신뿐만 아니라 공동체 전체에게 불행한 일이 아닐 수 없습니다. 우리는 그동안 그 자리를 떠난 후 비참한 말로를 가는 리더들을 너무나 많이 보아왔습니다.

이스라엘 백성은 하나님의 선택받은 백성입니다. 하나님은 그 백성을 모두 열두 지파로 나누셨습니다. 그런데 하나님께서는 열한 지파에게는 땅을 분배해주셨는데, 레위 지파에게만은 땅을 한 평도 주지 않았습니다.

당시 땅은 목숨과도 같은 것이었습니다. 특히 유목민으로 살다가 이집트에서 뼈 빠지게 노예 생활을 했던 이스라엘 백성에게, 정착할 수 있는 땅이란 무엇보다도 큰 선물이었습니다. 떠돌며 살다가 간신히 남의 머슴으로 들어가 살던 사람이 드디어 자신의 명의로 된 땅 문서를 손에 쥐었을 때의 기쁨과 똑같습니다.

그런데 레위 지파에게는 그런 생명과도 같은 땅이 주어지지 않았습니다. 다만 성전을 관리하는 막중한 책임만을 주셨습니다. 만약에 여러분이 레위 지파라면 기분이 어떻겠습니까? "하나님, 저는 싫어요. 땅이 더 좋아요. 성전을 관리하는 일은 싫어요"라고 항의한다면, 그 사람은 출발부터 실패한 것입니다.

여기서 기억해야 할 것은 우리 모두가 선택받은 레위 지파들이라는 것입니다. 하나님은 수많은 나라와 민족 가운데 이스라엘 백성을 레위 족속으로 선택하셨습니다. 또한 이스라엘 백성 중에 레위 지파를 선택하셨습니다. 그와 같이, 하나님께서는 수많은 사람들 중에서 우리를 그분의 백성으로 선택하셨습니다.

한 왕이 어느 날 아침 정원에 나갔는데 깜짝 놀라고 말았습니다. 아름다웠던 그의 정원의 모든 식물들이 죽어가고 있었기 때문입니다. 그래서 이 왕은 위용을 자랑했던 참나무에게 다가가 죽어가는 이유를 물었습니다. 참나무는 자신은 소나무처럼 늘 푸르지 못하고 가을이면 낙엽이 지고 겨울이면 앙상한 가지를 드러내는 것이 싫어서 죽기로 결심했다고 대답하였습니다. 왕은 또한 소나무에게 다가가서 물었습니다. 그러자 소나무가 대답합니다. "늘 푸르면 무엇합니까? 나는 포도나무처럼 열매를 맺지 못하는데요." 이번엔 포도나무에게 가서 물었습니다. 그러자 포도나무는 자신의 구부러진 줄기와 가지를 흔들어 보이면서, 똑바로 서 있으며 아름다운 꽃과 열매를 맺는 복숭아나무를 부러워하고 있었습니다. 왕의 정원에 있는 나무들은 모두 이런 식이었습니다. 그래서 시들시들 죽어갔던 것입니다. 그런데 잔디밭에 핀 작은 제비꽃은 여느 때와 마찬가지로 방글방글 웃고 있었습니다. 그래서 반가워서 물었습니다. "정원의 모든 나무와 꽃들이 상심해 있는데 너는 그렇지 않구나." 그러자 제비꽃은 이렇게 대답하였습니다. "예, 저는 하나님이 제가 무엇이 되기를 원하시는지 생각해보았습니다. 그래서 열심히 노력해서 가장 아름다운 제비꽃을 피우고자 하였습니다."

이 이야기는 차알스 카우먼 여사가 쓴 《사막에 흐르는 강》이라는 책 중에 나오는 짧은 이야기입니다. 참나무와 소나무와 포도나무와 복숭아나무처럼 주어진 것보다는 갖지 않은 것을 한탄하며 시들어가고 있지나 않은지, 스스로를 점검할 필요가 있습니다. 하나님께서는 모든 사람들에게 저마다 다른 것을 주셨습니다. 그 개인차를 불공평한 처사라고 생각해서는 안 됩니다.

"나는 하나님의 선택을 받은 레위 지파다"라는 자각과 "그래, 작은 제비꽃처럼 맡겨진 일에 최선을 다하자"는 결단이 있다면 여러분은 각자 삶의 자리에서 아름다운 인생을 꽃피울 것입니다. '자각'과 '결단', 이것이 성공의 출발점입니다.

그런데 하나님께서는 왜 레위 지파에게는 땅을 주지 않으셨을까요? 그 깊은 하나님의 속내를 알아보겠습니다.

하나님께서는 이스라엘의 모든 지파 중 오직 레위 지파와 아론

가문과만 특별한 언약을 맺으셨습니다. 바로 '소금 언약The Covenant of Salt'입니다. 소금은 영원히 변치 않는 물질로서, 하나님께서는 '소금 언약'이라 명명함으로써 절대로 변치 않는 하나님과의 언약을 강조하셨습니다. 그만큼 아론과 레위인을 특별하게 대하셨습니다.

하나님께서는 하나님의 선택을 받은 레위 지파에게 땅을 주지 않는 대신, 다른 특권을 주셨습니다. 민수기 18장 1-24절까지는 그들에게 주어지는 특권이 길게 기록되어 있습니다. 첫 번째 특권은 하나님 자신을 기업으로 받는 것입니다. "너는 이스라엘 자손의 땅에 기업도 없겠고 그들 중에 아무 분깃도 없을 것이나 내가 이스라엘 자손 중에 네 분깃이요 네 기업이니라"(민 18:20).

하나님께서는 하나님 자신을 레위 지파에게 주셨습니다. 하나님 자신이 레위 지파의 분깃이며 기업입니다. 하나님은 땅과 재물과 비교할 수 없는 존재입니다. 모든 것이 하나님으로부터 왔습니다. 모든 것이 하나님 것입니다. 그런 전지전능하신 지존자 하나님 자신을 레위 지파의 기업으로 내어주신 것입니다. 그러므로 레위 지파란, 눈에 보이는 땅에 의존해서 사는 존재가 아니라 오직 하나님만을 의지해서 사는 존재입니다.

승승장구하던 다윗은 어느 날 자신의 군대와 백성을 계수하고 싶은 마음이 들어 부하들에게 명령합니다. 이 일로 인하여 다윗은 하나님으로부터 큰 벌을 받습니다. 3일 동안 온역이 내려 칠만 명의 이스라엘 사람들이 죽습니다. 그런데 성경은 이렇게 기록하고 있습니다. "사탄이 일어나 이스라엘을 대적하고 다윗을 충동하여 이스라엘을 계수하게 하니라"(대상 21:1).

다윗은 하나님의 택함을 받은 왕이었습니다. 이스라엘 초대 왕이었던 사울은 자신의 책략과 주장에 의존하다가 실패하고 맙니다. 그런데 뒤를 이은 다윗마저 자신의 군대와 백성에 의지한다면 이스라엘은 다른 나라와 다를 바가 없습니다. 하나님의 사람이 하나님 외에 다른 존재에 의존하는 것은 가장 큰 죄입니다. 하나님의 사람 레위 지파는 오직 하나님만을 의지하며 살라고, 땅을 주시지 않았습니다.

영적 리더에게 주어지는 최고의 보상은 하나님으로부터 오는 '영적 보상'입니다. 잠자는 미국을 깨웠던 위대한 목사 무디는 세상을 떠나며 이렇게 말했습니다. "이 땅은 물러가고 천국이 내 앞에 열린다! 이것이 죽음이라면 죽음은 달콤하다. 하나님이 나를 부르고 계시니 가야 한다. 나를 붙잡지 말라! 아픔도 없고 골짜기도 없고 그저 기쁨뿐이다."

무디 목사는 19세기판 스데반 집사입니다. 날아오는 돌을 온몸으로 맞으면서도, 주님처럼 "주여 이 죄를 그들에게 돌리지 마옵소서"(행 7:60)라고 기도했던 스데반 집사를 하나님 우편에 앉아 계셨던 예수님은 일어서서 맞이하셨습니다. 이것이 땅 대신 오직 하나님을 분깃과 기업으로 삼아 평생을 산 영적 리더에게 주시는 최고의 보상입니다.

두 번째 특권은, 이스라엘 백성이 하나님께 드리는 성물입니다.

"이스라엘 자손이 여호와께 거제로 드리는 모든 성물은 내가 영구한 몫의 음식으로 너와 네 자녀에게 주노니 이는 여호와 앞에 너와 네 후손에게 영원한 소금 언약이니라"(민 18:19).

여기에서 '거제擧祭'라고 하는 것은, 하나님께 드리는 제사 방법 중의 하나로 제물을 높이 올려서 드리는 것을 말합니다. 개역개정판은 '영구한 몫의 음식'이라고 옮겼는데, 개역한글에는 '영영한 응식'이라고 되어 있습니다. '응식應食'은 일한 대가로 받는 응분의 보수를 가리킵니다. 그러므로 '영영한 응식'이란 영원히 받을 몫이라는 뜻입니다. 이 외에도 레위 지파는 많은 것들을 하나님으로부터 보장받습니다. 이스라엘 자손이 하나님께 바치는 십일조가 이들에게 돌아갔습니다. "내가 이스라엘의 십일조를 레위 자손에게 기업으로 다 주어서 그들이 하는 일 곧 회막에서 하는 일을 갚나니"(21절).

레위 지파는 땅을 기업으로 받지 않는 대신, 나머지 열한 지파가 하나님께 바치는 십일조를 받아 성막을 관리하고 생활하는 데 쓰도록 하였습니다. 또 있습니다. "그들이 여호와께 드리는 첫 소산 곧 제일 좋은 기름과 제일 좋은 포도주와 곡식을 네게 주었은즉 그들이 여호와께 드리는 그 땅의 처음 익은 모든 열매는 네 것이니 네 집에서 정결한 자마다 먹을 것이라"(12-13절). 또 있습니다. 가축의 초태생과 맏아들은 하나님의 것인데, 그들을 대속할 때 내는 세금은 아론과 레위 지파에게 돌아갔습니다(15-16절). 레위 지파 사람들은, 땅을 분배 받은 다른 지파 사람들보다 훨씬 더 많은 것을 보장받았습니다.

그런데 이런 질문을 할 수 있습니다. "목사님, 우리가 레위 지파라면 그런 엄청난 재물들을 언제 어떻게 받습니까? 한 번도 받은 적이 없는데요." 그렇습니다. 우리가 레위 지파로서 그런 특권을 누린 적은 없습니다. 하나님께서 그 많은 것들을 어떻게 주실까요? 그 해답은 이사야서 61장 4절 이하에 기록되어 있습니다.

"그들은 오래 황폐하였던 곳을 다시 쌓을 것이며 옛부터 무너진 곳을 다시 일으킬 것이며 황폐한 성읍 곧 대대로 무너져 있던 것들을 중수할 것이며 외인은 서서 너희 양 떼를 칠 것이요 이방 사람은 너희 농부와 포도원지기가 될 것이나 오직 너희는 여호와의 제사장이라 일컬음을 받을 것이라. 사람들이 너희를 우리 하나님의 봉사자라 할 것이며 너희가 이방 나라들의 재물을 먹으며 그들의 영광을 얻어 자랑할 것이니라. 너희가 수치 대신에 보상을 배나 얻으며 능욕 대신에 몫으로 말미암아 즐거워할 것이라. 그리하여 그들의 땅에서 갑절이나 얻고 영원한 기쁨이 있으리라"(사 61:4-7).

이 말씀에서 주목해야 할 것은 "오직 너희는 여호와의 제사장이라 일컬음을 받을 것이라. 사람들이 너희를 우리 하나님의 봉사자라 할 것이며"입니다. 레위 지파로서 오직 하나님의 제사장과 하나님의 봉사자의 역할을 충실히 행하라는 것입니다. 그렇게 할 때, 무너진 곳이 다시 일으켜지며, 황폐하였던 곳이 다시 풍요로워지며, 다른 사람이 와서 우리 양 떼와 농사와 포도원을 대신 가꾸어 주며, 열방의 재물을 얻을 뿐만 아니라 영광과 영원한 기쁨을 얻게 된다는 말입니다.

그런데 엄청난 특권을 보장받았던 레위 지파는 특권을 제대로 누리지 못하고 가련한 처지로 전락한 경우가 성경 곳곳에 기록되어 있습니다. "단 자손이 자기들을 위하여 그 새긴 신상을 세웠고 모세의 손자요 게르솜의 아들인 요나단과 그의 자손은 단 지파의 제사장이 되어 그 땅 백성이 사로잡히는 날까지 이르렀더라"(삿 18:30).

모세의 손자 게르손의 아들 요나단이 단 지파의 제사장이 되었다는 말입니다. 이스라엘 전체의 제사장이 아니라 일개 지파의 제사장으로 되었고, 더욱이 단 지파는 하나님을 섬긴 것이 아니라 자신이 만든 우상을 섬겼습니다. 그러니까 한 집안의 우상을 관리하는 제사장으로 전락한 것입니다. 기가 막혀 말이 나오지 않는 일이 벌어진 것입니다. 모세가 누구입니까? 가장 위대한 지도자입니다. 그런데 3대를 가지 굿해 이런 일이 일어난 것입니다.

신약에도 이와 같은 내용이 있습니다. "그 후에 예수께서 나가사 레위라 하는 세리가 세관에 앉아 있는 것을 보시고 나를 따르라 하시니 그가 모든 것을 버리고 일어나 따르니라"(눅 5:27-28).

예수님 당시 세리는 '거리의 여자' 만큼이나 천한 존재였습니다. 모든 사람들의 손가락질 받는 직업을 레위 지파인 마태가 수행하고 있었습니다. 제사장 집안의 딸이 거리의 여자가 된 것과 전혀 다르지 않습니다.

왜 이런 일이 일어난 것일까요? 누구의 책임입니까? 제사장과 레위 지파를 올바로 섬기지 못한 백성들의 책임일까요? 아닙니다. 하나님의 지도자 그룹인 레위 지파가 그 백성들을 제대로 가르치지 못했기 때문입니다. 오직 하나님의 제사장, 하나님의 봉사자로서의 역할을 제대로 수행하지 않았기 때문입니다.

모든 영광을 하나님께 돌리고 영적 지도자로서 사람들을 잘 돌보겠다는 자세, 하나님의 봉사자로서의 자세로 성실히 일하면, 오랫동안 황폐하였던 곳이 다시 풍요로워지며 무너졌던 것이 반드시 다시 일어날 것입니다. 하나님의 약속입니다. 이것이 바로 소금 언약의 내용입니다.

마지막 특권은 바로 성막을 관리하는 일 그 자체입니다. "레위인은 회막에서 봉사하며 자기들의 죄를 담당할 것이요 이스라엘 자손 중에는 기업이 없을 것이니 이는 너희 대대에 영원한 율례라"(민 18:23).

다윗은 시편 84편에서 이렇게 말합니다. "주의 궁정에서의 한 날이 다른 곳에서의 천 날보다 나은즉 악인의 장막에 사는 것보다 내 하나님의 성전 문지기로 있는 것이 좋사오니 여호와 하나님은 해요 방패이시라. 여호와께서 은혜와 영화를 주시며 정직하게 행하는 자에게 좋은 것을 아끼지 아니하실 것임이니이다. 만군의 여호와여 주께 의지하는 자는 복이 있나이다"(시 84:10-12).

교회를 돌보고 교회를 중심으로 살아가는 일 그 자체가 특권이요 기쁨입니다. 그것을 아는 레위인들이 되십시오. 교회를 사랑하고 봉사하는 일을 가장 큰 기쁨으로 살아갈 때 하나님께서는 우리를 지키시고 필요한 모든 것을 공급해주십니다.

"너희는 먼저 그의 나라와 그의 의를 구하라. 그리하면 이 모든 것을 너희에게 더하시리라"(마 6:33).

주님께서 친히 말씀하신 소금 언약의 내용입니다.

4

처다본즉 살았더라

어려운 일을 당할 때 우리가 반드시 해야 할 일이 있습니다. 일단 원망과 불평의 말을 멈추십시오. 욥이 입으로 범죄하지 않았던 것처럼, 어리석게 하나님을 향하여 원망하지 말아야 합니다. 그리고 해야 할 일은, 사람의 눈으로 보지 말고 하나님의 시즈에서 그 사건의 진행을 조망해보십시오. 그러면 혼돈의 안개가 걷히며 사건의 핵심이 눈에 들어오기 시작합니다.

The Story of
Heaven

13
강 | 민수기 20:2-13

다섯 번째 실패,
반석을 두 번 치매

아무리 작은 부분이라도 자신의 뜻을 앞세우고 하나님의 거룩하심을 드러내지 않을 때 이미 실패한 것입니다. 우리로 하여금 그것을 배우도록, 하나님께서는 하나님의 위대한 종 모세에게 가혹한 처벌을 내리신 것입니다. 그리하여 모세는 아무리 위대한 업적을 세웠어도 끝내는 젖과 꿀이 흐르는 가나안 땅에 들어가지 못했습니다.

민수기 13강

하나님의 사람이라면 갖추어야 할 여러 가지 덕목이 있습니다. 굳건한 믿음, 순종하는 자세, 따뜻한 마음가짐, 성실한 태도, 영적 통찰력, 지혜와 성경에 대한 지식, 겸손과 온유, 감사하는 마음 등 여러 가지입니다. 그런데 그리스도인이 갖추어야 할 마지막 덕목은 무엇일까요?

  미국의 한 기독교 단체에서 외국으로 파견할 선교사를 모집하고 있었습니다. 그런데 면접 시간은 새벽 세 시였고, 때는 추운 겨울이었습니다. 이른 새벽이었음에도 불구하고 몇 명의 지원자가 냉기 가득한 로비에서 기다리고 있었습니다. 그런데 한 시간이 지나고 두 시간이 지나도 면접관은 나타나지 않았습니다. 사람들은 투

덜거리며 한 사람 두 사람 떠났습니다. 이제 남은 사람은 단 한 사람. 그런데 아침 여덟 시가 되어서야 한 노인 목사가 나타났습니다. 그러고는 아무런 해명도 없이 그 사람에게 곧장 질문하기 시작했습니다.

"철자법은 알고 있습니까?"

"네, 알고 있습니다."

"좋아요. 캣의 스펠링을 말해보세요."

"C.A.T."

"계산은 할 줄 아십니까?"

"네, 목사님."

"2 곱하기 2는 몇이죠?"

"4입니다."

그렇게 묻고는 노인 목사님은 다 끝났다고 말하며 일어서서 나가버렸습니다. 그날 오후, 선교위원회가 열리고 그 목사님은 다음과 같이 말했습니다. "그 청년은 선교사로서 필요한 모든 것을 다 갖추었습니다. 첫째, 그는 극기 훈련이 잘 되어 있었습니다. 그는 추운 겨울 새벽 세 시부터 다섯 시간이나 잘 기다렸습니다. 둘째, 그는 약속을 잘 지키는 사람입니다. 정확히 새벽 세 시에 약속 장소에 나타났습니다. 셋째, 그는 잘 참는 사람입니다. 다섯 시간이나 기다렸는데도 화를 내거나 이유를 묻지 않았습니다. 끝으로 그는 겸손한 사람입니다. 유치원 어린이도 답할 수 있는 질문에 성실하게 대답하였습니다. 그만한 사람은 다시 없을 것입니다."

끝까지 참는 것, 오래 견디는 것이 바로 그리스도인이 갖추어야 할 최후의 덕목입니다.

이스라엘 백성이 홍해를 건너 시내 광야에서 생활한 지 벌써 38년이 흘렀습니다. 이제 1-2년만 잘 견디면 젖과 꿀이 흐르는 가나안 땅으로 들어갈 수 있습니다. 그런데 시내 광야에는 언제나 물이 부족하였습니다. 드문드문 풀들이 나 있고, 수백 미터 또는 수 킬로미터 떨어져서 띄엄띄엄 싯딤나무가 서 있을 뿐입니다. 가끔씩 오는 비는 '와디'라는 강을 만들었다가는 증발되거나 지하로 스며들 뿐입니다. 가끔씩 오아시스가 있을 뿐입니다.

그런데 한 오아시스 지역에 왔는데, 그곳에는 예상 외로 물이 없었습니다. 그래서 백성들은 모세와 아론을 공박하며 말합니다. "우리 형제들이 여호와 앞에서 죽을 때에 우리도 죽었더라면 좋을 뻔하였도다. 너희가 어찌하여 여호와의 회중을 이 광야로 인도하여 우리와 우리 짐승이 다 여기서 죽게 하느냐"(민 20:3-4).

그들의 원망은 여기서 끝나지 않습니다. "너희가 어찌하여 우리를 애굽에서 나오게 하여 이 나쁜 곳으로 인도하였느냐. 이곳에는 파종할 곳이 없고 무화과도 없고 포도도 없고 석류도 없고 마실 물도 없도다"(민 20:5). 이러한 이스라엘 백성의 원망은 어디서 많이 들어보던 것입니다. 그때가 언제냐 하면, 38년 전 이스라엘 백성이 막 홍해를 건너 당도했던 므리바였습니다. 그때도 그들은 이곳에서 똑같은 불평을 하였습니다. "거기서 백성이 목이 말라 물을 찾으매 그들이 모세에게 대하여 원망하여 이르되 당신이 어찌하여 우리를 애굽에서 인도해 내어서 우리와 우리 자녀와 우리 가축이 목말라 죽게 하느냐"(출 17:3)

이스라엘 백성의 불평을 보면서 느끼는 것이 있습니다. 처음이나 38년이 지난 지금이나 어쩌면 그렇게도 똑같을까 하는 생각이 듭니다. 예나 지금이나 똑같은 문제로 불평하고, 똑같은 방식으로 모세에게 원망하고 있음을 봅니다. 하나님의 인도를 받아 출애굽하였고, 하나님의 은총으로 구원을 받았고, 수많은 시련과 훈련을 받았으니 이제는 나아졌을 법한데도, 이스라엘 백성은 별로 변한 것이 없습니다. 하나님께서는 이것을 슬퍼하시고 안타까워하십니다.

하나님께서 인도하신 시내 광야는 원래부터 물이 부족하였습니다. 처음에는 그곳에 물이 없는 줄 몰랐습니다. 그래서 처음이니까, 이제 막 애굽에서 나왔으니까 그들의 불평과 원망은 이해해줄 수도 있습니다. 그래서 하나님께서는 즉각 물 문제를 해결해주셨습니다. 여전히 물이 없습니다. 그러면 그것을 당연히 여기고 이제 하나님께서 그때처럼 해결해주시겠지 하고 믿으면 만사가 형통합니다.

바로 이것이 믿음입니다. 하나님께서 이스라엘 백성을 광야로 인도하시고 기적을 베풀어 그들을 먹이시고 입히시고 인도하신 이유가 무엇입니까? 바로 그러한 믿음이 생기게 하기 위해서, 하나님을 믿고 살면 아무리 광야라 할지라도 절대로 굶주리지 않는다는 것을 깨닫게 하시기 위해서입니다.

신앙생활의 목표는 변화와 성장과 성숙입니다. 예수님을 믿음으로 말미암아 변하고 자라나는 것이 신앙생활의 목표입니다.

예수님께서 십자가 고난을 앞두고 겟세마네 동산에 오르십니다. 예수님께서는 심히 놀라며 슬퍼하십니다. 그래서 베드로와 야고보와 요한에게 부탁합니다. "내 마음이 심히 고민하여 죽게 되었으니 너희는 여기 머물러 깨어 있으라"(막 14:34). 그리고 간절히 기도를 하십니다. 목숨을 걸고 기도하십니다. 피땀이 뚝뚝 땅 위에 떨어집니다 이런 기도를 세 번에 걸쳐 하십니다. 기도를 다 마친 후에 예수님께서는 이렇게 말씀하십니다. "이제는 자고 쉬라. 그만 되었다. 때가 왔도다. 보라, 인자가 죄인의 손에 팔리느니라. 일어나라. 함께 가자"(막 14:41-42).

예수님께서 기도하시기 전과 기도하신 후의 모습은 완전히 다릅니다. 처음에는 놀라고 슬퍼하셨으나, 기도를 마친 후에는 당당하셨습니다. 우리도 이래야 합니다. 예수님을 믿기 전과 믿은 후는 완전히 달라져야 합니다.

38년이나 지났음에도 불구하고 여전히 같은 불평을 하는 이 사건은 이스라엘의 다섯 번째 실패로 기록됩니다. 불평과 원망은 단순히 사람이라면 하는 것이 아니라, 끈질긴 하나님을 향한 패역임을 마음 깊이 새기셔야 합니다. 또한 이 사건은 모세 일생일대의 가장 결정적인 실패로 기록됩니다.

여전히 불평하는 이스라엘 백성의 원망을 듣고 하나님의 영광이 나타났습니다. 그리고 모세에게 이르셨습니다. "지팡이를 가지고 네 형 아론과 함께 회중을 모으고 그들의 목전에서 너희는 반석에게 명령하여 물을 내라 하라"(민 20:8).

그래서 모세는 하나님의 명령에 따라 지팡이를 손에 들고 회중을 반석 앞에 모아 그 앞에 섰습니다. 그러고는 입을 열어 말하기 시작합니다. "반역한 너희여 들으라. 우리가 너희를 위하여 이 반석에서 물을 내랴"(민 20:10). 그렇게 말한 다음, 모세는 지팡이를 들어 반석을 두 번 내리쳤습니다. 그러자 많은 양의 물이 솟아 나오고, 사람들은 물론 짐승들까지도 마시게 되었습니다.

그런데 화가 나서 한 모세의 행동이 단순한 것이 아니었습니다. 모세 또한 하나도 변하지 않은 이스라엘 백성을 보고 속이 많이 상했을 것입니다. 그래서 이스라엘 백성들을 향하여 그렇게 소리친 것이고, 화가 나서 반석을 두 번 꽝꽝 내리친 것입니다. 이것이 그만 하나님 앞에 큰 죄가 되어버렸습니다.

모세의 행동에 대한 하나님의 판결입니다. '여호와께서 모세와 아론에게 이르시되 너희가 나를 믿지 아니하고 이스라엘 자손의 목전에서 내 거룩함을 나타내지 아니한 고로 너희는 이 회중을 내가 그들에게 준 땅으로 인도하여 들이지 못하리라 하시니라'(민 20:12).

단 한 번의 분노 표출로 인하여 모세는 그만 젖과 꿀이 흐르는 가나안 땅으로 들어가지 못하게 된 것입니다. 모세는 모든 사람들 중에서 가장 온유하다는 하나님의 칭찬을 들었습니다. 하나님께서는 그런 모세를 언제나 지켜주셨습니다. 그런데 이번만은 달랐습니다. 만약 이것이 인간의 처사라면 그야말로 '토사구팽兎死狗烹'이 아닐 수 없습니다. 그러나 이것은 하나님의 결정입니다. 하나님은 달면 삼키고 쓰면 뱉는 분이 아니십니다. 거기에는 그만한 연유가 있을 것입니다. 그렇다면 왜 하나님은 그런 처사를 내리신 것일까요?

언젠가 우리 교회 청년과 좋은 대화를 나눈 적이 있습니다. 이 청년은 역사학도로서 역사적 주기에 대하여 관심이 많았습니다. 30-40년마다 주기적으로 기운이 상승하거나 위기의 시기가 오는데, 그때마다 사람들은 비슷한 반응을 보입니다. 이스라엘 백성들 역시 38년 전 므리바에서와 같은 반응을 보입니다. 같은 문제를 같은 방식으로 해결하려다가 같은 실패를 본다는 것입니다.

그때에 그 공동체의 미래를 결정하는 가장 중요한 요소가 리더들입니다. 그 상황을 대처하는 리더의 자세에 따라 위기가 기회로 바뀔 수도 있습니다. 그 상승의 기운을 유지하여 계속 성장할 수도 있습니다. 그런데 사람은 성공하거나 수고하면 그것이 자신의 업적인 줄로 착각합니다. 사업도 마찬가지이고, 목회도 마찬가지입니다.

예를 들어봅니다. 하나님께서 도와주시고 또 본인도 성실하게 목회하여 교회가 성장합니다. 성장에 가속도가 붙습니다. 자신은 성공이라고 생각합니다. 신이 납니다. 그런데 바로 그때가 위기입니다. 내가 이만큼 수고하여 이루었다고 착각하며 속에서 교만이 꿈틀대기 시작합니다. 그 교만과 자만을 죽이느냐 아니면 계속 자신을 내세우느냐. 단 한 가지입니다. 이것에 의해서 모든 것이 결정됩니다.

모세는 40년 동안 200만 명의 그 사나운 이스라엘 백성을 이끈 위대한 영도자였습니다. 정말 수고를 많이 하였습니다. 반면에 조금도 변화되지 않은 이스라엘 백성은 해도 너무하였습니다. 그럼에도 불구하고, 모세는 끝까지 참았어야 했습니다.

하나님의 판결에 귀를 기울이십시오.

첫째, "너희가 나를 믿지 아니하고." 하나님의 말씀입니다. 끝까지 하나님의 뜻을 따라야 합니다. 믿음이 무엇입니까? 하나님의 명령과 처사에 순종하는 것입니다. 그 어떤 것이라도 자신의 주장과 뜻이 앞설 때 하나님을 믿지 않은 것이 됩니다.

둘째, "이스라엘 자손의 목전에서 내 거룩함을 나타내지 아니한 고로." 하나님의 말씀입니다. 철저하게 그리고 끝까지 하나님의 영광만을 드러내야 합니다. 죽는 그날까지 오직 하나님의 거룩하심만을 드러내야 합니다. 하나님의 영광과 거룩하심을 드러낸 만큼, 하나님께서는 여러분의 사업과 우리의 목회에 성공과 번영을 허락하십니다.

우리는 이미, 성공하였음에도 끝까지 겸손한 사람이 얼마나 훌륭한가를 잘 알고 있습니다. 우리는 이미, 작은 성공에 우쭐대는 것이 얼마나 치졸한 것인지를 잘 알고 있습니다.

아무리 작은 부분이라도 자신의 뜻을 앞세우고 하나님의 거룩하심을 드러내지 않을 때 이미 실패한 것입니다. 우리로 하여금 그것을 배우도록, 하나님께서는 하나님의 위대한 종 모세에게 가혹한 처벌을 내리신 것입니다. 그리하여 모세는 아무리 위대한 업적을 세웠어도 끝내는 젖과 꿀이 흐르는 가나안 땅에 들어가지 못했습니다.

헨리 블랙커비의 《영적 리더십》에서, 그는 리더들의 10대 함정을 다음과 같이 꼽고 있습니다. '교만, 성적인 죄, 냉소, 탐욕, 정신적 나태, 과민성, 영적 무기력, 가정 소홀, 행정 부주의, 장기 집권' 등입니다. 이 책에서는 그는 이렇게 말합니다. "교만은 리더에게 최악의 적이다. 세상의 리더들도 교만하면 꼴불견이지만, 영적 리더가 교만하면 특히 더 불쾌감을 준다. 교만한 그리스도인 리더는 아랫사람들이 한 일뿐만 아니라, 하나님께서 이루어주신 일의 공로까지도 가로챈다." 그런데 그 일이 모세에게 일어났습니다. 모세가 불평하는 백성들 앞에서 이렇게 소리칩니다. "반역한 너희여 들으라 우리가 너희를 위하여 이 반석에서 물을 내랴."

많은 리더들이 사람들의 부정적인 태도에 대하여 냉소적이 되기가 매우 쉽습니다. 그런데 냉소적인 태도는 사소한 문제가 아닙니다. 그는 냉소에 대하여 이렇게 말합니다. "영적 리더의 냉소적 태도는 두말할 것도 없이 그의 마음이 하나님에게서 멀어졌다는 뜻이다. 또 약속을 이루시는 하나님의 능력을 믿지 못하는 증거다."

불평하는 백성들을 향하여 모세는 냉소적인 태도로 과민 반응을 보인 것입니다.

조나단 에드워즈는 18세기 미국에서 가장 빛나는 목회자였습니다. 그는 교회를 부흥시켰으며, 미국의 영적 각성운동의 중심인물이었습니다. 그런 그에게 위기가 닥쳐왔습니다. 그가 교인들의 진정한 회심 여부를 확인하려 하자, 일부 교인들의 강력한 비난과 반대에 부딪히게 되었습니다. 결국 에드워즈 목사는 교회를 사임하고 변두리 작은 교회로 부임하게 되었습니다. 에드워즈 목사는 그 어려운 기간을 잘 참고 견디었고, 마침내 그의 결백은 도리어 비판자들에 의해서 밝혀졌습니다. 그를 가장 심하게 대적했던 몇몇이 자신들의 잘못을 고백한 것입니다. 에드워즈 목사는 결국 프린스턴 대학의 총장으로 추대되었습니다.

비판은 미성숙하고 내면이 불안한 자에게 위력을 발휘합니다. 언제나 하나님의 약속을 믿고, 하나님 앞에서 끝까지 정직한 태도를 견지해야 합니다. 그리할 때에 반드시 하나님께서는 그를 높이십니다. 주님께서는 끝까지 참고 견디는 성도들에게 특별한 상급을 주십니다.

"이기는 그에게는 내가 하나님의 낙원에 있는 생명나무의 열매를 주어 먹게 하리라"(계 2:7).

"이기는 자는 둘째 사망의 해를 받지 아니하리라"(계 2:11).

"이기는 자와 끝까지 내 일을 지키는 그에게 만국을 다스리는 권세를 주리니"(계 2:26).

"이기는 자는 이와 같이 흰 옷을 입을 것이요 내가 그 이름을 생명책에서 결코 지우지 아니하고 그 이름을 내 아버지 앞과 그의 천사들 앞에서 시인하리라"(계 3:5).

"이기는 자는 내 하나님 성전에 기둥이 되게 하리니 그가 결코 다시 나가지 아니하리라. 내가 하나님의 이름과 하나님의 성 곧 하늘에서 내 하나님께로부터 내려오는 새 예루살렘의 이름과 나의 새 이름을 그이 위에 기록하리라"(계 3:12).

"이기는 그에게는 내가 내 보좌에 함께 앉게 하여 주기를 내가 이기고 아버지 보좌에 함께 앉은 것과 같이 하리라"(계 3:21).

얼마나 지는 사람들이 많았으면 이기는 사람에게 주시는 상급이 이토록 클까요?

하나님께서 모세를 한번 봐주셔서 그 역시 가나안 땅에 들어갔다면, 어쩌면 하나님의 종교가 아니라 모세의 종교가 되었을지도 모릅니다. 그런데 모세도 아니면서 하나님 노릇하는 목회자들이 얼마나 많습니까?

이 사건을 누구보다도 저 자신의 타산지석으로 삼으렵니다.

민수기 21:1-9 | **14강**

여섯 번째 실패,
쳐다본즉 살았더라

비록 이스라엘 백성이 또다시 불평과 원망의 죄로 인하여 불뱀에게 물려 많은 사람이 죽었지만, 하나님의 때는 다가오고 있었습니다. 불뱀 사건은 비로소 이스라엘 백성이 하나님의 약속을 믿고, 스스로 고개를 들어 용서를 받고 치유를 받는 시간이었습니다.

민수기 14강

피터 다니엘이란 사람은 초등학교 4학년 때 담임선생님 필립스에게서 언제나 이런 말을 들었습니다. "넌 형편없는 아이야. 넌 썩은 사과 같은 존재야. 넌 절대 어떤 자리에도 오르지 못할 거야!" 그도 그럴 것이 피터는 스물여섯 살까지 글을 읽지도 쓰지도 못했습니다. 그는 인생의 낙오자로 살 수밖에 없었습니다. 그러던 어느 날, 한 친구가 밤을 꼴딱 새우며 《생각하라. 그리고 부자가 되라》는 책을 읽어주었습니다. 이 한 권의 책이 피터 다니엘이 읽은 유일한 책이었습니다. 그러나 그의 인생을 완전히 바꿔놓은 책이 되고 말았습니다. 깊은 감명을 받은 피터는 부자가 되기로 결심하고, 성실하게 열심히 일했습니다. 모든 역경과 실패를 이를 악물고 참았습니다. 그리고 마침내 큰 부동산 부자가 되었고, 천신만고 끝에 글도 깨우쳤습니다. 그리고 책 한 권을 썼는데, 그 제목은 《필립스 선생님, 당신은 틀렸습니다》입니다.

베토벤은 어릴 적 바이올린을 다루는 데 매우 서툴렀습니다. 그의 음악 선생님은 그의 연주를 듣고는 도저히 음악가로서 성공할 수 없다고 잘라 말했습니다. 그러나 그는 좌절을 물리치고 위대한 음악가가 되었습니다.

엔리코 카루소는 부모님이 기술자나 되라고 강요하였고, 선생님도 목소리가 좋지 못하니까 다른 직업을 택하라고 충고하였습니다. 하지만 그는 밤낮으로 노력하여 전설적인 성악가가 되었습니다.

젊은 시절 월트 디즈니는 신문사에서 쫓겨났습니다. 해고 이유는 좋은 아이디어가 없다는 것입니다. 그리고 여러 가지 사업을 시도해보았지만 벌이는 것마다 실패하였습니다. 모든 것으로부터 거절당한 후, 추운 겨울 땔감도 없어 냉방에서 그린 쥐가 바로 미키마우스였습니다.

알버트 아인슈타인은 다섯 살 때까지 말을 하지 못했으며, 여덟 살이 될 때까지 글조차 읽지 못했습니다. 담임선생님은 "정신 발달이 늦고 남들과 어울리지 못하며 어리석은 몽상에만 매달리고 있는 저능아"라고 하였습니다. 그는 끝내 퇴학을 당했으며 기술

전문학교에 입학하려 했으나 거부당하였습니다. 그러나 인류가 낳은 최고의 물리학자가 되었습니다.

조각가 로댕의 아버지는 다른 사람들에게 언제나 "나는 바보 천치 아들을 두었다"고 말했습니다. 학교에서 가장 열등생으로 지목된 로댕은 미술학교에 세 번이나 낙방하였고, 로댕의 삼촌은 로댕을 교육시키는 일은 하나님도 하지 못한다고 말했습니다. 그러나 그는 역사에 길이 남는 최고의 조각가가 되었습니다.

이들에게는 공통점이 있습니다. 첫째, 자신이 무엇을 해야 하는지를 알았습니다. 둘째, 남들이 무슨 말을 해도 오래 참고 끝까지 노력하여 위대한 사람들이 되었다는 점입니다. 요즈음 세대에서 통탄해 마지않는 점은 모두 다 돈이 동인이 된다는 사실입니다. 앞으로의 진로도 얼마나 많은 돈을 벌 수 있느냐에 따라 결정됩니다. 무슨 일이든지 그렇게 결정됩니다. 허나 그래서는 안 됩니다. 먼저 해야 할 일은, 하나님께서 나를 통하여 무엇을 이루시길 원하는지 찾아내는 것입니다. 그 일이 힘난하고 설사 돈이 되지 않는 일이라 하여도, 끝까지 그 일을 해냄으로써 하나님께 영광을 돌릴 수 있어야 합니다. 그래야 참 인생을 사는 것입니다. 또한 그런 사람을 하나님께서는 반드시 영화롭게 하십니다.

실패 중의 85%는 진짜로 실패한 것이 아니라, 기다리지 못하고 참지 못해서 중도에 포기함으로 인한 실패라고 합니다. 조금만 참고 기다렸다면 성공할 수 있었는데, 그만 중도에 포기해버리고 만 것입니다.

'NGSG 기도 응답 원리'라는 것이 있습니다. 하나님께 드리는 모든 기도는 반드시 응답을 받습니다. 왜냐하면 하나님께서 그렇게 약속하셨기 때문입니다. 사람에 따라서는 어떤 이는 하나님의 음성으로 친히 응답을 받기도 하지만 이런 경우는 매우 드문 현상입니다. 하나님으로부터 즉각적인 응답만을 생각하는 사람들은 여러 종류의 응답을 받았음에도 불구하고 그것을 깨닫지 못합니다. 기도에 대한 응답으로 하나님께서 말씀하시는 형태는 매우 다양합니다. 이것을 잘 알아야 이 응답에 반응할 수 있습니다. 그 다양한 대답을 네 가지로 분류하면 No, Grow, Slow, Go입니다. 그래서 NGSG 기도 응답 원리라고 이름 붙인 것입니다.

첫째, 하나님은 조건이 맞지 않을 때 "아니다 No!"라고 말씀하십니다. 이것은 거절이 아니라, 우리에게 유익이 되지 않은 경우이거나 더 좋은 것을 주시기 위해서 그렇게 하시는 것입니다. 우리도 자녀들에게 종종 "No!"라고 말합니다. 자녀에게 유익하지 않기 때문입니다. 미국에 있을 때 한 자매가 심각한 얼굴로 찾아와서 기도를 해달라고 부탁하셨습니다. 그런데 기도 부탁의 내용을 듣고 실소를 금치 못했습니다. 바로 복권이 1등에 당첨되게 해달라는 것이었습니다. 게다가 십일조까지 약속하면서 말입니다. 모든 사람들이 웃겠지만 곰곰이 생각해보면 이와 유사한 기도들이 참 많습니다. 하나님께서는 이런 기도에 당연히 "No!"라고 하십니다.

둘째, 하나님께서는 "더욱 자라나라Grow!"고 말씀하실 때가 있는데, 그것은 기도하는 우리가 올바르지 않을 때 그렇게 하십니다. 기도에서 가장 큰 잘못 중 하나는 하나님으로 하여금 나를 위한 일을 하시도록 만드는 것입니다. 어른이 되어서도 과자를 달라고 조르면 문제가 심각합니다. 몸이 자라는 만큼 그 생각이나 바람도 자라나야 합니다. 장성한 사람이 되어서는 어린아이의 일을 버려야 합니다. 그런데 이것을, 어린아이일 때는 장난감을 원하다가 커서는 어른에 어울릴 법한 아파트나 좋은 지위를 원하는 것으로 착각하는 사람들이 많이 있습니다. 그런 것이 아닙니다. 어린아이일 때는 오직 자신만을 위한 기도를 하다가 장성한 후로는 주의 나라와 그의 의를 위하여 기도하게 되었다는 것을 말합니다.

셋째, 시간적으로나 때가 좋지 않을 때 "천천히Slow!"라고 말씀하십니다. 무엇이든지 하나님의 때가 있습니다. 하나님이 보시기에 시기가 적절치 못하면 연기하실 수 있습니다. 하나님의 연기는 부정이 아니라 '진정한 긍정'입니다. 그러므로 하나님의 때를 인내로 기다리는 것이 참으로 중요합니다. 하나님의 사람은 하나님의 약속을 믿고 끝까지 기다린 사람들입니다. "우리가 선을 행하되 낙심하지 말지니 포기하지 아니하면 때가 이르매 거두리라"(갈 6:9). 여기서 말하는 '피곤'은 단순한 육체적인 피로를 말하는 것이 아니라 낙망을 의미합니다. 하나님의 뜻에 따랐는데도 행하는 일이 이루어지지 않는다고 하여 낙망하거나 포기하지 말라는 말씀입니다.

넷째, 모든 것이 바로 되어 있을 때 하나님께서는 "가라Go!"고 말씀하십니다. 가라고 하시는 하나님의 말씀이 임할 때 모든 것이 갑자기 바뀌게 됩니다. 그 변화는 인간이 도저히 상상하지 못할 정도로 엄청난 것입니다. 기회의 문이 활짝 열리며 기적이 일어나고 희망의 사건이 계속해서 일어나게 됩니다.

20년 동안 열 번이나 외삼촌으로부터 속은 야곱을 생각해보십시오. 어느 날 야곱은 하나님으로부터 "이제는 가라"는 말씀을 듣습니다. 그동안 뼈 빠지게 일하며 어렵사리 받은 임금으로는 도저히 부자가 될 수 없었습니다. 그러나 하나님의 기적적인 방법으로 막일꾼 야곱은 일시에 부자가 되어 고향을 향해 떠나게 됩니다.

하나님의 "이제는 가라!"는 말씀은 오직 준비된 사람에게 내려진다는 것을 잊어서는 안 됩니다.

므리바 사건 이후, 이스라엘이 당한 일이 무엇인지 살필 필요가 있습니다. 이스라엘 백성이 광야를 떠돌아다닌 지 어언 40년이 가까워옵니다. 1세대는 광야에서 거의 다 죽었습니다. 지칠 대로 지쳤습니다. 마음에는 의구심이 듭니다. '40년이라 하셨지만 과연 젖과 꿀이 흐르는 가나안 지방에 들어가게 하실까?' 게다가 상황은 점점 더 나빠지고 있었습니다.

현재 이스라엘 백성은 에돔의 변방 가데스에 있습니다. 사람을 보내어 에돔 왕을 면담하고 에돔 지방을 통과할 수 있도록 허락해 달라고 간청합니다. 에돔 땅을 통과할 때 포도원도 밭도 손대지 않고 우물물도 마시지 않겠다고 하는데도, 돌아온 답변은 "너는 우리 가운데로 지나가지 못하리라. 내가 칼을 들고 나아가 너를 대적할까 하노라"(민 20:18)는 것이었습니다. 강력한 에돔 왕이 완강하게 앞길을 막아서고 있습니다.

설상가상으로 40년 가까이 함께 동고동락했던 모세의 누이 미리암과 형 아론이 죽었습니다. 하나님께서 불러가셨습니다. 아론이 누구입니까? 이스라엘 백성들을 돌보고 이끌어준 대제사장 아닙니까? 백성을 지탱하고 있던 큰 기둥 하나가 굉음을 내고 무너져 버린 것입니다. "지도력을 강화해도 부족할 판인데 이들을 데려가시다니, 하나님께서 우리를 어찌 하려고 이러시나?" 너무나 걱정

스럽고 슬펐습니다. 그래서 이스라엘 백성들은 아론이 죽자 30일 동안이나 애곡하였습니다.

이스라엘 백성의 마음을 답답하게 하는 일이 또 하나 남아 있습니다. 이들은 에돔 지방을 관통하는 가까운 길을 놔두고 빙 둘러 우회하는 길 외에는 다른 방법이 없었습니다. 목적지를 바로 코앞에 두고 또다시 먼 길을 가야 하다니, 그만 이스라엘 백성들의 마음이 상해버렸습니다. 그러고는 그 상한 마음을 이제 홀로 남은 모세에게 퍼부었습니다.

"백성이 호르 산에서 출발하여 홍해 길을 따라 에돔 땅을 우회하려 하였다가 길로 말미암아 백성의 마음이 상하니라"(민 21:4). 그래서 그들은 하나님과 모세를 원망하여 외칩니다. "어찌하여 우리를 애굽에서 인도해내어 이 광야에서 죽게 하는가. 이곳에는 먹을 것도 없고 물도 없도다. 우리 마음이 이 하찮은 음식을 싫어하노라"(민 21:5).

그러자 하나님께서는 이들에게 불뱀을 보내어 불평하는 자들을 징계하셨습니다. 이 사건은 이스라엘의 여섯 번째 실패로 기록됩니다. 참으로 끈질긴 인간의 원망과 불평이 아닐 수 없습니다. 민수기에 기록된 여덟 번째 실패 가운데, 원망과 불평에 관한 것이 절반을 차지할 정도입니다.

모세가 처한 상황, 이스라엘의 처지를 한번 생각해보면 이해할 만도 합니다. 암담하고 답답합니다. 이게 뭐가 될 것 같지 않습니다. 우리 인생도 그렇습니다. 하나님의 약속을 믿고 기다리며 노력하였는데, 좀처럼 나아지지 않습니다. 오히려 더욱 나빠집니다. 몸과 마음이 지쳤습니다. 주변을 둘러봐도 뭐 하나 뾰족한 것이 없습니다. 마음속에서 과연 될까 하는 의구심이 부쩍 듭니다.

그런데 어려운 일을 당할 때 우리가 반드시 해야 할 일이 있습니다. 일단 원망과 불평의 말을 멈추십시오. 욥이 입으로 범죄하지 않았던 것처럼, 어리석게 하나님을 향하여 원망하지 말아야 합니다. 그리고 해야 할 일은, 사람의 눈으로 보지 말고 하나님의 시각에서 그 사건의 진행을 조망해보십시오. 그러면 혼돈의 안개가 걷히며 사건의 핵심이 눈에 들어오기 시작합니다.

하나님의 입장에서 이스라엘이 처한 상황을 한번 내려다보십시오. 하나님은 광야 생활이 40년이라 약속하셨으므로 이제 그야말로 막바지에 온 것입니다. 새벽이 가까울수록 어둡게 마련입니다. 이런 어두운 상황은 하나님의 마지막 훈련이라 할 수 있습니다. 이스라엘에게 있어서는 마지막 고비입니다.

이스라엘이 현재 처한 상황을 NGSG 기도 응답 원리에 적용해 보겠습니다.

에돔 왕의 거절은 바로 하나님의 응답 "Slow!"를 의미합니다. "Slow!"는 아직 하나님의 때가 이르지 않았다는 뜻입니다. 하나님의 시간까지 참고 기다려야 합니다.

아론과 미리암의 죽음은 하나님의 응답 "No!"를 의미합니다. "No!"는 더 좋은 것을 주시기 위한 거절입니다. 이 사람들의 죽음은 분명 슬픈 것이며, 이스라엘 입장에서는 크나큰 손실입니다. 하지만 이것은 이제 새로운 시대를 알리는 청신호입니다. 젖과 꿀이 흐르는 가나안 땅으로 들어가기 위해서는 새로운 리더십, 새로운 지도자, 새로운 추진력이 필요하기 때문입니다.

이스라엘 백성들이 당하는 일련의 사건 가운데 눈여겨보아야 할 좋은 현상이 있습니다. 에돔 왕으로부터 거절을 당하고 아론과 미리암도 죽은 상태에서, 이스라엘 백성 몇몇이 그만 아랏 왕의 포로로 잡혀갑니다. 이때 이스라엘 백성들이 한 행동을 주의 깊게 보십시오.

"이스라일이 여호와께 서원하여 이르되 주께서 만일 이 백성을 내 손에 넘기시면 내가 그들의 성읍을 다 멸하리이다"(민 21:2).

간단한 기도이지만 이 기도는 대단히 중요한 의미를 지니고 있습니다. 그동안 사건이 터질 때마다 이스라엘 백성들은 불평을 하고, 모세는 하나님께 나아가 빌었습니다. 그런데 모세가 아닌, 이스라엘 백성이 직접 나서서 하나님께 서원하기 시작한 것입니다. 이러한 변화는 광야 생활에서 최초로 나타난 변화입니다. 이스라엘 백성들이 성장한 것입니다. 다시 말해서, 이스라엘 백성이 하나님의 응답 "Grow!"를 받았음을 의미합니다.

상황이 변하지 않았습니까? 더 어려워집니까? 이제 하나님께서 "가라Go!"고 외치실 때가 임박하였습니다.

비록 이스라엘 백성이 또다시 불평과 원망의 죄로 인하여 불뱀에게 물려 많은 사람이 죽었지만, 하나님의 때는 다가오고 있었습니다. 하나님께서는 모세에게 명하여 놋으로 불뱀 형상을 만들어 그것을 보는 사람마다 살아나도록 조치하셨습니다. 모세는 그대로 했습니다. 그리고 백성들은 그 장대에 달린 놋뱀을 바라보았습니다. 중요한 변화입니다. 이 불뱀 사건은 비로소 이스라엘 백성이 하나님의 약속을 믿고, 스스로 고개를 들어 용서를 받고 치유를 받는 시간이었습니다. "뱀에게 물린 자가 놋뱀을 쳐다본즉 모두 살더라"(민 21:9). 이스라엘 백성의 마음속에 하나님의 말씀을 믿는 믿음이 마침내, 드디어 뿌리를 내리기 시작한 것입니다.

모세가 장대에 높이 매단 놋뱀은 바로 우리 주 예수 그리스도의 십자가의 예표입니다. 갈보리 산 위에 십자가가 섰습니다. 이 십자가는 "이스라엘 중 많은 사람을 패하거나 흥하게 하며 비방을 받는 표적이 되기 위하여 세움을 받았"(눅 2:34)습니다. 십자가를 쳐다보는 사람은 소생합니다. 살아납니다. 치유를 받습니다. 하나님께서 약속하셨기 때문입니다.

뱀에게 물린 자들이 놋뱀을 쳐다본즉 살아난 사건은 이스라엘 백성에게 겨자씨만한 믿음이 생겼다는 것을 의미합니다. 그런데 이 작은 믿음은 산을 옮길 만한 능력을 가진 것입니다.

믿음의 눈으로 인생의 참 목표를 바라보십시오. 영혼의 눈으로 언제나 갈보리 십자가를 바라보십시오. 생명의 십자가를 바라보는 모든 사람은 반드시 소생합니다. 능력의 하나님께서 힘을 주시며, 사랑의 예수님께서 친히 동행하십니다.

"이제 가라!"고 하는, 모두를 향한 하나님의 음성을 듣기 위해 나를 열심히 준비시키십시오.

15

강 | 민수기 21:27-35

그를 두려워하지 말라

천만금의 돈보다, 천만군의 군대보다 더욱 든든한 말씀을 믿고 의지한 이스라엘 백성들은 마지막 남은 바산 대군에 당당히 맞서서 그들을 궤멸시켜버렸습니다. 내 앞을 가로막는 일이 얼마나 크고 무서운가는 전혀 문제 되지 않습니다. 하나님의 말씀을 얼마나 믿고 붙잡느냐가 성공의 관건입니다.

민수기
15
강

"올라가봤자 별 거 없어요."

등산을 하는 데 제일 김빠지게 하는 말, 힘들게 올라가고 있는 사람의 힘을 쭉 빼놓는 말입니다. 어린아이들은 빨리 커서 어른이 되고 싶어 합니다. 그런데 어른들이 이구동성으로 말합니다. "어릴 때가 좋은 때다. 어른이 돼봤자 고생만 바가지로 한다."

시간에는 두 가지가 있습니다. '카이로스'와 '크로노스'입니다.

'크로노스'는 기계적으로 흘러가는 시간을 말합니다. 크로노스의 시간을 사는 사람들은 "어릴 때가 좋은 때다"라고 말합니다.

'카이로스'는 하나님의 시간입니다. 다윗은 주의 궁정에서의 한 날이 다른 곳에서의 천 날보다 낫다고, 악인의 장막에 거하며 누리

그를 두려워하지 말라 217

는 호의호식보다 찬바람 맞더라도 하나님의 문지기로 있는 것이 훨씬 더 행복하다고 말합니다. 카이로스의 시간을 살았기 때문입니다.

한 남자가 있습니다. 그는 일곱 살 때 집을 잃고 길거리로 쫓겨났습니다. 그때부터 혼자 힘으로 가족을 먹여 살려야 했습니다. 아홉 살 때에는 정신적 지주였던 어머님이 돌아가십니다. 스물두 살 때에는 첫 번째 벌인 사업이 실패합니다. 스물세 살 때에는 주 의회에 진출하려다 실패합니다. 실패 후, 법학대에 입학하려다가 낙방합니다. 스물네 살 때에 어렵게 빌린 돈으로 사업을 시작하였으나 연말에 완전히 파산하고, 그 돈을 갚기 위하여 17년 동안이나 일을 해야 했습니다. 그 해 약혼자가 갑자기 사망하여 마음에 깊은 상처를 받습니다. 스물일곱 살 때에는 극도의 신경쇠약증에 걸려 정신병원에 입원하여 6개월 동안 치료를 받습니다. 스물아홉 살 때에는 주 의회 대변인 선거에서 패배합니다. 서른네 살 때 하원의원 선거에서 패배, 서른아홉 살 때 또다시 하원의원 선거에서 패배, 마흔 살 때 고향으로 가서 국유지 관리인이 되고자 하나 그나마도 실패하였습니다. 마흔다섯 살 때 미 상원의원 선거에서 패배, 마흔일곱 살 때 부통령 후보 지명전에서 패배, 마흔아홉 살 때 상원의원 선거에서 패배합니다. 그러다가 마침내 쉰한 살 때 미국 대통령에 당선됩니다.

그는 이렇게 말했습니다. "내가 걷는 길은 험하고 미끄러웠다. 그래서 나는 자꾸만 미끄러져 길바닥 위에 내동댕이쳐졌다. 그러나 나는 곧 기운을 차리고 나 자신에게 이렇게 말했다. "길이 미끄럽긴 해도 낭떠러지는 아니야." 이 사람은 바로 미국 16대 대통령 링컨입니다.

그는 한 번도 성공한 적이 없었습니다. 그러나 하나님으로부터 "가라!"는 말씀을 들을 때까지 참고 기다리며 준비하였습니다. 넘어지면 일어서고, 실패하면 전열을 가다듬고 다시 전진하였습니다. 그리고 마침내 하나님으로부터 들려오는 '이제는 가라!'는 소리를 들을 수 있었습니다. 그리고 마침내 하나님의 뜻에 가장 부합하는 정치를 세상에 펼친 위대한 대통령이 되었습니다.

하나님께서 "가라!" 하실 때에는 놀라운 일들이 일어납니다. 그 일들은 사람들이 상상할 수 없는 기적의 사건들입니다. 기회의 문이 활짝 열리고, 손을 대는 것마다 살아나는 엄청난 하나님의 역사가 일어납니다. 그런데 그 일이 일어나기 직전은 가장 어둡고 암울한 때입니다.

예수님께서 탄생하실 당시도 이스라엘 역사상 가장 암울했던 시기였습니다. 이스라엘은 로마의 식민지였으며, 사람들을 위로해야 할 종교 지도자들은 율법을 앞세워 백성들의 숨통을 조이고 있었습니다. 백성들은 굶주렸으며 굶주림보다 더 갈급한 것은 영적 기근이었습니다. 여기저기서 탄식 소리가 끊이지 않았습니다. 그러나 목자 등 몇 사람을 제외한, 세상 사람 아무도 주목하지 않는 사이에 아기 예수가 탄생하셨습니다. 예수님과 함께 지금까지 세상이 경험하지 못했던 밝음이 왔습니다.

그 빛이 오죽이나 밝고 강했으면 사도 요한은 예수님을 빛이요 생명 그 자체라고 했겠습니까? 이 세상의 모든 밝다는 것은 그저 예수님의 반사체일 뿐이요 그림자일 뿐입니다.

초대교회 때도 그랬습니다. 예수님은 십자가에서 죽으셨습니다. 제자들은 모두 저마다 살 길을 찾아 도망갔고, 따르는 사람들도 모두 뿔뿔이 흩어졌습니다. 가장 암담했던 때입니다. 모든 것이 끝난 것 같았습니다. 그런데 어두움을 뚫고 밝아오기 시작하였습니다. 예수님께서 부활하신 것입니다. 그 부활의 빛은 세상이 처음 경험하는 밝음이었습니다. 부활하신 예수님이 제자들 앞에 서자 그들은 다시 모였습니다.

그런데 이게 웬일입니까? 부활하신 주님이 40일 만에 그들을 떠나 하늘나라로 올라가버리신 것입니다. 그러나 그들은 실망하지 않았습니다. 천사들을 통하여 주신 예수님의 약속을 믿었습니다.

"너희 가운데서 하늘로 올려지신 이 예수는 하늘로 가심을 본 그대로 오시리라"(행 1:11). 바로 그 약속을 믿고 모여서 기도하기에 전념하였습니다.

그때 드린 기도를 헬라어로 '프로슈케*proseuche*'라고 표기합니다. 사람들이 흔히 하는, 자신의 소원을 이루어달라는 기도는 '데에시스*deēsis*'라고 말합니다. '프로슈케의 기도'는 전혀 다른 차원의 기도입니다. 온전히 하나님께 영광을 돌리는 기도, 찬양의 기도입니다. 그 귀한 기도가 하늘 보좌에 상달되어 하나님께서 기뻐 받으셨습니다. 그리고 성령을 내려 보내셨습니다. 엄청난 소리를 내며 불의 혀가 갈라지는 것처럼, 하늘로부터 성령이 임했습니다. 이것이 바로, 하나님께서 제자들을 향해 "이제는 가라!"고 하시는 신호였습니다.

성령 충만을 받은 제자들이 거리로 뛰어나갔습니다. 예수 그리스도를 증거하기 시작했습니다. "너희들이 십자가에 단 예수는 부활하셨고, 그분은 바로 메시아, 그리스도시다." 그러자 놀라운 일이 벌어졌습니다. 하루에 삼천 명이 회개하는 역사가 일어났습니다. 앉은뱅이가 일어나고, 소경이 눈을 뜨며, 죽은 사람들이 살아났습니다.

언제 하나님의 때가 허락될까요? 이는 초대 교인들이 가르쳐주고 있습니다. 하나님께 드리는 찬양의 기도를 할 때 하나님의 때가 허락됩니다. 프로슈케의 기도를 하는 것입니다. 프로슈케의 기도는 하늘 문을 여는 능력이 있습니다. 하나님께 진정으로 찬양을 올릴 때 하늘 문이 열리며, 하늘로부터 "이제는 가라!"는 하나님의 음성이 들려올 것입니다.

또한 이스라엘 백성이 가르쳐주고 있습니다. 그들은 하나님의 약속을 믿고, 모세의 놋뱀을 바라보았습니다. "쳐다본즉 살더라." 그러므로 우리가 해야 할 일은 주님의 십자가를 바라보는 것입니다. 그저 쳐다보는 것이 아닙니다. 주님을 구세주로 모시며, 주님의 약속을 믿으며 십자가를 바라볼 때, 하나님의 때가 우리에게 임합니다.

민수기 21장 10-35절 말씀은 이스라엘 백성이 거둔 승리의 기록들입니다. 이 승리는 광야 생활을 한 이래로 그들이 거둔 첫 승리입니다.

하나님의 약속을 믿기 시작한 이스라엘 백성에게 "가라!"는 하나님의 허락이 떨어졌고, 하나님의 허락이 떨어진 이스라엘 백성에게 어떤 일이 일어났는지를 보여주는 기록이 민수기 21장 10절 이하의 말씀입니다.

"이스라엘 자손이 진행하여 오봇에 진 쳤고 오봇에서 진행하여 모압 앞 해 돋는 편 광야 이예아바림에 진 쳤고 거기서 진행하여 세 렛 골짜기에 진 쳤고 거기서 진행하여 아모리인의 지경에서 흘러 나와서 광야에 이른 아르논 건너편에 진 쳤으니 아르논은 모압과 아모리 사이에서 모압의 경계가 된 것이라"(민 21:10-13, 개역한글).

여기서 주목해야 할 단어는 '진행하다'라는 단어입니다. 모두 네 번에 걸쳐 이 단어를 쓰고 있습니다. 39년 동안 광야에서 맴돌던 이스라엘 백성의 앞길이 훤하게 열렸고, 쭉쭉 앞으로 뻗어 나갔다는 것입니다. 거칠 것이 없었습니다.

하나님은 처음에 길이 편한 에돔 지방을 관통하는 길을 막으셨습니다. 그 길을 '왕의 대로King's Highway'라 하는데, 그 편한 길을 놔두고 우회하라 말씀하시자 백성들은 또다시 불평하였습니다. 하나님께서 가라 하신 길, 하나님께서 열어주신 길은 멀고 불편한 길입니다. 링컨이 걸었던 길처럼 험준한 길입니다. 산을 넘고 물을 건너야 하는 길입니다. 그러나 이스라엘 백성들은 이제는 하나님의 명령에 순종하여 그 길을 갔고, 승승장구하여 앞으로 쭉쭉 뻗어 나갔습니다.

쉽고 편한 길만 가려는 생각을 버리십시오. 하나님께서 열어주시는 길을 따라, 기쁜 마음으로 떠나십시오. 그 길이 아무리 험하고 불편해도 끝내는 생명으로 인도하는 길입니다. 그 길을 갈 때만이 살 수 있습니다. 하나님은 생명의 하나님, 그분이 열어주시는 길만이 곧 생명의 길입니다.

또 하나 기억해야 할 것은, 지금 이스라엘 백성은 북쪽을 향하여 가고 있다는 것입니다. 원래 가야 하는 방향은 서쪽입니다. 그런데 하나님은 자꾸만 북쪽으로 인도하십니다. "어 하나님, 이게 아닌데요. 우리는 서쪽으로 가야 합니다." 만약에 이스라엘 백성이 그랬다면, 그 행군은 거기서 멈추게 됩니다.

사람의 판단과 생각을 버리십시오. 하나님께서 가라 하시면 떠나십시오.

이스라엘은 여정을 멈추지 않고 계속 전진합니다. 맛다나에서 나할리엘, 바못을 거쳐 비스가 산으로, 야하스에서는 시혼 왕의 군대를 치고, 야르논을 거쳐 얍복강까지 이릅니다. 시혼 왕은 그 일대에서 가장 강력한 왕이었습니다. 그러나 이스라엘에게 당해내지 못했습니다. 아모리 족속들도 이스라엘을 당하지 못했습니다.

민수기 21장에는 두 개의 찬송가가 기록되어 있습니다.

첫 찬송가는 "우물물아 솟아나라. 너희는 그것을 노래하라. 이 우물은 지휘관들이 팠고 백성의 귀인들이 규와 지팡이로 판 것이로다"(민 21:17-18)입니다. 이 찬송가를 부르게 된 사건이 있습니다. 이스라엘 백성이 브엘에 이르렀습니다. 우물이 있었으나 물이 없었습니다. 하나님께서 모세에게 백성들을 모으라고 명령하십니다. 그리고 물을 주셨습니다. 그리고 백들은 굴을 주신 하나님께 이 찬송가를 지어 바쳤습니다.

지난 날을 되돌아보십시오. 이스라엘 백성은 물이 없으면 원망하고 불평하였습니다. 그리고 하나님의 징계를 받았습니다. 그러나 이제는 달라졌습니다. 물이 없으면 하나님의 도우심을 기다렸고, 하나님께서 물을 공급하시면 감사하게 되었습니다. 이제 감사할 줄 아는 성숙한 신앙이 생겼습니다.

두 번째 찬송가는 '너희는 헤스본으로 올지어다. 시혼의 성을 세워 견고히 할지어다.…우리가 그들을 쏘아서 헤스본을 디본까지 멸하였고 메드바에 가까운 노바까지 황폐하게 하였도다"(민 21:27-30)입니다. 적군이 앞을 가로막습니다. 이전 같으면 이스라엘 백성들은 혼란에 빠져 하나님과 모세를 향하여, 우리를 여기까지 데리고 와서 죽게 하였다고 아우성을 쳤을 것입니다. 그러나 달라졌습니다. 대적들 앞에서 하나님께 기도합니다. 하나님께서는 그 기도를 받으시고 작전 명령을 내리십니다. 그러면 아무리 그 대적이 강력하여도 하나님의 약속을 믿고 명령대로 수행합니다. 그래서 승리를 얻습니다. 그리고 찬송가를 지어 하나님께 감사 찬송을 올립니다. 그 전에는 곤고하면 아우성치고, 형통하면 자만하였던 이스라엘 백성들이었습니다. 이제는 곤고하면 기도하고, 형통하면 하나님께 감사하게 된 것입니다. 이것이 바로 하나님께서 원하시는 모습입니다.

남은 것은 가장 강력한 바산 왕 옥입니다. 바산은 이스라엘 북쪽 갈릴리 호수 북서 편에 위치한 막강한 나라입니다. 남쪽에 위치한 시혼과 쌍벽을 이루는 나라입니다. 그 바산 왕과의 최후의 일전을 남겨두고 있는 시점에서 여호와 하나님께서 나타나셨습니다. 그리고 말씀하십니다. "여호와께서 모세에게 이르시되 그를 두려워하지 말라. 내가 그와 그의 백성과 그의 땅을 네 손에 넘겼나니 너는 헤스본에 거주하던 아모리인의 왕 시혼에게 행한 것같이 그에게도 행할지니라"(민 21:34).

"그를 두려워하지 말라." 얼마나 든든한 말씀입니까? 천만금의 돈보다, 천만군의 군대보다 더욱 든든한 말씀을 믿고 의지한 이스라엘 백성들은 마지막 남은 바산 대군에 당당히 맞서서 그들을 궤멸시켜버렸습니다. 내 앞을 가로막는 일이 얼마나 크고 무서운가는 전혀 문제 되지 않습니다. 하나님의 말씀을 얼마나 믿고 붙잡느냐가 성공의 관건입니다.

주님께서 말씀하십니다. "세상에서는 너희가 환난을 당하나 담대하라. 내가 세상을 이기었노라"(요 16:33). 우리는 이미 예수님께서 이겨놓으신 세상을 살아가고 있습니다. 세상에서 담대하십시오. 맡은 일을 성실히 묵묵히 수행하노라면 하나님의 때가 나도 모르는 사이에 임할 것입니다.

5

평화의 언약

평화의 언약은 제사장의 언약입니다. 하나님은 우리를 세상의 제사장으로 부르셨습니다. 평화의 언약 당사자는 곧 우리 자신입니다. 그 언약을 맺을 자격이 있는지 스스로에게 물어야 합니다. 이미 주신 생명과 재능과 개성으로 나만이 연주할 수 있는 최상의 음악으로 하나님께 영광 돌립시다.

The Story of
Heaven

16강 | 민수기 22:31-35

발락과 발람

기복 신앙. 하나님의 뜻에는 관심이 없고 오직 무병장수·부귀영화에만 눈이 팔려 있습니다. 어떻게든 이기는 것에, 어떻게든 많은 컨설팅 비용과 복채에만 관심이 있습니다. 하나님을 아는 것만으로는 충분하지 않습니다.

민수기 16강

가장 큰 하나님의 선물은 생명입니다. 생명은 신비입니다. 작은 개미 한 마리도 유심히 살펴보면 신기하기 이를 데 없습니다. 어디서 힘이 나와 자신보다 40배나 큰 것을 물고 이동할 수 있을까요? 더욱 신기한 것은 작은 생명인 개미도 농사를 짓는다는 사실입니다. 지하 동굴에 버섯포자를 물어다가 심어서 버섯이 자라나면 저장해 두었다가 먹습니다. 개미도 축산을 합니다. 우리가 소나 돼지를 키우듯이, 개미는 진딧물을 키웁니다. 다른 곤충으로부터의 공격을 막아주고, 움직임이 둔한 진딧물을 수액이 많이 나는 장소로 이동시켜줍니다. 마치 사람들이 소나 양떼를 몰고 좀 더 싱싱한 풀이 있는 곳으로 옮겨주는 것과 같습니다. 개미가 그렇게 할 수 있는 것은 하나님께서 개미에게 생명을 주셨기 때문입니다.

생명체 중에서 가장 존귀한 생명은 다른 아닌 우리 사람들입니다. 사람은 연약하지만 생명의 정점입니다. 그런데 생명의 가장 큰 특징은 '성장'입니다. 성장에는 '기하급수의 법칙'이라는 것이 있습니다. 하나가 둘이 되고 둘이 셋이 되는 것이 아니라, 하나가 둘이 되고 둘이 넷이 되고, 넷이 여덟이 되고, 여덟이 열여섯이 되어 무서운 속도로 자라납니다.

이스라엘 백성의 성장도 마찬가지입니다. 38년 동안 그들은 별로 변한 게 없었습니다. 없으면 불평하고 원망하고, 자꾸 노예 생활을 하던 이집트로 돌아갈 생각만 하였습니다. 마치 떼쓰며 칭얼거리는 어린아이와 같았습니다. 그러다가 아주 작은 변화가 일어났습니다.

"그저 바라만 보라, 그러면 살리라"는 하나님의 약속을 믿고 그들은 놋뱀을 바라보았습니다. 그리고 살아났습니다. 그게 뭐가 대수냐 하겠지만 그 변화에는 엄청난 생명력이 있었습니다. 그 생명력은 놋뱀으로부터 나오는 것이 아닙니다. 하나님의 약속을 믿는 믿음에서 나오는 힘입니다. 이스라엘 백성이 드디어 자라나기 시작한 것입니다.

하나님께서는 소년과 같은 이스라엘 백성들로 하여금 강력한 에돔과 모압을 우회토록 하셨습니다. 아직은 이스라엘 백성들이 그들과 상대하기에는 어리다고 판단하신 것입니다. 그러고는 북쪽으로 인도하시며 나머지 족속들을 모조리 이기게 하셨습니다. 가장 북쪽에 있는 비산까지 쳐부순 이스라엘을 다시 남하하도록 하였습니다. 그러는 사이에 이스라엘은 소년에서 건장한 청년으로 불쑥 자라버렸습니다. 단 2년 만에 일어난 성장입니다.

건장한 어른이 되어 남하하는 이스라엘 백성에 대한 소문이 온 사방에 퍼졌습니다. 그러자 이제 남은 남방의 최대 세력 모압은 얼굴이 새파랗게 질려버렸습니다. "이스라엘 자손이 또 길을 떠나 모압 평지에 진을 쳤으니 요단 건너편 곧 여리고 맞은편이더라. 십볼의 아들 발락이 이스라엘이 아모리인에게 행한 모든 일을 보았으므로 모압이 심히 두려워하였으니 이스라엘 백성이 많음으로 말미암아 모압이 이스라엘 자손 때문에 번민하더라. 미디안 장로들에게 이르되…"(민 22:1-4).

1년 전만 하더라도 모압은 이스라엘 백성을 거들떠보지도 않았습니다. 상대가 되지 않았기 때문입니다. 그런데 이제는 이스라엘 백성을 두려워하고, 이스라엘 백성으로 인하여 번민하게 되었습니다. 그리고 이스라엘을 물리칠 방안을 모색하였습니다.

모압 왕 발락은 미디안 장로들과 협의하였습니다. 미디안 장로들과 협의한 데에는 그만한 이유가 있습니다. 미디안은 아브라함의 아들 가운데 하나입니다. 모세가 피신한 곳도 이들이 사는 곳입니다. 이들은 하나님이 누구인지 잘 아는 사람들입니다. 발락은 이스라엘과의 전쟁이 군대의 힘으로는 이길 수 없다는 것을 잘 알게 되었습니다. 다른 힘이 필요하다는 것을 알았습니다. 그래서 하나님과 이스라엘에 대해 잘 알고 있는 미디안 장로들과 상의를 한 것입니다.

상의한 결과, 발람을 초청하여 이스라엘을 저주케 하는 것입니다. 발람은 당시 모든 나라에서 명성을 떨치고 있는 유명한 복술가였습니다. 무당이라는 말입니다. 그는 메소포타미아 지방에 살고 있었는데, 모압과는 600킬로미터나 떨어진 곳입니다. 그렇게 먼 곳에까지 발람의 명성이 미치고 있었습니다.

발락이 이렇게 말합니다. "청하건대 와서 나를 위하여 이 백성을 저주하라. 내가 혹 그들을 쳐서 이겨 이 땅에서 몰아내리라. 그대가 복을 비는 자는 복을 받고 저주하는 자는 저주를 받을 줄을 내가 앎이니라"(민 22:6).

발락의 이 말을 통하여 발람이 얼마나 용한 무당인지를 짐작할 수 있습니다. 발락 왕은 엄청난 복채를 바리바리 꾸려서 모압 장로들과 미디안 장로들에 들려 발람에게 보냈습니다. 발람은 엄청난

금은보화에 혹했습니다. 그래서 이렇게 말합니다. "이 밤에 여기서 유숙하라. 여호와께서 내게 이르시는 대로 너희에게 대답하리라"(8절).

그날 밤 하나님께서 발람에게 나타나셨습니다. 그리고 이렇게 말씀하십니다. "너는 그들과 함께 가지도 말고 그 백성을 저주하지도 말라. 그들은 복을 받은 자들이니라"(12절). 그러한 계시를 받은 발람은 깜짝 놀라서 사신들에게 그 사실을 전하고 함께 갈 것을 거절하였습니다. 사신들이 발락 왕에게 가서 그대로 고하자 발락 왕은 더 높은 사람들로 하여금 더 많은 예물을 들고 가게 하여 다시 청하게 하였습니다.

더 많은 복채를 보고 발람의 마음이 흔들렸습니다. 그래서 기다리라고 하고는 하나님께 또 물었습니다. 그러자 하나님께서 이렇게 말씀하셨습니다. "그 사람들이 너를 부르러 왔거든 일어나 함께 가라. 그러나 내가 네게 이르는 말만 준행할지니라"(20절).

그렇게 하여 발람은 나귀를 타고 그들을 따라 떠났습니다. 그런데 놀라운 일이 일어났습니다. 하나님께서는 발람이 탄 나귀를 통하여 발람의 가는 길을 막으셨습니다. 나귀가 주인을 싣고 길을 가는데, 앞에 하나님의 사자가 서 있습니다. 그래서 나귀는 멈추어 섰습니다. 발람이 채찍질을 합니다. "왜 가지 않느냐? 빨리 가자!"

그러나 나귀는 요지부동입니다. 더욱 세차게 채찍질을 하였습니다. 그러자 나귀가 말을 합니다. "내가 당신에게 무엇을 하였기에 나를 이같이 세 번을 때리느냐"(28절). 발람이 깜짝 놀랐습니다. "나귀가 말을 하다니!" 그때에 하나님께서 발람의 눈을 여셨습니다. 그러고 나니 하나님의 사자가 앞길을 막고 서 있는 것이 보였습니다.

여기서 주목해야 할 중요한 점이 있습니다. 발락 왕도 정확히는 모르지만, 이스라엘 백성을 치는 데는 무엇인가 영적인 힘이 필요하다는 것을 알고 있습니다. 미디안 장로들도 하나님에 대하여 알고 있습니다. 그래서 조언을 합니다. "이 문제는 영적으로 해결하소서. 달리 방법이 없습니다." 또 무당 발람은 하나님으로부터 계시를 받을 정도로 하나님에 대하여 잘 알고 있습니다.

그런데 이들에게는 결정적인 결함이 있었습니다. 모두 다 하나님을 알고 있으되, 잘못된 방법으로 대응하고 있다는 점입니다. 그저 하나님을 알고 있고, 교회에 다닌다고 문제가 해결되는 것이 절대 아닙니다.

문제가 생겼습니다. 돈으로 해결해보려고, 권력으로 해결해보려고 시도했지만 전혀 문제가 풀리지 않습니다. 그래서 마음속에 '아하, 이것은 뭔가 다른 게 있구나' 하는 생각이 듭니다. 무당을 찾아가기도 하고, 점을 쳐보기도 합니다. 이것이 탈락 왕의 해결 방법입니다. 그러자 어떤 교인이 말합니다. "우리 목사님이 능력의 종이니까 목사님에게 가서 기도를 받아봐, 해결될 거야." 이것이 바로 미디안 장로들의 해결 방법입니다. 그래서 목사님을 찾아갑니다. 헌금 봉투도 내놓고, 교회 잘 다니기로 약속도 합니다. 그래서 기도합니다. "주여 잘되게 하소서. 복 받게 하소서." 찾아온 사람에게 생명과 진리를 가르치기보다는 복을 빌어주거나 다른 엉뚱한 것으로 해결해주려 합니다. 이것이 발람의 해결 방법입니다. 이런 식의 신앙생활이 얼마나 많은지 모릅니다. 발락과 같은 평신도에, 미디안 장로들과 같은 교인에, 발람과 같은 목사로 이루어진 교회가 얼마나 많은지 모릅니다.

학자들이 말합니다. 그리스도인의 수가 전체 인구의 3퍼센트에 이르면 그 사회가 변화되기 시작한다고 합니다. 그런데 우리나라 그리스도인의 인구는 적게는 20퍼센트, 많게는 25퍼센트까지 봅니다. 그런데도 우리나라는 별로 변한 것이 없습니다. 세계 투명성 기구에서 2009년도 각 국가별 정치 투명성 조사를 하였는데, 우리나라는 겨우 50위였습니다. 작년보다 오히려 열 단계나 낮아졌습니다. 나아져야 하는데 오히려 더 악화된 것입니다. 이 모든 것이 하나님의 자녀인 그리스도인의 책임입니다.

이렇게 된 것은 한마디로 '기복 신앙'으로 인한 것입니다. 기복 신앙의 두 가지 특징은 나의 이익만을 챙기는 이기적인 성향과 현세적인 번영에만 집중된 관심입니다. 무당은 절대로 찾아온 사람의 도덕성과 윤리성을 묻지 않습니다. 그저 복채에만 관심이 있으며, 그에 따르는 처방을 내려줄 뿐입니다. 그 처방의 효력 문제는 논외입니다.

이 상황에서 오직 나귀만이 하나님의 사자를 보고 하나님의 명령에 따르고 있습니다. 이런 말을 할 수도 있겠습니다. "나귀가 말을 하다니…. 있을 수 없는 일이야." 네, 그렇습니다. 나귀는 말을 할 수 없습니다.

그런데 예수님께서는 이런 말씀하셨습니다. "내가 너희에게 말하노니 만일 이 사람들이 침묵하면 돌들이 소리 지르리라"(눅 19:40).

하나님께서 창조하신 우주 삼라만상에는 하나님의 뜻이 내재되어 있습니다. 모든 피조물들은 하나님의 창조 섭리에 따라 운행됩니다. 그 어느 것도 창조주 하나님의 뜻에 저항하는 것은 없습니다. 오직 인간만이 자유의지를 가지고 하나님의 뜻에 반항합니다. 그러나 자유의지를 주신 이유는 반항하라는 것이 아닙니다.

노예들은 주인에게 자동으로 순종합니다. 이 순종은 기계적입니다. 그러나 자녀들은 부모에게 때로는 반항하고 엇나갑니다. 그러다가 부모님의 큰 사랑을 마침내 깨닫고 순종합니다. 자식의 이러한 순종에는 부모가 전혀 예기치 못했던 또 다른 차원의 사랑과, 다른 사람에게서는 도저히 맛볼 수 없는 독특한 기쁨이 담겨 있습니다. 이것이 하나님께서 각자에게 자유의지와 독특한 개성을 주신 가장 큰 이유입니다.

그런데 사람들은 자유의지를 하나님의 뜻에 저항하는 데 사용합니다. 그 이유는 단 하나입니다. 하나님을 사랑하지 않기 때문입니다. 다른 것을 사랑하여 그쪽에 눈이 팔려 있습니다. 영적으로 눈이 멀어버렸습니다. 그래서 하나님의 존재 자체를 부인합니다. 대부분의 사람들이 그렇습니다.

하나님의 존재는 알고 있으나 하나님의 그 깊은 뜻에는 관심이 없는 부류들도 있습니다. 이스라엘의 승승장구를 보며 하나님의 존재를 어렴풋이 감지한 발락이나, 하나님에 대해서 알고 있는 미디안 장로들이나, 무당 발람의 행태는 바로 기복 신앙에서 흔히 볼 수 있는 것들입니다. 기복 신앙. 하나님의 뜻에는 관심이 없고 오직 무병장수·부귀영화에만 눈이 팔려 있습니다. 어떻게든 이기는 것에, 어떻게든 많은 컨설팅 비용과 복채에만 관심이 있습니다.

하나님을 아는 것만으로는 충분하지 않습니다. 하나님을 믿어야 합니다. 하나님을 믿는다는 것은 구체적으로 하나님의 약속을 믿는 것입니다. 하나님께서는 함께하시겠다고, 영화롭게 하시겠다고 약속하셨습니다. 그 약속을 굳게 믿는 것입니다. 또한 중요한 것은 순종입니다. 가라 하면 가고, 기다리라 하면 기다립니다. 그리고 성실히, 감사함으로 살아갑니다.

믿음과 순종. 이것이 신앙의 본질입니다. 하나님의 약속을 믿습니다. 그리고 하나님의 명령에 순종합니다. 그렇게 하는 사이에 몸과 마음과 영혼이 성장합니다. 무서운 속도로 성장합니다. "아이고 목사님, 저는 이대로 살겠습니다. 영적 성장, 그런 데에는 관심이 없습니다." 이런 말은 몰라서 하는 소리입니다. 영적 생명의 성장은 정말 대단한 것입니다.

이스라엘 백성들은 가나안 사람들의 장대함에 놀라 스스로를 메뚜기라 낮추며 울고불고 아우성을 쳤었습니다. 그런데 지금은 정반대입니다. 이스라엘 백성들은 승승장구하고 있을 뿐 아니라, 다른 족속들은 이스라엘 백성의 소문만으로도 벌벌 떨고 있습니다. 이스라엘 백성이 군대를 키운 것도 아닙니다. 공부를 열심히 한 것도 아닙니다. 돈을 많이 번 것도 아닙니다. 다만 그들은 영적으로 성장한 것입니다. 이제는 이스라엘의 소문만 듣고도 다른 사람들이 벌벌 떨고 있습니다.

하나님께서 우리에게 생명을 주셨습니다. 이것으로 무엇을 해야 할까요? 사도 바울은 "오직 사랑 안에서 참된 것을 하여 범사에 그에게까지 자랄지라. 그는 머리니 곧 그리스도라"(엡 4:15)고 말합니다. 어떻게, 어느 방향으로 자라야 하는지 그 목표를 분명히 보여주는 말씀입니다. 범사에 그리스도의 장성한 분량에까지 자라나야 합니다. 예수님의 마음가짐, 예수님의 생활 태도, 예수님의 세상을 바라보는 눈, 예수님의 생각을 배우고 익히고 닮아가야 합니다. 이것을 '성화'라고 부릅니다.

이 진정한 성화의 과정을 밟아갈 때 네 가지 복이 있습니다.

첫째는 영혼의 안식, 평강을 얻습니다. 어떤 상황에서도 흔들리지 않습니다.

둘째, 다른 사람들이 우리를 통하여 하나님을 봅니다.

셋째, 악한 세력들이 범접하지 못합니다.

넷째, 하나님께서 더 큰 것을 맡기십니다. 당연히 그의 삶은 형통합니다.

인간 외에 모든 살아 있는 것들은 하나님의 처사에 자신을 맡기고 살아갑니다. 나귀도 보는 하나님의 뜻을 하나님의 자녀인 인간들이 보지 못해서야 되겠습니까? 우리가 하나님의 뜻을 거스르며 살아가니 지구가 아우성을 칩니다. 이제는 그 탄식의 소리를 들어야 할 때입니다.

17
강 | 민수기 24:11-25

발람의 노래

이스라엘에 대한 편애에는, 노예 근성에 찌들 대로 찌든 사람들도 여호와 하나님과 함께할 때 어떤 일이 생기는지 세계 만방에 보임으로써 열방이 이를 보고 하나님께로 돌아오도록 하시려는 하나님의 메시지가 담겨 있습니다. 이를 잊지 말아야 합니다.

민수기 17강

1995년 9월 4일자 뉴욕 데일리 뉴스에는 "노숙자, 낡은 신발을 새 운동화로 Homeless trade old shoes for new sneakers"라는 기사가 대문짝만하게 실렸습니다. 맨해튼 거리 선교회에서 노숙자들의 낡은 신발을 새 운동화로 바꾸어주고 있다는 선행 기사였습니다. 그런데 그 기사의 주인공은 놀랍게도 한국인 박성래 씨였습니다. 그는 노숙자들에게 삼천 켤레의 운동화를 나누어주었고, 가난한 어린이들을 위한 여름 캠프에는 삼백 켤레, 헐벗은 아이티 어린이들에게는 칠백 켤레의 운동화를 보냈습니다. 이 기사를 읽고 감동한 CNN은 박성래 씨를 "이 주간의 자랑스러운 뉴욕인"으로 선정했습니다. 그리고 그와의 인터뷰 화면을 두 시간에 한 번씩, 사흘 동안이나 방영하여 전 미국을 감동케 했습니다. 그해 연말에는 "한인 사회를 빛낸 사람들"에 선정되기도 하였습니다.

박성래 씨가 이런 일을 하게 된 계기는 많은 돈을 벌었기 때문이 아니라, 오히려 참담한 실패를 맛보았기 때문입니다.

1972년 미국으로 이민 온 박성래 씨는 사업을 시작하였습니다. 그가 손댄 첫 사업은 가발 가게였고, 이후 이 일 저 일을 하다가 신발 장사를 하게 되었습니다. 신발 가게는 번창하였고, 마침내 그는 맨해튼 중심부에 커다란 신발 도매상까지 갖게 되었습니다. 돈을 엄청나게 벌어들인 그는 욕심이 생겨서 더 큰 돈을 벌기 위해 융자 회사를 차렸습니다. 말이 융자 회사이지, 교포들을 상대로 한 고리 대금업이었습니다. 그는 점점 교활해지고 잔인해져갔습니다. 모태 신앙이었던 그는 하나님께서 책망하시는 소리를 수없이 들었지만 계속 외면해버렸습니다.

그러다가 위기가 찾아왔습니다. 원금과 이자가 회수되지 않기 시작한 것입니다. 융자 회사가 망하기 시작하자 신발 장사도 안 되었고, 순식간에 150만 달러, 우리 돈으로 20억이 넘는 빚더미에 앉고 말았습니다. 도저히 해결할 길이 없었습니다. 죽고만 싶었습니다. 잠 못 이루는 밤, 괴로운 마음을 달래기 위해서 그는 성경을 읽기 시작하였습니다. 성경을 읽어가는 동안 마음에 평정이 찾아오기 시작하였고, 박성래 씨는 하나님께 기도하기 시작했습니다.

"하나님, 하나님께서 싫어하시는 고리대금업을 한 죄로 이렇게 망하게 된 것은 당연한 일입니다. 그런데 창고에 쌓여 있는 저 많은 신발들을 어떻게 하면 좋을까요?" 그때 그의 심령 가운데 전도서의 말씀이 들려왔습니다. "너는 네 떡을 물 위에 던져라. 여러 날 후에 도로 찾으리라"(전 11:1). 그 말씀을 읽고는 단숨에 신발 창고로 달려갔습니다. 그러고는 자동차에 신발을 가득 싣고는 노숙자들을 찾아 나서 그들에게 신발을 모두 나누어주었습니다. 그렇게 하는 동안 말할 수 없는 기쁨과 하나님을 향한 감사가 온몸을 감쌌습니다.

'사업이 번창할 때에는 남을 돕지 않으니, 하나님께서 사업을 망하게 하여 남을 돕게 하시는구나.' 그 일을 하는 동안 자원봉사자들이 늘어갔고, 재고품을 보내오는 신발 가게도 많아졌습니다. 모든 일을 주님께 맡긴 채 정신없이 그 일에 매달려 있는 동안, 한 사람이 찾아왔습니다. 팀벌랜드 회사 동부 지역 매니저인 존 돌이라는 사람이었습니다. 그는 자사 제품을 취급할 수 있는 권리를 박성래 씨에게 거저 주었습니다. 그 전에는 많은 돈으로 그 영업권을 사려 해도 번번이 거절당했었는데 말입니다.

1999년 그는 새로운 가게를 열었고, 사람들이 몰려들기 시작하였습니다. 3년 만에 모든 빚을 청산했고, 지금 그 가게는 열한 개의 점포로 발전하였습니다. 박성래 씨의 전반기의 성공은 오로지 자신의 노력으로, 열심으로 이룬 것입니다. 그러나 무참히 실패하였습니다. 그의 후반기의 성공은 하나님에 사로잡혀, 하나님과 하나가 되어서 이룬 것입니다. 그의 성공은 사는 날까지 계속될 것이며, 이것이 진정한 성공입니다.

예수님은 가장 고귀한 삶을 사셨습니다. 우리는 흔히 예수님이니까 당연히 그렇겠지 생각합니다. 그러나 잊지 말아야 할 것은 예수님 역시 우리와 같은 사람이었다는 사실입니다. 예수님의 생애가 가장 고귀했던 이유는 예수님께서 사로잡힌 것이 오직 하나, 하나님의 말씀이었기 때문입니다.

마구간 말구유에서 태어나셔서 십자가에 돌아가시기까지 예수님의 생애는 하나님의 말씀을 이루는 데 집중된 삶이었습니다. 예수님의 탄생을 생각해보십시오. 동정녀의 몸에서, 마구간에서 태어나면서부터 하나님의 말씀을 이루신 것입니다. 십자가에 못 박혀 숨을 거두시면서 마지막 하신 말씀도 "다 이루었다"입니다.

발람은 재물에 눈이 어두워 하나님께서 길을 막으심에도 불구하고, 이스라엘 백성을 저주하기 위하여 발락 왕에게 갔습니다. 모압 땅에 도착한 무당 발람은 발락 왕에게 가서 제단을 쌓을 것을 명령합니다. "나를 위하여 여기 제단 일곱을 쌓고 거기 수송아지 일곱 마리와 숫양 일곱 마리를 준비하소서"(민 23:1).

이것은 당시 풍습에 따라 단을 쌓고 제사를 드리기 위함입니다. 최대 최고의 어마어마한 굿판을 벌이겠다는 것입니다. 드디어 굿판이 벌어졌습니다. 풍악 소리가 점점 높아지고 발람의 신명은 고조됩니다. 드디어 발람이 입을 열어 말합니다. "야곱의 티끌을 누가 능히 세며 이스라엘 사분의 일을 누가 능히 셀고"(10절).

아니, 이럴 수가. 누구보다도 놀란 것은 무당 발람이었을 것입니다. 자신의 입을 막아도 이스라엘에 대한 저주 대신 축복의 말들이 쏟아져 나왔습니다. 하나님께서 그렇게 하신 것입니다. 이 말은 이스라엘의 사분의 일조차도 능히 세지 못할진대 전체를 어떻게 헤아릴 수 있겠느냐는 뜻으로, 이스라엘의 창대해질 미래를 예언한 것입니다.

발락 왕이 버럭 화를 낸 것은 너무나 당연합니다. 노기충천한 왕이 소리칩니다. "그대가 어찌 내게 이같이 행하느냐. 나의 원수를 저주하라고 그대를 데려왔거늘 그대가 오히려 축복하였도다"(11절).

발락 왕은 무당 발람을 데리고 비스가 산에 오릅니다. 비스가 산은 일대에서 최고의 명당 자리입니다. 그 명당 자리에서 다시 성대한 굿판을 벌입니다. 그러나 소용이 없었습니다. 또다시 발람의 입에서는 이스라엘을 향한 축복의 말들이 쏟아져 나왔습니다. "야곱의 허물을 보지 아니하시며 이스라엘의 반역을 보지 아니하시는도다. 여호와 그들의 하나님이 그들과 함께 계시니 왕을 부르는 소리가 그중에 있도다. 하나님이 그들을 애굽에서 인도하여 내셨으니 그의 힘이 들소와 같도다. 야곱을 해할 점술이 없고 이스라엘을 해할 복술이 없도다"(21-23절).

김해경이라는 사람이 있습니다. 단군교 교주였던 사람입니다. 그는 전두환 장군이 대통령이 될 것을 예언하여 유명해진 사람인데, 현재는 회심하여 교회 목회자로 수고하고 있습니다. 그가 점쟁이로 있을 때에, 자신을 찾아오는 사람들 중에 정말 불쌍해서 도와주고 싶은 사람이 종종 있었다고 합니다. 그러면 냅다 이렇게 소리쳤다고 합니다. "여기는 뭣 하러 찾아왔어! 교회나 가봐! 그게 살 길이야!" 아무리 용한 점쟁이를 찾아다니고, 엄청난 굿판을 벌이고, 명당자리를 찾아다닌다고 하여도 다 소용없는 일입니다. 예수님을 만나야 합니다. 그래야 삽니다.

당시 가장 용한 무당 발람이 한 말입니다. "하나님의 백성을 해할 점술이 없고 이스라엘을 해할 복술이 없도다." 아무리 용하다는 주문도 하나님의 말씀 한 줄에 그 효력을 잃습니다.

사탄이 직접 나서서 예수님을 시험했습니다. 그러나 "사람이 떡으로만 살 것이 아니요 하나님의 입으로부터 나오는 모든 말씀으로 살 것이라"(마 4:4)는 하나님의 말씀 한 마디에 힘을 잃습니다. 예수님에게 사탄이 진 것이 아니라, 하나님의 말씀에 사탄이 옴짝달싹 못하게 된 것입니다.

무당은 아무리 용해도 사탄의 하수에 불과합니다. 그런 무당의 말에 질질 끌려 다니는 사람이 많습니다. 그것처럼 어리석은 일도 없습니다.

화가 난 발락 왕은 자리를 세 번째로 옮깁니다. 이번에는 브올 산입니다. "오라 내가 너를 다른 곳으로 인도하리니 네가 거기서 나를 위하여 그들을 저주하기를 하나님이 혹시 기뻐하시리라"(민 23:27). 브올 산 꼭대기에서 또다시 성대한 굿판을 벌입니다. 그런데 이번에도 보기 좋게 실패합니다.

발람의 입에서는 이런 말이 흘러나옵니다. "야곱이여 네 장막들이, 이스라엘이여 네 거처들이 어찌 그리 아름다운고. 그 벌어짐이 골짜기 같고 강가의 동산 같으며 여호와께서 심으신 침향목들 같고 물가의 백향목들 같도다. 그 물통에서는 물이 넘치겠고 그 씨는 많은 물가에 있으로다. 그의 왕이 아각보다 높으니 그의 나라가 흥왕하리로다"(민 24:5-7).

제가 요술까지 부리는 큰 부자라고 합시다. 가족들을 위하여 집을 짓습니다. 그런데 어떤 방에는 주문을 걸어 그 방에서 자면 아무리 열심히 해도 늘 실패만 하고, 어떤 방에는 게으름을 피워도 성공하게 하는 주문을 걸지는 않을 것입니다. 이유는 단 하나, 아버지는 가족들을 사랑하기 때문입니다.

인간 부모의 사랑은 하나님의 사랑에서 아주 조금 빌려온 것일 뿐입니다. 인간의 어떤 사랑도 하나님의 사랑에 비할 수 없습니다. 그런 하나님께서 이 아름다운 지구를 만들어주시고는 명당 따로, 저주받은 땅 따로, 길일吉日 따로, 흉일凶日 따로 만드셨을 리가 없습니다. 그렇게 생각하는 것은 하나님의 사랑에 대한 개념이 전혀 없기 때문이며, 동시에 하나님을 모욕하는 것입니다.

"너를 축복하는 자마다 복을 받을 것이요 너를 저주하는 자마다 저주를 받을지로다"(민 24:9). 발람의 입에서 터져 나오는 이스라엘에 대한 축복의 말을 듣고, 발락 왕은 미칠 지경이 되었습니다. 너무나 화가 나서 손뼉까지 쳤다고 성경은 기록하고 있습니다. 그래서 발락 왕은 발람에게 이렇게 말합니다. "그대는 이제 그대의 곳으로 달아나라. 내가 그대를 높여 심히 존귀하게 하기로 뜻하였더니 여호와께서 그대를 막아 존귀하지 못하게 하셨도다"(11절).

발락 왕의 의도는 보기 좋게 실패로 끝나버렸습니다. 오히려 하나님의 위대함만이 온전히 드러났고, 이스라엘 백성을 향한 하나님의 지극한 사랑이 확실히 드러났을 뿐입니다. 그렇습니다. 하나님의 능력은 너무나 크고 위대하므로 그 누구도 가릴 수 없습니다. 아무리 적대자라 하더라도 하나님께 사로잡히면, 그는 하나님의 능력을 드러내는 도구가 됩니다.

자, 여기서 한 가지 짚고 넘어가야 할 것이 있습니다. 이스라엘에 대한 하나님의 편애에 관한 것입니다. "너를 축복하는 자마다 복을 받을 것이요 너를 저주하는 자마다 저주를 받을지로다"라는 말은 이스라엘에 대한 하나님의 지독한 편애처럼 들릴 수도 있습니다. 그런데 이 또한 하나님에 대해서 잘 모르기 때문에 드는 생각입니다. 오늘날 기독교가 외면당하는 이유는, 기독교인들이 여호와 하나님을 자기 사람들만 챙기는 편협한 하나님으로 만들어놨기 때문입니다. 하나님은 절대로 그런 분이 아닙니다.

하나님께서는 지금, 430년간 노예 생활을 하던 이스라엘 백성들을 출애굽시켜 하나님의 제사장으로 세우시는 중입니다. 이는 전무후무한 일입니다. 제사장은 특권이 아니라 하나님과 인간에 대한 무한 책임을 지는 직책입니다. 이스라엘을 제사장으로 세우신 것은 모든 나라와 민족을 하나님께로 돌아오게 하라는 것입니다.

이스라엘에 대한 편애에는, 노예근성에 찌들 대로 찌든 사람들도 여호와 하나님과 함께할 때 어떤 일이 생기는지 세계만방에 보임으로써 열방이 이를 보고 하나님께로 돌아오도록 하시려는 하나님의 메시지가 담겨 있습니다. 이를 잊지 말아야 합니다. 이 사실을 잊을 때 얼마나 꼴사나운 일이 벌어지는지, 얼마나 하나님의 존재를 손상시키는지 잘 알아야 합니다.

이제 발람이 떠나며 아름다운 송가를 불러 하나님을 찬양합니다. "내가 그를 보아도 이때의 일이 아니며 내가 그를 바라보아도 가까운 일이 아니로다. 한 별이 야곱에게서 나오며 한 규가 이스라엘에게서 일어나서 모압을 이쪽에서 저쪽까지 쳐서 무찌르고 또 셋의 자식들을 다 멸하리로다. 그의 원수 에돔은 그들의 유산이 되며 그의 원수 세일도 그들의 유산이 되고 그와 동시에 이스라엘은 용감히 행동하리로다"(17-18절).

이 송가에서 주목해야 할 것은 "한 별이 야곱에게서 나오며 한 규가 이스라엘에게서 일어난다"는 구절입니다. 이 별이 누구입니까? 바로 베들레헴 마구간에서 탄생하신 우리 주 예수 그리스도를 말합니다. 얼마나 놀라운 일입니까? 그 옛날 예수님께서 탄생하시기 1,200년 전, 그러니까 지금으로부터 3,200년 전, 하나님께서는 무당 발람의 입을 빌어 주님의 오심을 예언케 하신 것입니다.

무당의 말을 하늘처럼 떠받드는 사람들이 많습니다. 발람은 그

당대에 가장 유명한 무당이었습니다. 그가 우리 주님 오심을 예언했습니다. 마침내 주님께서 이 땅에 오셨습니다. 그분은 하나님의 아들이십니다. 무당의 말을 하늘처럼 떠받는 사람들에게 묻고 싶습니다. 발람의 예언드 믿어야 되는 것 아니냐고.

발람은 별이 나타나 먼저 모압을 멸하신다고 하였습니다. 모압 족속은 그들의 출생부터 부정한 족속이었습니다. 모압은 아브라함의 조카 롯이 그의 딸들과 근친상간하여 낳은 족속입니다. 그들은 하나님을 알고 있습니다. 그러나 언제나 하나님의 권위에 도전하며, 하나님의 계획을 방해하는 악한 무리의 대명사입니다. 훗날 이들은 가나안에 정착한 이스라엘 백성들을 우상숭배케 하고 이스라엘 여인들로 하여금 올무에 걸리도록 한 가증한 자들입니다. 어설프게 믿었다가는 자신도 모르는 사이에 모압이 될 수도 있음을 항상 경계해야 합니다.

발람은 별이 나타나 '소동하는 자식들'(개역한글판을 제외한 다른 역본에서는 '셋의 후손'이라고 옮김)을 멸하신다고 하였습니다. 여기서 '소동하는 자식들'이란 전쟁하는 자, 교만한 자들로서 이스라엘을 대적하는 모든 들방들을 의미합니다. 나아가 하나님의 교회를 대적하는 두리들을 상징합니다.

그렇습니다. 오늘날의 교회는 다양한 방식으로 '소동하는 자식들'의 도전을 받고 있습니다. 비록 이들이 교회를 어지럽히고 당장은 큰 세력을 떨치는 것처럼 보일지 몰라도, 교회는 주님의 몸입니다. 반드시 주님께서 이 '소동하는 자식들'의 도전을 친히 물리치십니다.

마지막으로 에돔을 멸하신다고 하였습니다. 에돔은 아브라함의 손자요, 이삭의 아들이며, 야곱의 쌍둥이 형 에서의 후손입니다. 그러나 언제나 하나님께 불순종하였습니다. 아브라함의 혈통은 이어받았으나 신앙은 물려받지 않았습니다. 그래서 에돔은 은혜 밖에서 유리하는 불쌍한 족속입니다.

오직 주님과 동행할 때 악의 세력들이 멀리 멀리 달아납니다. 하나님의 말씀에 전적으로 순종할 때 하나님의 용감한 리더가 됩니다. 하나님의 리더는 오직 하나님과 관계할 뿐, 왜곡된 선민의식이나 기복 신앙 따위와는 아무런 관계가 없습니다.

민수기 25:1-15 | **18**강

일곱 번째 실패

현재 이스라엘 백성들은 승승장구하고 있습니다. 난생 처음으로 경험하는 승리들입니다. 이제는 거칠 것이 없어 보입니다. 그런데 이때가 인간이 사탄에게 가장 많이 노출되는 가장 위험한 때입니다. 나 혼자서도 충분히 할 수 있을 것처럼 보이기 때문입니다. 최대의 위기의 순간은, 하나님 없이 얼마든지 혼자서도 할 수 있다고 생각할 때입니다.

민
수
기
18
강

어린 시절에 듣던 추억의 소리가 있습니다. 바로 사이렌 소리입니다. 이 사이렌은 정오와 다섯 시, 그리고 자정에 세 번 울렸는데, 시계가 드물던 시절, 그 소리는 아주 중요한 지침이었습니다. 저녁 다섯 시 사이렌이 울리면 하던 놀이를 멈추고 집을 향해 냅다 달렸습니다. 아버지의 퇴근 시간이었기 때문입니다. 요즈음은 소방차나 경찰차 또는 구급차를 통해서 이 사이렌 소리를 듣는데, 신경이 곤두서긴 하지만 어린 시절의 소리가 길게 이어져 멀리 멀리 퍼져 나가는 편안한 소리이기도 합니다.

그런데 이 '사이렌'이라는 말은 아주 오래된 신화에서 유래한 것입니다. 사이렌은 상반신은 여자, 몸통은 새 그리고 하반신은 물고

기의 모습을 한 존재인데, 이들은 시칠리아 섬 근처의 작은 섬에 살면서, 고운 목소리로 노래를 불러 선원들을 유인하여 파멸시켰습니다.

그 노래 소리는 너무나 고혹적이어서 한 번 들으면 도저히 저항할 수가 없었습니다. 그런데 이 사이렌의 노래 소리를 이겨낸 두 사람이 있습니다. 오디세이와 오르페우스입니다. 이 두 사람이 이겨낸 방법은 아주 대조적입니다.

트로이 전쟁 후 귀국 길에 오른 오디세이의 배가 그 섬을 지나게 되었는데, 오디세이는 그 노래 소리가 너무나 듣고 싶었습니다. 그래서 노를 젓는 부하들의 귀를 밀랍으로 막고 자신은 배의 돛대에 묶어놓게 하였습니다. 드디어 사이렌이 살고 있는 섬 근처에 다다랐고 그 아름다운 노래 소리가 안개를 뚫고 아련히 들려왔습니다. 그 노래 소리를 들은 오디세이는 미치기 시작하였습니다. 그는 소리를 칩니다. "배를 돌려라! 배를 돌려라!" 노래 소리가 나는 쪽으로 가라는 명령이었습니다. 그러나 귀를 막은 선원들은 고향을 향하여 배를 저었습니다. "내 이놈들! 가만 두지 않겠다!" 고래고래 소리쳤지만, 오디세이는 돛대에 꽁꽁 묶여 있으므로 어찌지 못했습니다. 그렇게 해서 무사히 그 섬을 지나칠 수 있었습니다.

반면 오르페우스는 전혀 다른 방법을 썼습니다. 배가 그 섬 근처에 이르렀을 때 열심히 수금을 타서 사이렌의 노래 소리에 대항하였습니다. 노를 젓는 선원들은 오르페우스의 아름다운 수금 선율에 취하여 사이렌의 노래 소리를 듣지 못하였습니다.

신앙생활에도 두 가지 길이 있습니다. 오디세이의 길과 오르페우스의 길입니다. 세상 유혹에 빠지지 않도록 자신을 꽁꽁 묶어두는 방법과 더 아름다운 것을 추구하며 세상 유혹을 이기는 방법, 두 가지입니다. 즉 각종 율법으로 자신을 꽁꽁 묶어두는 길과, 세상 방법을 버리고 주님의 가르침대로 살아가는 방법 두 가지입니다.

여러분은 어떤 길을 가고 계십니까?

사람들은 인생을 살아가는 동안 무엇인가에 사로잡혀 살아갑니다. 즉 관심이 그것에 집중되고, 그것이 인생의 전부인 양 열중하게 됩니다. 당구를 처음 배울 때에는, 잠을 자려고 누우면 천장이 당구대가 되고 빨간 공 하얀 공들이 왔다 갔다 한다고 합니다.

때론 사랑에 사로잡히기도 합니다. 그때는 앉으나 서나 그대 생각밖에 없습니다. 때로는 사업에 사로잡히기도 합니다. 밤낮으로 사업 구상에 바쁩니다. 일을 하느라 밤을 새기 일쑤입니다. 때로는 명예와 권력, 취미와 도락에 사로잡히기도 합니다.

그 사람이 무엇에 사로잡히느냐에 따라 그 사람의 삶의 가치 또한 결정됩니다. 천박한 것에 사로잡히는 사람은 그 삶이 천박하고 무가치해집니다. 고귀한 것에 사로잡힌 사람은 그 삶이 고귀해집니다. 위대한 것에 사로잡힌 사람의 삶은 위대해집니다.

이스라엘 백성은 원망과 불평으로 세월을 보냈습니다. 하나님의 약속과 인도하심과 돌봄과 그 약속의 성취를 보지 못했기 때문입니다. 그러다가 불뱀 사건을 계기로 하나님의 약속을 믿게 되었으며, 그러자 이스라엘은 거칠 것 없이 승승장구하게 되었습니다.

이스라엘의 적들은 승승장구하는 이스라엘 백성을 저주하려 했으나, 하나님의 백성을 저주할 사술이나 술수는 어디에도 없었습니다. 일곱 마당의 굿판도, 최고의 명당자리도 아무런 효력을 발하지 못했습니다. 이스라엘 백성이 드디어 그 누구도 당할 수 없는 최강의 군대가 된 것입니다.

그런데 그런 그들이 그만 큰 죄악 가운데 휩쓸리고 말았습니다. "이스라엘이 싯딤에 머물러 있더니 그 백성이 모압 여자들과 음행하기를 시작하니라. 그 여자들이 자기 신들에게 제사할 때에 이스라엘 백성을 청하매 백성이 먹고 그들의 신들에게 절하므로 이스라엘이 바알브올에게 가담한지라. 여호와께서 이스라엘에게 진노하시니라"(민 25:1-3).

어떻게 된 일일까요? 하나님의 용사 이스라엘이 무엇으로 인하여 바알브올에게 예속되어버렸을까요? 무엇이 그들로 하여금 이토록 참담한 죄를 짓게 만들었을까요? "보라 이들이 발람의 꾀를 따라 이스라엘 자손을 브올의 사건에서 여호와 앞에 범죄하게 하여 여호와의 회중 가운데에 염병이 일어나게 하였느니라"(민 31:16). 모세의 말입니다.

요한계시록에는 이런 말씀이 기록되어 있습니다. "그러나 네게 두어 가지 책망할 것이 있나니 거기 네게 발람의 교훈을 지키는 자들이 있도다. 발람이 발락을 가르쳐 이스라엘 자손 앞에 걸림돌을 놓아 우상의 제물을 먹게 하였고 또 행음하게 하였느니라"(계 2:14).

브올에서 일어난 일은 발람의 꾀로 인하여 일어난 일이라는 것입니다. 무당 발람은 발락 왕의 요청에 따라 무려 네 차례에 걸쳐 이스라엘을 저주하려 했습니다. 그러나 하나님의 강권적인 개입으로 번번이 실패하고 오히려 이스라엘을 축복하였습니다. 그러나 무당 발람은 끝내는 하나님의 대적자로 남았습니다. 그는 외부의 힘으로는 도저히 이스라엘을 멸망시킬 수 없음을 알고 이스라엘 스스로 자멸하는 꾀를 내었는데, 바로 성적性的으로 이스라엘을 타락시키는 것이었습니다.

하나님의 백성을 올무에 빠뜨려 범죄케 하려는 마귀의 술수는 참으로 교묘합니다.

첫 번째 쓰는 수순은, 일이 잘 풀려나갈 때 '잘한다, 잘한다' 하고 부추기는 일입니다. 그래서 자만에 빠져들게 만듭니다. 현재 이스라엘 백성들은 승승장구하고 있습니다. 난생 처음으로 경험하는 승리들입니다. 이제는 거칠 것이 없어 보입니다. 스스로 대견해 보이고 대단해 보이기 시작합니다.

그런데 이때가 인간이 사탄에게 가장 많이 노출되는 가장 위험한 때입니다. 나 혼자서도 충분히 할 수 있을 것처럼 보이기 때문입니다. "혼자서도 잘해요." 꼬마들은 혼자서 걷게 되었을 때 손을 잡아주겠다는 어른의 손을 뿌리칩니다. 이스라엘도 그렇게 하나님의 손길을 뿌리쳤습니다. 최대의 위기의 순간은, 하나님 없이 얼마든지 혼자서도 할 수 있다고 생각할 때입니다.

자만과 교만에는 특징이 있습니다. 남들은 다 알아도 정작 본인은 보지 못한다는 점입니다. 자만과 교만은 스스로 만들고 스스로 빠지는 가장 깊은 함정입니다.

미국 LA에는 이런 말이 있습니다. "남자가 라스베이거스, 여자가 미용실 드나들면 그 가정은 끝난다." 이민 가서 부부가 합심하여 밤낮 가리지 않고 열심히 일합니다. 그래서 성공합니다. 그러자 "살 만해졌으니까 숨 좀 돌리자"는 것입니다. 그러다가 영 그것에 빠져버리게 되어 가정이 깨어집니다. 그래서 사도 바울은 간절히 권고합니다. "그런즉 선 줄로 생각하는 자는 넘어질까 조심하라"(고전 10:12).

그 전에는 이방인들이 무서웠습니다. 오랫동안 노예로 있었기 때문입니다. 그리고 이방 여자들은 너무나 귀해 보여서 가까이 갈 엄두도 내지 못했습니다. 광야에서 거친 바람을 맞으며 떠돌아다니는 이스라엘 여인들과, 도시에서 자신을 가꾸고 치장하는 이방 여인들은 비교가 되지 않았습니다. 그런데 이제는 다릅니다. 승자로서 이스라엘 남자들은 이방 여인들을 쉬 가까이 할 수 있게 된 것입니다.

그런데 "백성이 모압 여자들과 음행하기를 시작하니라"라는 말은 단순히 육체적 쾌락으로 끝나는 것이 아닙니다. 이것이 발람이 파놓은 가장 깊은 함정입니다. 여기서 말하는 모압 여자들은 여염집 여인이 아니라 이방 신전에 속한 여자들입니다. 당시 중동 지방의 여러 잡신들을 섬기는 신전에는 반드시 여자들이 있었습니다.

단순한 거리의 여자는 히브리어로 '조나*zonah*'라 하고, 다른 종류는 '케데솨*qedeshah*'라 불렀습니다. 그런데 '케데솨'는 엄청난 뜻을 지니고 있습니다. '거룩히 구별된 여자'라는 뜻입니다. 사람들은 이들의 몸을 통하여 신의 능력이 임한다고 믿었습니다. 당시 신들은 그 명칭이 무엇이든, 액운을 피하고 번영을 기원하는 대상입니다. 예를 들자면 파종 시기에는 왕 이하 모든 남자들이 신전을 찾아 케데소와 관계를 맺고 신으로부터 생산 능력을 얻어 파종하였습니다. 국가적으로 공인된 합법적 매매춘이었습니다.

승리에 도취된 이스라엘 백성들은 그들과 행음함으로 가장 경계해야 할 우상숭배의 자리에까지 이른 것입니다. 그들은 갖은 아양으로 자신들의 마음을 녹인 이방 여인들이 시키는 대로 바알에게 절을 하고 달았습니다. 그 용감하던 이스라엘 용사들이 단 하루 만에 바알에게 예속되어버렸습니다. 이 사건이 민수기에 기록된 최대의 실패요 스캔들입니다.

하나님께서 진노하셨습니다. 일찍이 보지 못한 가장 참담한 범죄였기 때문입니다. "백성의 수령들을 잡아 태양을 향하여 여호와 앞에 목매어 달라. 그리하면 여호와의 진노가 이스라엘에게서 떠나리라"(민 25:4).

무시무시한 하나님의 명령이 모세를 통하여 이스라엘 백성에게 내려졌습니다. 그런데도 불구하고, 더 엄청난 일이 벌어졌습니다. 시므온 지파의 한 족장 시므리가 이방 여인을 데리고 자기 숙소로 돌아온 것입니다.

사람이 죄에 빠지면 옆에서 아무리 말려도 듣지 않습니다. 하나님의 말씀도 귓등으로 듣습니다. 눈에 보이는 것이 없습니다. 멸망이 불 보듯 뻔한데도 그 발걸음을 멈추지 못합니다. 이것이 죄의 무서운 점입니다. 성경은 악을 누룩에 비유하고 있습니다. 이쯤이야 괜찮겠지 생각하고 내 안에 들어오기를 허용합니다. 그런데 그 하찮아 보이는 악이 전체를 순식간에 오염시켜버립니다. 마치 누룩이 반죽 전체를 몇 시간 안에 변질시키는 것과 같습니다.

사도 바울이 간곡히 권면합니다. "범사에 헤아려 좋은 것을 취하고 악은 어떤 모양이라도 버리라"(살전 5:21-22).

그 일을 보고, 아론의 증손자 비느하스가 거룩한 분노에 마음이 요동하였습니다. 그래서 창을 들고 시므리의 장막에 들어가서 두 남녀를 징벌하였습니다. 그러나 이 죄악으로 인하여 무려 이만 사천 명이 죽는 벌을 받았습니다.

이 사건은 이렇게 마무리됩니다. 하나님께서 말씀하십니다. "제사장 아론의 손자 엘르아살의 아들 비느하스가 내 질투심으로 질투하여 이스라엘 자손 중에서 내 노를 돌이켜서 내 질투심으로 그들을 소멸하지 않게 하였도다"(민 25:11).

여기서 주목해야 하는 것은 "하나님의 질투심으로 질투하여"라는 말씀입니다. 하나님의 질투심을 인간의 질투심과 동일하게 생각해서는 안 됩니다. 단순히 이스라엘이 하나님을 버리고 바알에게 간 것을 질투하신 것이 아닙니다. 깊은 사랑과 은혜를 보지 못하고 눈앞의 이익과 쾌락에 빠져드는 경박한 하나님의 자녀들에 대한 분노입니다. '거룩한 분노'입니다.

하나님의 백성이 엉뚱한 길을 갈 때 하나님은 분노하십니다. 하나님의 성전이 장사치들의 돈벌이 장소로 전락함을 보고 예수님께서 분노하셨습니다. 이것이 거룩한 분노입니다.

진정한 하나님의 사람은 하나님과 같은 시각으로 세상을 봅니다. 하나님께서 기뻐하실 때 함께 기뻐하고, 하나님께서 슬퍼하실 때 함께 슬퍼합니다. 하나님께서 침묵하실 때 조용히 기다리며, 하나님께서 분노하실 때 함께 분노합니다. 이런 사람을 '하나님과 마음이 합한 사람'이라고 부릅니다. 그런 사람이 되는 것이 신앙생활의 최종 목표입니다.

하나님께서는 그런 사람과 영원한 언약을 맺으십니다. "그러므로 말하라. 내가 그에게 내 평화의 언약을 주리니 그와 그의 후손에게 영원한 제사장 직분의 언약이라. 그가 그의 하나님을 위하여 질투하여 이스라엘 자손을 속죄하였음이니라"(민 25:12-13).

'평화의 언약'은 곧 샬롬의 언약입니다. 샬롬은 무엇 하나 부족할 것 없는 상태를 말합니다. 몸과 마음이 연약한 사람에게는 영육간의 강건함을, 가난한 사람에게는 물질의 풍요를, 지혜가 부족한 사람에게는 하나님의 능력과 지혜를 허락하십니다.

그런데 샬롬에서 빼놓을 수 없는 것이 바로 '기쁨'입니다. '기쁨'과 '쾌락'은 구별해야 합니다. 기쁨 안에는 쾌락이 포함됩니다. 그러나 쾌락이 주는 것은 기쁨만이 아닙니다. 허무와 허탈일 수도 있고, 나아가서는 파멸일 수도 있습니다.

한 아프리카 선교사로부터 들은 이야기입니다. 기쁨을 얻기 위해서 마약에 손을 댑니다. 그러다가 중독이 됩니다. 나중에는 마약이 없으면 아무 일도 하지 못하게 되고, 기쁨이 아니라 그저 평상심을 얻기 위해서 마약을 찾는다고 합니다. 그리고 종래에는 평상심의 시간도 점점 짧아져 마약의 노예로 전락한다는 것입니다.

사탄이 기독교에 대해서 가장 성공한 것은 무엇보다도 '기쁨'을 빼앗아간 것입니다. 에덴 동산을 생각해보십시오. 에덴이란 생명·기쁨·행복이라는 뜻입니다. 하나님께서 우리들에게 주시고자 한 것은 '기쁨'입니다. 영원한 기쁨.

기쁨은 소유에서 오는 것이 아니라 관계에서 옵니다. 영원한 기쁨은 나날이 깊어지는 관계에서 옵니다. 관계가 깊고 영원할수록 기쁨도 비례하여 커집니다. 성경은 창세기에서 시작된 하나님의 형상을 부여받아 창조된 인간과 아버지 하나님과의 관계에서, 요한계시록에서 그려진 예수 그리스도의 신부의 관계로 완성되는 관계를 그리고 있습니다.

신전에서 만난 여인은 아무리 아름다워도 아무런 인격적인 관계가 없습니다. 그저 육체가 주는 쾌락에 그것도 잠깐 잠깐 탐닉할 뿐입니다. 재물이나 권력은 아무리 찬란해 보여도 그것들과는 인격적인 관계를 맺을 수 없고, 나중에는 그저 불리고 지키려고 헛된 몸부림만 치다가 자신이 그것들의 가련한 노예라는 사실도 모른 채 죽습니다.

이런 것이 나쁘다는 것을 대부분의 사람들은 어렴풋이나마 알고 있습니다. 그래도 그 폐해를 좀 안다는 종교인들은 그래서 그 쾌락을 참고 견디고 잘라버리는 일에 집중합니다. 자신을 계율에 꽁꽁 묶어두려고 합니다.

바리새인들의 결정적 잘못이 바로 그것입니다. 영원한 기쁨의 종교 기독교를 율법으로 질식시켜 기쁨을 제거해버리는, 이미 하나님과의 관계에서 영원히 충만하게 마련해놓으신 기쁨을 그저 바라보게만 만들어놓은 것입니다.

이것이 기복 신앙의 깊고 깊은 함정입니다. 기독교가 기복 신앙에 빠져들 때, 설사 이방 종교에서의 행음은 없다고 하더라도 결코 거룩한 성숙과 참 기쁨을 기대할 수 없습니다. 하나님께서 원하시는 것은 그리스도인들의 만사형통이 아니라 거룩한 성숙, 그리스도의 장성한 분량에 이르는 성장입니다. 예수님을 닮아가는 성숙의 과정에서 세상에서 구할 수 없는 하늘의 기쁨을 발견하고 누리게 됩니다. 예수님은 하나님과의 관계에서 영원히 솟아나는 기쁨을 회복시키기 위해 오셨습니다.

어릴 때는 부모와 자식과의 관계가 전부이고 충분합니다. 그러다가 자라납니다. 보다 더 성숙하고 친밀한 관계에 대한 욕구가 생깁니다. 성장하면 이성에 눈을 뜨고 연애 관계에 들어갑니다.

반복하지만, 성경은 하나님 아버지와의 관계(부모와 자녀와의 관계)에서 시작하여 예수 그리스도와의 관계(신랑과 신부와의 관계)로 완성됩니다. 그 깊은 비밀을 안 사도 바울은 그리스도의 장성한 분량에 이르기까지 성장하는 것이 신앙생활의 목표라고 말했습니다.

사이렌의 유혹에 넘어가지 않으려고 돛대에 자신의 몸을 꽁꽁 묶은 오디세이도 나름 잘한 것입니다. 그러나 진정한 신앙생활은 최상의 음악으로 사이렌의 노래를 조용히 침묵시켰던 오르페우스처럼 하는 것입니다.

평화의 언약은 제사장의 언약입니다. 하나님은 우리를 세상의 제사장으로 부르셨습니다. 평화의 언약 당사자는 곧 우리 자신입니다. 그 언약을 맺을 자격이 있는지 스스로에게 물어야 합니다.

이미 주신 생명과 재능과 개성으로 나만이 연주할 수 있는 최상의 음악으로 하나님께 영광 돌립시다.

민수기 27:3-5 | **19**강

슬로브핫의 딸들

슬로브핫 딸들이 이런 주장을 할 수 있고, 이런 권리를 얻어 새로운 차원의 삶을 살 수 있었던 단 하나의 이유는 바로 '하나님' 때문입니다. 하나님께서는 모든 사람을 지으신 분입니다. 하나님의 눈에 그 어떤 사람들도 차별이 있을 수 없습니다. 하나님을 믿게 되면, 예수님을 만나게 되면 신분이 달라집니다. 인생 자체가 달라집니다. 전혀 새로운 지위를 얻게 됩니다.

민수기 19강

마리오라는 청년은 나폴리 근처 한 작은 섬에 살고 있는 어부입니다. 그런데 그는 몸도 약하고 언제나 감기에 걸려 코를 훌쩍입니다. 직업은 어부였으나 고기 잡는 기술이 형편없어, 언제나 아버지나 다른 사람으로부터 무능하다는 핀잔과 걱정을 들었습니다. 그렇다 보니, 아무도 그를 좋아하지 않았고, 그에게 시집을 가려는 처녀들도 없었습니다. 그런데 그 작은 섬에 일찍이 볼 수 없었던 큰일이 일어났습니다. 노벨 문학상 수상자인 시인 네루다 파블로가 그 섬에 오게 된 것입니다. 칠레에 살고 있던 그 위대한 시인은 정치적 박해를 피해 그곳에서 살게 되었습니다.

  가장 큰 변화는 무엇보다도 우편물의 양이었습니다. 전 세계에서 그 위대한 시인에게 보내는 엄청난 양의 편지가 그 섬으로 오게 되자, 유일한 우체국 직원이자 우체국장은 서둘러 임시 직원을 뽑았습니다. 그러나 가난한 마을인지라 대부분 문맹이었고, 글을 읽을 줄 아는 사람이라고는 고기 잡는 일이 서툴러 집에서 머무르며 글을 배운 마리오밖에 없었습니다. 그래서 그는 임시 우체국 직원이 되었습니다.

매일 마리오는 자전거를 타고 언덕 위에 있는 네루다 파블로의 집으로 편지들을 배달하였습니다. 그렇게 위대한 시인 네루다와 무능한 청년 마리오와의 만남은 시작되었는데, 그 만남은 마리오에게 커다란 변화를 가져왔습니다. 그 만남을 통하여, 마리오 안에 숨어 있던 아름다운 언어와 깨끗한 영혼과 따뜻한 마음들이 서서히 밖으로 드러나기 시작한 것입니다. 마리오는 무능한 어부가 아니라, 마리오 자신조차도 몰랐던 시인이었습니다. 마리오의 순수한 감성에서 나온 아름다운 시어는 마을에서 가장 예쁜 베아트리체 루소의 마음을 사로잡았고, 둘은 결혼까지 하게 됩니다.

이 이야기는, 1952년 노벨 문학상 수상자 네루다 파블로와 마리오와의 만남을 소재로 한 〈일 포스티노〉라는 이탈리아 영화의 스토리입니다.

"우리 만남은 우연이 아니야"로 시작하는 노래도 있습니다. 살아가면서 수많은 만남을 경험합니다. 그 만남 가운데는 영원히 만나지 말았어야 했을 것 같은 괴로운 만남도 많습니다. 불행한 일이 생기고, 도저히 회복될 수 없을 것 같은 심각한 타격을 입기도 합니다.

반면 어떤 만남은 새로운 안목과 기회와 소망을 가져다줍니다. 마리오가 네루다 파블로를 만나지 않았다면, 그는 무능한 어부로서 남의 핀잔과 걱정 가운데서 우울하고 비굴한 인생을 살다 갔을 것입니다.

누구를 만나느냐에 따라 삶의 질과 차원이 달라집니다. 그런데 그 어떤 만남보다 더 대단한 것이 있습니다. 바로 우리 주 예수 그리스도와의 만남입니다. 이 세상에서 가장 위대한 만남은 우리 주 예수 그리스도와의 만남입니다. 마리오가 네루다를 만난 것과도 비교할 수 없는, 가장 소중한 만남입니다.

오늘 이야기는 슬로브핫 딸들에 관한 것입니다. 슬로브핫 딸들은 요셉의 아들 므낫세 후손의 딸들입니다. 엄청난 징계를 받고 싯딤에서의 폭풍이 간신히 가라앉았습니다. 숨을 고른 이스라엘 백성들은 요단 강 동편에서 곧 젖과 꿀이 흐르는 가나안 땅으로 들어가기 위한 준비 작업으로 이스라엘 자손들을 계수하는 중입니다.

가나안에 들어가서 땅을 분배받기 위한 인구조사입니다. 이 중요한 시점에서 슬로브핫 딸들이 이의를 제기합니다.

"우리 아버지가 광야에서 죽었으나 여호와를 거슬러 모인 고라의 무리에 들지 아니하고 자기 죄로 죽었고 아들이 없나이다. 어찌하여 아들이 없다고 우리 아버지의 이름이 그의 종족 중에서 삭제되리이까. 우리 아버지의 형제 중에서 우리에게 기업을 주소서"(민 27:3-4).

이러한 주장이 얼마나 대단한 것인지 알아야 합니다. 몇 년 전인가요. 우리나라에서 한 문중의 딸들이 집단소송을 하였는데, 그 내용은 문중의 땅을 딸들에게도 상속해달라는 것이었습니다. 그런데 법원은 그 소송을 기각해버렸습니다.

21세기 현대에도 이런데, 3천 수백 년 전에 이런 주장을 한다는 것은 상상할 수조차 없는 일이었습니다. 당시는 여자와 어린이들은 인구 숫자에도 포함되지 않을 정도로, 재산 취급을 당할 뿐이었습니다. 아버지는 어린이들, 특히 딸들의 생사여탈권을 가지고 있었습니다.

그런 주장을 들은 모세는 어떤 결정을 내렸을까요? "모세가 그 사연을 여호와께 아뢰니라"(5절). 모세는 하나님께 여쭈어보았습니다. 이래서 모세는 위대한 지도자입니다. 모세도 다른 사람들과 마찬가지로 여자를 중요하게 생각하지 않았을 것입니다. 그러나 그는 자신의 생각이나 당시의 관습을 앞세우지 않고, 하나님의 의도와 처사가 무엇인지 여쭈어보았습니다.

우리 생각이 편견과 관습과 전통에 얼마나 뿌리 깊게 박혀 있는지 우리 자신은 잘 모릅니다. 그러나 세계의 역사를 보면 그 역사가 성경에 기록된 하나님의 생각이 실현되어온 이야기임을 알게 됩니다. 비록 반대와 저항이 수도 없었지만 인간의 존엄성에 대한 차별 없는 존중은 반드시 그 출처가 성경입니다.

정말 여호와 하나님의 사랑을 깨닫고 올바로 이해하고 그분의 뜻을 실현하는 데 그리스도인들이 앞장서야 합니다. 왜곡된 선민의식과 과도한 기복 신앙을 버리고, 만물을 새롭게 하시는 하나님께 지혜와 영감을 구해야 합니다. 그래야 전혀 새로운 차원의 삶을 살 수 있습니다.

하나님께서는 모세를 통하여 이렇게 말씀하십니다. "슬로브핫 딸들의 말이 옳으니 너는 반드시 그들의 아버지의 형제 중에서 그들에게 기업을 주어 받게 하되 그들의 아버지의 기업을 그들에게 돌릴지니라"(7절).

그리하여 그 이후로 여자들도 당당하게 땅을 분배받게 되었습니다. 딸들도 아들들과 동등한 지위를, 여자들도 남자들과 동등한 지위를 얻게 되었습니다. 그래서 여자들은 그 후로 전혀 새로운 차원의 삶을 살게 되었습니다.

슬로브핫 딸들이 이런 주장을 할 수 있고, 이런 권리를 얻어 새로운 차원의 삶을 살 수 있었던 단 하나의 이유는 바로 '하나님' 때문입니다. 하나님께서는 모든 사람을 지으신 분입니다. 하나님의 눈에 그 어떤 사람들도 차별이 있을 수 없습니다. 하나님을 믿게 되면, 예수님을 만나게 되면 신분이 달라집니다. 인생 자체가 달라집니다. 전혀 새로운 지위를 얻게 됩니다. "영접하는 자 곧 그 이름을 믿는 자들에게는 하나님의 자녀가 되는 권세를 주셨으니"(요 1:12). 예수님의 이름을 믿을 때, 우리는 하나님의 자녀가 되는 권세를 얻게 됩니다.

신약성경 중에서 가장 아름다운 이야기는 누가복음 8장 2절 이하에 기록되어 있습니다. 예수님께서 이 땅에서 복음을 선포하며, 하나님의 거룩한 사역을 행하실 때 도왔던 여자들의 명단이 기록되어 있습니다. "또한 악귀를 쫓아내심과 병 고침을 받은 어떤 여자들 곧 일곱 귀신이 나간 자 막달라인이라 하는 마리아와 헤롯의 청지기 구사의 아내 요안나와 수산나와 다른 여러 여자가 함께 하여 자기들의 소유로 그들을 섬기더라"(눅 8:2-3).

막달라 마리아는 일곱 귀신이 들려 있었으며 거리의 여자로서

슬로브핫의 딸들　275

천한 직업에 종사하고 있었습니다. 반면에 요안나는 헤롯 왕의 재산을 관리하는 귀족의 아내였습니다. 세상에서는 도저히 함께 거할 수 없는 여자들입니다. 그러나 그들은 함께 주님의 사역을 도왔고, 오히려 막달라 마리아가 더 높이 칭송을 받았습니다. 이것이 바로 예수님의 세계입니다. 하나님의 사랑에는 차별이 없습니다. 오히려 낮은 자에게 더욱 충만히 임합니다.

신약성경에서 가장 많이 언급된 여성의 이름은 예수님의 어머니 마리아의 이름입니다. 모두 열다섯 번이 언급되었습니다. 다음이 바로 막달라 마리아의 이름입니다. 모두 열두 번에 걸쳐 언급되는데, 다른 사람들과 이름이 함께 나올 때는 언제나 가장 먼저 거명됩니다. 그뿐이 아닙니다. 부활하신 예수님께서는 가장 먼저 막달라 마리아를 만나주셨습니다.

예수님을 만나십시오. 예수님을 만나면 시쳇말로 '아무리 사나운 팔자'라도 변화됩니다. 막달라 마리아와 같은 인생도 흔치 않은데, 그 지긋지긋한 삶이 예수님과의 만남으로 아름답게 변화되지 않았습니까.

비록 땅에서는 낮은 신분으로 태어나 물려받은 것이 하나 없으나, 지금까지 만난 사람들은 나에게 해만 끼치고 갔으나, 지금까지는 지지리도 못나 내세울 것 하나도 없었으나, 그러나 예수님만 만나면 모든 차별과 억울함과 뿌리 깊은 한이 말끔히 사라집니다.

하나님의 은혜는 여기서 끝나는 것이 아닙니다. 하나님께서는 하나님의 기업을 하나님의 사람들에게 맡기십니다. 가나안 땅을 분배한다는 것은 하나님의 기업을 분배한다는 예표가 됩니다. 슬로브핫 딸들은 노예 시절에는 그렇게 사는 것이 운명인 줄 알았습니다. 여자로서의 차별이 당연한 것이고, 죽어 사는 것이 순리인 줄 알았습니다. 그러나 하나님을 믿고 난 다음부터는 그게 아니라는 것을 알았습니다. 그래서 당당하게 자신의 몫을 주장하였습니다. 그리고 하나님으로부터 분배를 받았습니다.

수많은 여자들과 수많은 하나님의 백성들이 자신의 은사와 한마디를 사장시키고 있습니다. 무능한 어부 마리오에게 숨은 시인으로서의 한마디가 개발되지 않았다면, 그래서 바보처럼 한평생을 살았다면, 그것은 한 개인에게 불행일 뿐만 아니라 하나님께 대하여도 큰 죄임을 알아야 합니다. 그분은 한 한마디(은사)를 받아 땅속에 묻은 종을 "악하고 게으른 종"이라고 판결하셨습니다.

우리가 슬로브핫 딸들을 통하여 배워야 하는 것이 있습니다. 당당하게 하나님께 대하여 자신의 몫을 찾아야 한다는 점입니다. 이 지분은 그저 눈에 보이는 것이 아닙니다. 거룩한 지분은 하나님께서 맡기신 사명을 말합니다. "하나님, 제가 여기 있나이다. 나를 보내소서." 이사야 선지자의 담대한 외침이 모든 성도들의 외침이 되어야 합니다.

슬로브핫 딸들의 당당한 요구와 하나님의 차별 없는 허락은 성경의 역사에 면면히 흐르고 있습니다. 가장 두드러진 여성 지도자는 사사 시대의 드보라입니다. 드보라는 슬로브핫 딸의 기개를 활짝 꽃피운 이스라엘의 위대한 지도자입니다. 드보라는 이스라엘을 침공한 가나안 왕 야빈 군대를 물리치고 이렇게 노래합니다. "이스라엘에는 마을 사람들이 그쳤으니 나 드보라가 일어나 이스라엘의 어머니가 되기까지 그쳤도다"(삿 5:7).

이스라엘의 관원은 모두 남자였습니다. 야빈의 군대가 침공하자 모두 꼬리를 내리고 도망가버렸습니다. 마을 사람들이 그쳤습니다. 찾아볼 수가 없었다는 말입니다. 그래서 드보라가 분연히 일어났고, 적군을 물리치고 '이스라엘의 어머니'가 되었습니다. 요즈음 한국의 상황은 따로 말하고 싶지 않습니다. 한마디로, 남자 정치 지도자들이 모두 그치고 그쳤습니다. 이제 드보라가 일어나야 합니다.

드보라 시대에 또 다른 여인의 이름이 등장합니다. '야엘'이라는 여인입니다. 야엘은 당시 이스라엘을 침공한 하나님의 대적자 시스라를 죽인 용감한 여인입니다. 그런데 재미있는 것이 있습니다.

'드보라'는 '꿀벌'이라는 뜻이고, '야엘'은 '우유'라는 뜻입니다.

가나안 땅을 다른 말로 뭐라고 부릅니까? "젖과 꿀이 흐르는 땅"이라고 합니다. 젖은 야엘이고, 꿀은 드보라입니다. 진정한 젖과 꿀이 흐르는 땅은 야엘과 드보라에 의해서 이루어진다는 대단히 깊은 의미를 함축하고 있습니다.

수천 년 동안 세상을 지배했던 남성 리더십에서 소망을 볼 수 없었던 사람들이 여성 리더십에서 소망을 보고 있습니다. 독일, 호주, 핀란드, 아이슬랜드, 남미 여러 나라 등등에서 수많은 여성 리더들이 속속 등장하고 있습니다. 슬로브핫의 딸들이요, 21세기 드보라들입니다.

모든 자매 여러분, 자신의 일을 찾아 나서는 슬로브핫 딸들이 되십시오. 열심히 주님의 일에 동참하십시오. 구제하는 일에, 봉사하는 일에, 선교하는 일에, 기도하는 일에 적극 동참하십시오. 동참하되 기쁨으로 동참하십시오. 시기와 분쟁이 사라지고 평강과 기쁨이 가슴 가득 쌓일 것입니다.

교회는 전혀 새로운 삶을 살 수 있는 별천지, 새로운 하나님의 나라입니다 예수 그리스도를 만나 주님의 사랑으로 눈에 보이지 않는 주님을 사랑하게 되어 변화된 사람들이 함께 살아가는 세상, 주님의 장성한 분량까지 날로 새로워지는 공동체입니다. 여기에는 결코 어떤 차별이 있어서도 안 됩니다. 오히려 사회에서 차별받는 사람들이 대우받는 세계입니다. 이곳에서 하나님의 사랑을 듬뿍 받아 모든 병들이 치유되고, 건강한 자아를 회복하여 불쌍한 영혼들에게 그 사랑을 나누어주고, 영적으로 잠자는 영혼들, 특히 남자들을 깨우는 슬로브핫의 딸들이 되십시오.

사도 바울은 고린도전서에서 세 종류의 사람에 대해 언급하고 있습니다.

첫째는 '육에 속한 사람'(고전 2:14)입니다. 헬라어로 '프시키코스 안드로포스 psychikos anthropos'라고 하는데, 이들은 하나님의 영으로부터 아무런 빛과 진리를 받지 못한 사람들입니다. 그저 세상의 법칙에 따라 눈앞의 이익만을 추구하며 살아가는 사람들입니다. 구원이나 진리에 대해서는 관심조차 없습니다. 예수님께서 이 땅에 오셨습니다. 많은 사람들이 주님을 친히 뵈었습니다. 그러나 이들에겐 주님과의 만남이 전혀 아무런 감흥도 변화도 주지 못했습니다. 그저 제 살 길을 찾아 흩어졌습니다.

둘째는 '신령한 자'(고전 2:15), 곧 영에 속한 사람입니다. 헬라어로 '프뉴마티코스 안드로포스 pneumatitos anthropos'라고 하는데, 이들은 성령이 내주하는 모든 그리스도인들을 지칭합니다. 이들은 성령의 인도하심을 따라 살아갑니다. 모든 판단의 기준이 영적입니다. 하나님의 말씀이 그의 삶에 기초가 됩니다.

그런데 세 번째 사람, '육신에 속한 사람들'(고전 3:3)에 주목하셔야 합니다. '사르키코이 안드로포스sarkikoi anthropos'라고 하는데, 이 부류는 '육에 속한 사람psychikos anthropos'과는 구별됩니다.

헬라어 '프시케psyche'는 본능에 따라 움직이는 '육체'를 말하고, 헬라어 '사르크스sarx'는 영과 혼과 육의 결합체로서의 몸을 말합니다. 이러한 구별로 인하여, '사르키코이 안드로포스'라는 육신에 속한 사람은, 그리스도인이 되었으나 아직도 육적인 특징이 많이 남아 있는 사람들을 일컫습니다. 다시 말해 변화되지 않는 사람, 성장하지 않는 사람, 여전히 어린아이와 같은 성도들을 말합니다. 사도 바울은 고린도 교인들을 향하여, "너희는 아직도 육신에 속한 자로다. 너희 가운데 시기와 분쟁이 있으니 어찌 육신에 속하여 사람을 따라 행함이 아니리요"(고전 3:3)라고 책망하고 있습니다.

교인이 되었으나, 여전히 육신에 속한 '사르키코이 안드로포스'로 남아 있는 사람들이 있습니다. 이런 사람들은 여전히 여러 가지 문제에 시달리고 있습니다. 일이 제대로 풀리지 않습니다. 그 안에 시기와 분쟁이 요동치고 있기 때문입니다.

신령한 사람, '프누마티코스 안드로포스'가 되어야 합니다. 이런 사람들이 바로 거룩한 성숙을 이루는 사람들입니다. 신령한 사람 안에는 시기와 분쟁 대신 평안과 기쁨이 있습니다. 이들은 성령의 지배를 받으며 살아갑니다. 그러므로 신령한 사람들의 인생 항해는 거칠 것이 없습니다. 어떤 난관이 와도 능히 극복할 수 있습니다. 나아가 신령한 사람들은 남에게도 큰 유익을 끼치는 사람이 됩니다. 성경은 이런 사람을 가리켜 '복의 근원'이라고 부릅니다.

민수기 27:12-23 | **20**강

생명의 지도자

진정한 리더, 생명의 리더는 하나님의 은혜에 감사하며 진리를 위하여 자신의 모든 것을 던지는 사람들입니다. 하나님의 사랑 안에서 자신의 이득은 뒤로 하고, 하나님의 영광을 위하여 그리고 이웃을 위하여 살아가는 사람들입니다. 나의 나 된 것은 모두 하나님의 은혜로 알고 하나님께 감사합니다.

민수기 20강

미국의 격월간지 〈포린 폴리시*Foreign Policy*〉는 최근 인터넷 판에서 "사익을 위해 국익을 팽개친 최악의 지도자" 다섯 명을 선정하여 발표했는데, 아프리카 나이지리아 오바산조 대통령이 그중 한 명입니다.

아프리카 나이지리아는 우리에게 그저 먼 나라일 뿐입니다. 그리고 그동안 아프리카 여러 나라 지도자들 중 부패한 사람이 한둘이 아니라서 뭐가 대수인가 할 수 있습니다. 그런데 오바산조가 제 주목을 끈 것은 그의 남다른 과거 때문입니다.

오바산조는 레위기에 관한 책 《내게 다가온 하늘》에서 훌륭한 그리스도인 지도자로 소개한 적이 있는 인물입니다. 대통령으로서 영국 식민정책과 용감히 맞서 싸우며 나이지리아 최초의 인권 보장 헌법을 제정하였을 뿐만 아니라, 다음 선거에서 패배한 이후 낙향하여 닭과 돼지를 키우며 조용히 살았고, 군사 쿠데타로 정권을 잡은 아바차 장군에 의해서 종신형을 선고받고 감옥에 수감 중 성경에 몰두하며 네 권의 신앙서적을 집필하였습니다. 또한 독재자 아바차 장군이 급사한 이후 실시된 대통령 선거에서 다시 대통령으로 선출된 이후 기독교 정신으로 나라를 잘 이끈 훌륭한 지도자였습니다.

"나는 다윗을 사랑합니다. 다윗은 내게 기적의 소년이었습니다"라고 말하며 다윗과 같은 하나님의 마음에 합한 지도자를 꿈꾸던 그가, 사익을 위하여 국익을 팽개친 최악의 지도자 반열에 포함되었다는 사실은 실로 통탄할 일이 아닐 수 없습니다. 그는 다윗에서 사울 왕으로 전락한 가련한 인물입니다.

이렇게, 시작은 훌륭했으나 그 끝은 엉망인 지도자들이 너무나 많습니다. 모두 다 권력욕에 사로잡혀 하나님의 은혜를 망각했기 때문입니다.

어떤 지도자를 만나느냐 하는 것은 사람들의 운명을 결정할 정도로 매우 중요합니다. 가정의 지도자인 아버지가 어떤 사람이냐에서부터 시작하여, 나라의 지도자, 교회의 지도자로 어떤 사람을 만나느냐에 따라 사람들의 행과 불행이 결정될 정도로, 지도자의 영향력은 대단합니다.

우리는 성경에서 진정한 지도자 한 사람을 만나게 되는데, 바로 모세입니다. 하나님께서는 모세에게 이렇게 명령하십니다. "너는 이 아바림 산에 올라가서 내가 이스라엘 자손에게 준 땅을 바라보라"(민 27:12).

아바림 산은 비스가 산의 또 다른 이름입니다. 모세는 아바림 산에 올랐습니다. 그러자 하나님께서 이같이 말씀하십니다. "본 후에는 네 형 아론이 돌아간 것같이 너도 조상에게로 돌아가리니." 한마디로 이제 곧 죽을 것이라는 말입니다.

그러시면서 하나님은 모세의 가장 아픈 곳을 찌르십니다. 바로 하나님의 명령을 거역한 일, 므리바 사건입니다. 신 광야에서 백성들이 물이 없어 불평하자, 반석을 한 번 치라는 하나님의 명령을 거역하고 지팡이로 두 번 내리쳤던 것입니다.

그때 모세는 이렇게 말했습니다. "우리가 너희를 위하여 이 반석에서 물을 내랴"(민 20:10). 화가 나서 한 말이긴 하지만, 이 말 속에는 엄청난 교만이 숨겨져 있습니다. 광야에서 물을 공급한 사람은 모세가 아닙니다. 하나님께서 공급하셨습니다. 모세는 하나님의 도구에 불과합니다.

하지만 자신을 통해 많은 기적들이 일어나자 모세의 생각은 이랬을지도 모릅니다. "야, 이것 봐라. 내가 지팡이로 치니까 없던 물이 나오네." "야 이것 봐라. 내가 기도하니까 아픈 사람이 낫네!" 하나님의 능력이 자신을 통하여 나타나자, 스스로를 대단한 사람으로 생각하기 시작했을지도 모릅니다. 다름 아닌 이것이 하나님의 거룩함을 가리는 것입니다.

"이는 신 광야에서 회중이 분쟁할 때에 너희가 내 명령을 거역하고 그 물 가에서 내 거룩함을 그들의 목전에 나타내지 아니하였음이니라"(민 27:14). 그리고 이어서 하나님께서 말씀하십니다. "이 물은 신 광야 가데스의 므리바 물이니라." 므리바 물이란 무엇일까요?

모세가 하나님의 영광을 가렸을 때 모세는 두 가지 벌을 받았습니다.

첫째는 이스라엘 백성 전체가 므리바 물을 마신 것입니다. '므리바'란 뜻은 '말이나 주먹질로 싸우다'라는 뜻입니다. 하나님의 영광을 위하지 않고 사람들이 서로 영광을 취할 때, 하나님의 뜻에 순종하지 않고 서로 자신들의 주장을 할 때, 그 가정이나 교회는 '므리바 물'로 가득하게 됩니다. 겉모양은 똑같은 물이지만 그 안에는 싸움과 분열의 독이 담겨져 있습니다. 혹시 지도자로서 너가

생 명 의 지 도 자 287

내 가족들에게, 내 공동체원들에게 브리바의 물을 마시게 하고 있지 않습니까?

둘째는 모세 자신의 죽음입니다. 그는 젖과 꿀이 흐르는 가나안 땅을 그저 바라만 보았습니다. 그리고 하나님께로 돌아갔습니다. 그래서 지도자 역할을 잘해야 합니다. 자신과 공동체의 운명이 걸려 있기 때문입니다.

그런데 모세의 위대함은 하나님의 판결에 대하여 겸허히 고개를 숙였다는 점입니다. 그러고는 그가 진정으로 위대했음을 드러내는 말을 합니다. "여호와, 모든 육체의 생명의 하나님이시여 원하건대 한 사람을 이 회중 위에 세워서 그로 그들 앞에 출입하며 그들을 인도하여 출입하게 하사 여호와의 회중이 목자 없는 양과 같이 되지 않게 하옵소서"(16-17절).

죽음의 판결을 받고 있는 모세가 걱정하고 있는 것은 자기 자신이 아닙니다. 그는 자나 깨나 이스라엘 백성들을 걱정하고 있습니다. "저는 아무래도 좋습니다. 하나님의 처분에 순종하겠습니다. 하오나, 불쌍한 이스라엘 백성들을 굽어 살피소서." 진정한 영적 지도자는 오직 공동체를 위해서 살아갑니다. 맡기신 사명을 기쁨으로 감당하며, 오직 하나님께 영광을 돌립니다.

하나님께서 모세의 요청에 다음과 같이 말씀하십니다. "눈의 아들 여호수아는 그 안에 영이 머무는 자니"(18절). 여호수아를 새로운 이스라엘의 영도자로 세우시면서 하신 말씀입니다. "그 안에 영이 머무는 자." 영은 곧 성령을 말합니다. 여호수아도 모세와 같이 성령의 사람이라는 것입니다.

올바른 지도자가 되기 위해서는 올바른 리더십을 갖추어야 합니다. 그런데 진짜 같으나 가짜인 리더십이 있습니다.

첫째는 지위가 만들어주는 리더십입니다. 그 자리에 오르기간 하면 누구든지 지도자가 되리라 생각합니다. 그래서 "나한테 국회의원을 시켜봐. 남들만큼 할 수 있지"라고 말합니다. 그런데 우리 나라의 가장 큰 문제 중의 하나가, 자격 없는 사람이 그 자리에 앉아 권력을 휘두른다는 데 있습니다. 그러다가 무능함이 드러나고, 공격을 받으면 그에 대하여 방어하느라 정작 주어진 책임을 감당하지 못합니다. 그래서 사람을 갈아치우는 일로 하루해가 뜨고 질 정도입니다.

두 번째는 힘이나 돈이나 실력이 만들어주는 리더십입니다. 어떤 자리에 오르기 위하여, 그 자리를 유지하기 위하여 돈을 물 쓰듯이 씁니다. 아버지의 재산을 나눠 가지고 집을 나간 둘째아들이 돈을 펑펑 쓸 때 많은 사람들이 주변에 모여들었습니다. 그러나 돈이 다 떨어지자 사람들이 모두 떠나버렸습니다. 이런 사람은 진정한 지도자가 아닙니다. 이런 경우도 있습니다. 총을 든 사람이 사람들에게 명령을 한다고 합시다. 그러면 총이 무서워 할 수 없이 명령을 듣지만, 아무도 그를 지도자라고 생각하지는 않을 것입니다.

　세 번째는 전문성이 만들어주는 리더십입니다. 어떤 교회에서 음대 교수를 성가대 지휘자로 세웠습니다. 음악에 대하여 전문가이니까 누구보다도 잘하리라 믿었습니다. 그런데 그분은 음악적인 재능은 있었지만 독선적이고 너무나 권위적이어서 대원들에게 많은 상처를 주었고, 그러자 대원들은 너무 힘들어서 하나 둘 성가대를 그만두었습니다. 그러나 그 지휘자는 자신의 잘못을 전혀 보지 못했습니다. 성가대가 무너진 것은 자신의 뛰어난 음악성을 이해하지 못한 대원들의 잘못이라고 믿고 있습니다.

　그저 영광이 탐나고 명예가 탐나서 지도자가 되려는 것은 어리석은 일입니다. 셰익스피어는 이런 말을 했습니다. "명예는 물 위에 생기는 무늬같이 끊임없이 커지나, 언젠가는 흔적도 없이 사라지고 만다." 자리만을 탐하는 사람이 지도자가 될 때 본인도 불행해지며 다른 사람들은 더욱 불행해집니다. 참 지도자는 참 리더십을 갖추어야 합니다. 참 리더십은 자신을 살리고 그 공동체를 살립니다. 나아가 하나님께 영광을 돌립니다.

참 리더십. 하나님께서 우리를 향하여 요구하시는 리더십은 어떤 것일까요?

에마누엘 스베덴보리가 쓴 《천상 여행기 Heaven and Hell》라는 책이 있습니다. 스베덴보리는 1688년에 루터교 비숍의 아들로서 스웨덴에서 태어났습니다. 그는 천재였습니다. 그의 책들은 칸트, 괴테, 헬렌 켈러 등 수많은 사람들에게 영적 영향을 미쳤습니다. 여러 방면에서 탁월한 역량을 발휘한 그는 18세기에 이미 영혼과 몸의 연결 작동에 대한 비밀을 밝혀냈는데, 이것은 20세기에 와서야 확증되었습니다.

그는 1743년부터 1745년까지 중요한 전환기를 맞게 되는데, 이 기간 동안 그는 예수 그리스도를 직접 뵙게 되었고 자신의 천재성을 그리스도의 뜻을 사람들에게 알리는 데 쓰라는 소명을 받았습니다. 영의 눈이 열린 것입니다.

《천상 여행기》라는 제목을 보면 스베덴보리가 신비가인 것처럼 보이지만, 사실은 그렇지 않습니다. 직접 천국과 지옥에 가보았는지는 논외로 하고, 그의 책은 성경의 가르침에서 벗어나지 않았고, 기독교의 본질을 잘 드러내고 있습니다. 이 책에 따르면, 천국에도 부자들, 높은 지위를 누리던 사람들이 많았다는 것입니다. 반면 지옥에는 가난한 사람들도 많았다는 것입니다.

중요한 것은, 각자가 가지고 있는 부와 지위와 명예 등을 어떻게 사용하였는지가 천국과 지옥을 결정했다는 사실입니다. 그가 한 말들을 인용해보겠습니다.

"술책이나 사기가 아니라면 기회가 닿는 대로 부를 쌓아도 되며, 탐닉하지 않는다면 오락을 즐기고 세상사를 이야기해도 된다. 가장 중요한 것은 그의 사랑과 신앙이 어떤 것인가 하는 것이다. 진실로 하나님을 가장 사랑하며, 이웃에게 신실하고 공정하다면 그는 이미 천국을 사는 것이다."

"가난한 사람들 중에는 자기 형편에 불만족하고 많은 것을 가지려고 애쓰며 재물이 축복이라고 믿는 사람들이 많다. 그들은 재물을 얻지 못하면 화를 내며 하나님의 섭리에 대해 좋지 않은 생각을 품는다. 그들은 좋은 것을 가진 사람들을 질투하며 기회만 오면 누구든 속일 태세이며 불결한 쾌락에 몰두한다."

"천국에서는 가장 낮은 사람이 가장 위대하다. 자기 자신으로부터가 아니라 오직 주님으로부터만 능력과 지혜를 얻고, 또 그러기 원하는 사람을 가장 낮은 사람이라고 하기 때문에, 가장 낮은 사람이 가장 행복한 사람이다. 그리고 가장 행복한 사람이 가장 위대한 사람이다. 천국은 위대해지려는 목적으로 자신을 낮추는 데 있지 않다. 그것은 결국 위대해지려는 의도와 욕망 때문이다. 천국은 진심으로 이웃을 위하여 자신이 가진 것을 사용하는 사람들이 가는 곳이다. 또 보상을 목적으로 하지 않고 오직 사랑으로 다른 사람들의 행복을 위해 그들을 섬기는 데 있다."

한마디로 말하자면, 모든 것이 하나님으로부터 왔음을 알고, 첫째로는 하나님의 영광을 위하여, 둘째로는 이웃을 내 몸과 같이 사랑하는 사람들에게 천국이 주어진다는 것입니다. 그리고 이런 사람들은 죽어서 천국에 이르기 전에 이미 이 땅에서 천국의 삶을 사는 것입니다.

예수님께서 친히 말씀하셨습니다. "또 여기 있다 저기 있다고도 못하리니 하나님의 나라는 너희 안에 있느니라"(눅 17:21).

모세는 비록 젖과 꿀이 흐르는 가나안 땅에 들어가지는 못했으나, 하나님의 말씀에 절대 순종하며 겸허히 받아들임으로 멀리 아스라이 펼쳐진 가나안 땅을 바라보며 이스라엘 백성들이 즐겁게 살아갈 날을 기뻐하였습니다. 그리고 땅에서 겪었던 수많은 이스라엘 백성들의 반역과 불평, 원망에서 벗어나 지고지순의 복락의 땅으로 들어갔습니다.

이 땅의 모든 사람을 네 종류로 분류할 수 있습니다.

'본능의 사람.' 그저 본능에 따라 움직이는 사람입니다. 이들 중에는 의지가 남달라서 자신의 욕구를 이루어 리더의 지위를 차지한 사람들도 있습니다.

'율법의 사람.' 법, 제도 안에 갇혀 사는 사람들입니다. 가장 강력한 법은 종교의 법, 율법입니다. 율법은 하나님의 법이므로, 이것을 지키는 한 자신이 가장 옳다고 생각합니다. 불신 지옥, 예수 천국이라는 이분법도 여기에서 나온 것입니다. 그런데 한편으로는 언제나 전전긍긍합니다. 율법을 거스르면 하나님으로부터 벌을 받을 것이라는 두려움에서 벗어날 수 없습니다.

'자율의 사람.' 인간의 존엄성을 지키며 자율적으로 자신의 삶에 책임을 다하는 사람입니다. 부정과 불의가 판을 치는 사회가 그래도 유지되는 이유는 자율의 사람들 덕분이라 할 수 있습니다. 그런데 이들의 최대 약점은 절대자 하나님을 모른다는 것입니다.

마지막으로 '은혜와 진리의 사람'입니다. 하나님의 사랑 안에서 자신의 이득은 뒤로 하고, 하나님의 영광을 위하여 그리고 이웃을 위하여 살아가는 사람들입니다. 나의 나 된 것은 모두 하나님의 은혜로 알고 하나님께 감사합니다. 그래서 겸손합니다. 하나님 안에 용서가 있음을 압니다. 그래서 정죄로부터 자유롭습니다. 너그럽습니다. 하나님의 말씀이 진리임을 압니다. 그러므로 언제나 올바른 방향으로 갑니다. 두려움이 없습니다.

진정한 리더, 생명의 리더는 하나님의 은혜에 감사하며 진리를 위하여 자신의 모든 것을 던지는 사람들입니다.

광야로 나아가라

6

사람은 작고 연약한 존재이지만, 그 마음은 세상을 다 담고도 빈자리가 여전히 남아 있도록 만들어졌습니다. 사람들이 알든 모르든 사람은 온 우주를 만드신 하나님을 닮았기 때문입니다. 하나님께서는 인간에게 천하만물을 다스릴 것을 명령하셨고, 천하만물을 다스리도록 그런 마음을 주셨습니다. 그런데 사람들은 타락하여 하나님께서 주신 사명을 알지 못합니다. 그저 세상보다 더 넓은 이런 마음만을 가지고, 그 마음을 주체하지 못해 허덕거릴 뿐입니다.

The Story of
Heaven

21강 | 민수기 28:11-15

월삭의 제사

월삭의 제사는 하나님께 드리는 월례회의라 할 수 있습니다. 매월 첫 날, 하나님과 더불어 지난 달을 결산하며 무엇이 잘못되었는가, 내 인생의 화살은 과녁을 향하여 제대로 날아가고 있는가를 점검하는 것입니다. 이것이 월삭의 제사를 제정하신 가장 중요한 목적입니다.

민수기 21강

느보 산에 올라 아스라이 펼쳐진 가나안 땅을 바라본 모세는 하나님의 부름을 받아 하나님 곁으로 갔습니다. 모세는 얼마나 행복했을까요? 이것으로 40년 동안의 광야 시대가 막을 내리고 여호수아가 이끄는 가나안 정복 시대가 시작됩니다.

민수기는 광야 생활 40년 동안 생긴 일들을 다룬 책입니다. 민수기 27장에서 민수기의 역사적 내용은 끝난 것입니다. 그런데 앞으로도 아홉 장(28장-36장)이나 더 남아 있습니다. 하나님께서 하실 말씀이 더 남았다는 것입니다. 사실 21세기를 사는 우리들에게는 역사적인 사실보다 나머지 아홉 장의 내용이 더 중요할 수도 있습니다.

월삭의 제사

자, 이 사실은 무엇을 의미하는 것일까요?

민수기에는 이스라엘의 일곱 번의 실패가 기록되어 있습니다. 40년 동안 어찌 일곱 번만 실패하였겠습니까? 이스라엘은 수도 없는 실패를 겪었습니다. 그런데 대표적인 실패만을 중점적으로 다룬 것입니다.

수없는 실패의 과정을 통하여 이스라엘은 하나님에 대한 믿음이 드디어 생기기 시작하였습니다. 두 가지 중요한 변화가 일어났습니다.

첫 번째 변화. "이스라엘이 여호와께 서원하여 이르되"(민 21:2)입니다. 그동안은 모세가 하나님과 독대하여 간청하며 매달렸습니다. 그런데 이제는 이스라엘이 서원하며 사건을 이제 하나님과의 관계에서 풀어나가기 시작했다는 것입니다.

두 번째 변화. "쳐다본즉 모두 살더라"(9절)입니다. 비로소 하나님의 말씀이 무엇이건 간에 믿기 시작했다는 것입니다. 그러자 실패가 극복되고 승승장구 일이 풀리기 시작했습니다.

젖과 꿀이 흐르는 가나안 땅 입성은 이제 시간 문제일 뿐입니다. 가나안만 들어가면 모든 것이 이루어집니다. 인간의 생각은 보통 여기서 끝납니다.

하지만 하나님의 생각은 다릅니다. 진짜 시작은 이때부터라고 생각하십니다.

민수기 23장에서 36장까지의 내용은, 실패하지 않고 제대로 사는 길을 제시하는 '민수기의 정수'라 할 수 있습니다. 그동안은 이스라엘의 실패와 그에 따르는 하나님의 처분을 통하여 하나님을 부분적으로 경험했다면 이제는 하나님을 총체적으로 경험하는 길을 제시하고 있습니다.

하나님을 총체적으로 경험하는 길은 무엇일까요?

28장에 기록된 내용을 크게 나누어봅니다. 먼저 매일 드리는 제사에 관한 규정을 가르치십니다. "또 그들에게 이르라. 너희가 여호와께 드릴 화제는 이러하니 일 년 되고 흠 없는 숫양을 매일 두 마리씩 상번제로 드리되 어린 양 한 마리는 아침에 드리고 어린 양 한 마리는 해 질 때에 드릴 것이요"(민 28:3-4).

우선 상번제부터 잘 알아야 합니다. 번제는 히브리어로 '올라 *olah*'입니다. 제물을 태운 연기가 하나님께 올라가는 것을 의미합니다. 또한 번제는 완전히 태우는 제사입니다. 나를 완전히 태워 하나님께 드린다는 뜻입니다. 번제야말로 다른 종교와 근본적으로 다른 제사입니다. 다른 종교의 제사는 "이 제물을 받으시고 오늘 하루 행운만 있게 하소서"라는 뜻의 제사입니다. 그러나 이스라엘의 번제는 다릅니다. 아침에 양을 태웁니다. "양이 죽듯이 나를 온전히 태워 하나님께 바치는 마음으로 오늘 하루를 살겠습니다"라는 결단이 담겨져 있습니다. 저녁에 양을 태웁니다. 잠은 죽음을 의미합니다. "양이 죽듯이 나를 온전히 하나님께 맡깁니다"라는 완전한 의탁이 담겨져 있습니다.

28장 9-10절에는 안식일에 드리는 제사법이 기록되어 있는데, 안식일에는 매일 드리는 제사 외에 양 두 마리를 더 번제로 드립니다. 안식일은 매일 매일 드리는 결단과 의탁을 강화하는 날입니다.

그리고 28장 11-15절까지는 매월 초하루에 드리는 제사법이 기록되어 있는데, 소위 '월삭의 제사'에 관한 것입니다. 매월 초하루가 되면 "수송아지 두 마리와 숫양 한 마리와 일 년 되고 흠 없는 숫양 일곱 마리로 여호와께 번제를 드"려야(11절) 합니다. 특히 주목해야 할 것은 15절 말씀입니다. "또 상번제와 그 전제 외에 숫염소 한 마리를 속죄제로 여호와께 드릴 것이니라." 속죄제가 추가되었습니다. 번제는 헌신을 다짐하는 것이고, 속죄제는 죄 사함을 위한 제사입니다.

왜 이런 복잡한 제사 규정을 마련해놓으셨을까요? 그 자세한 제사법은 잊으셔도 무방합니다. 다만 그 담긴 뜻은 오늘도 변함이 없습니다.

1983년 어처구니없는 사건이 일어났습니다. 소련 전투기가 대한항공기에 미사일을 발사한 것입니다. 보잉 747 대한항공 여객기가 알라스카 앵커리지 공항을 이륙하여 한국으로 오는 도중에, 오오츠크 바다 상공에서 소련 전투기에 의해 피격되어 승객 269명 전원이 사망했습니다. 왜 이런 불행한 일이 생겼을까요? 대한 항공기가 궤도를 이탈하여 소련 영공으로 깊숙이 들어갔기 때문입니다.

그런데 그렇게 된 결정적인 이유는 항법 장치의 고장과 조종사의 실수였습니다. 보잉 747 점보 여객기에는 항법 장치가 두 개 있는데, 하나가 고장을 일으켰고, 그때 비행기의 궤도를 확인하고 수정하는 부조종사가 좌표를 잘못 입력하고 착각하는 바람에 궤도를 이탈하였던 것입니다.

직선으로 날아가는 비행기는 그 각도가 1도만 틀려도, 1킬로미터를 가서는 21미터, 100킬로미터를 가서는 1킬로미터 이상의 오차가 발생하게 됩니다. 시속 800킬로미터로 날아가는 비행기가 1시간만 날아가도 9킬로미터의 오차가 발생합니다. 그러므로 비행기나 로켓은 운행하면서 끊임없이 궤도를 확인하고 수정해야 합니다. 그래야 목적지까지 제대로 갈 수 있습니다.

우리의 인생 항로도 마찬가지입니다. 목적지를 제대로 알고 궤도를 확인 및 수정해야 합니다. 그런데 문제는 많은 사람들이 어디로 가야 할지 모른다는 데 있습니다. 기껏해야 좋은 대학, 좋은 직장, 행복하고 안락한 생활 등 눈에 보이는 목표를 향해 갈 뿐입니다.

사도 바울은 이렇게 말합니다. "우리가 소망으로 구원을 얻었으매 보이는 소망이 소망이 아니니 보는 것을 누가 바라리요. 만일 우리가 보지 못하는 것을 바라면 참음으로 기다릴지니라"(롬 8:24-25). 진정한 목표, 참 목표는 눈에 보이는 것이 아니라 눈에 보이지 않는 것이며, 이것을 참고 기다릴 때 구원에 이른다는 말입니다.

하나님께서 가장 많은 관심을 기울이시는 것은 '죄'의 문제입니다. 예수님께서 이 땅에 오신 이유도, 이 죄 문제를 해결하시기 위해서입니다. 죄를 헬라어로 '하마르티아hamartia'라고 하는데, 그 뜻은 '과녁에서 빗나가다'라는 뜻입니다.

성도들의 과녁은 무엇입니까? 바로 '하나님께서 원하시는 것'입니다. 우리가 말씀을 읽고, 설교를 듣고, 성경을 공부하는 이유도 바로 과녁을 확인하는 작업입니다. 열심히 화살을 쏘는 것도 중요하지만, 더욱 중요한 것은 과녁입니다. 아무리 멀리 정확히 날아가는 화살이라도, 과녁을 향하여 쏘지 않으면 아무 소용이 없습니다. 과녁에 적중시키기 위해서 반드시 해야 할 일은 궤도 수정입니다. 과녁을 향하여 잘 날아가고 있는가, 무엇이 잘못되었는가를 말씀에 비추어 확인하고 수정하는 것이 필수적입니다.

월삭이라 함은 매월 첫날을 의미합니다. 하나님께서는 매월 첫날에 월삭의 제사를 드릴 것을 명령하셨습니다. 월삭의 복잡한 제사법은 기억하지 않으셔도 됩니다. 하지만 그 의미를 잊으셔서는 안 됩니다. 한마디로 말해서, 월삭의 제사는 하나님께 드리는 월례회의라 할 수 있습니다. 매월 첫날, 하나님과 더불어 지난달을 결산하며 무엇이 잘못되었는가, 내 인생의 화살은 과녁을 향하여 제대로 날아가고 있는가를 점검하는 것입니다. 이것이 월삭의 제사를 제정하신 가장 중요한 목적입니다.

월삭의 제사를 명령하신 때가 언제냐 하면 가나안 땅에 들어가기 직전입니다. 그러니까 주전 1200년경쯤 될 때입니다. 자, 그러면 과연 가나안 땅에 정착한 이스라엘 백성은 그 과녁을 향하여 화살을 잘 쏘았을까요?

그에 대한 하나님의 평가가 기록된 구절이 있습니다. "여호와께서 말씀하시되 너희의 무수한 제물이 내게 무엇이 유익하뇨. 나는 숫양의 번제와 살진 짐승의 기름에 배불렀고 나는 수송아지나 어린 양이나 숫염소의 피를 기뻐하지 아니하노라. 너희가 내 앞에 보이러 오니 이것을 누가 너희에게 요구하였느냐. 내 마당만 밟을 뿐이니라. 헛된 제물을 다시 가져오지 말라. 분향은 내가 가증히 여기는 바요 월삭과 안식일과 대회로 모이는 것도 그러하니 성회와 아울러 악을 행하는 것을 내가 견디지 못하겠노라. 내 마음이 너희의 월삭과 정한 절기를 싫어하나니 그것이 내게 무거운 짐이라. 내가 지기에 곤비하였느니라"(사 1:11-14).

　하나님의 평가가 어떻습니까? "기뻐하지 아니하노라", "견디지 못하겠노라", "싫어하나니", "곤비하였느니라"입니다. 어디에도 긍정적인 평가는 없습니다. 한결같이 부정적인 평가입니다. 하나님께서 안식일과 월삭과 여러 절기의 제사를 제정하실 때에는 "내 헌물, 내 음식인 화제물, 내 향기로운 것"(민 28:2)이라고 하셨습니다. 그런데 이제는 너무나 역겨워서 외면하고 계십니다.

　이사야 선지자는 기원전 680년경에 활동하였습니다. 그러니까 500년이 지나면서 이스라엘의 화살은 전혀 엉뚱한 방향으로 날아갔다는 것을 알 수 있습니다. 왜 이런 엄청난 오차가 생긴 걸까요?

　하나님께서 이렇게 외치십니다. "너희 소돔의 관원들아 여호와의 말씀을 들을지어다. 너희 고모라의 백성아 우리 하나님의 법에 귀를 기울일지어다"(사 1:10).

　하나님께서는 이스라엘 관원들을 소돔의 관원들이라 부르시고, 이스라엘 백성들을 고모라의 백성이라 부르고 계십니다. 하나님께서 대단히 화가 나셨기 때문입니다. 그래서 하나님의 저주를 받은 소돔과 고모라라고 부르셨습니다.

하나님께서 화가 나신 이유가 무엇입니까? 단 한 가지입니다. 이스라엘이 하나님의 말씀을 듣지 않고, 하나님의 법에 귀를 기울이지 않았기 때문입니다.

월삭의 제사의 첫 번째 특징은, 매월 첫날 하나님의 말씀을 읽고 묵상하며, 거룩한 훈계를 듣는 것입니다. 이스라엘 제사장들과 백성들은 율법에서 정한 제사는 열심히 드렸습니다. 그 복잡한 규정에 따라 제사는 열심히 드렸으나, 한 가지 하지 않은 것이 있습니다. 바로 하나님의 말씀이나 하나님의 법에는 귀를 기울이지 않은 것입니다. 요즈음 말로 하면, 예배에는 열심히 참여하는데, 설교 시간에는 딴 생각을 하거나 잠만 잤다는 말입니다.

그런 이스라엘 백성이나 성도들을 향하여 하나님께서 하시는 말씀이 있습니다. "너희가 내 앞에 보이러 오니 이것을 누가 너희에게 요구하였느냐. 내 마당만 밟을 뿐이니라." 또 하나 더 있습니다. "헛된 제물을 다시 가져오지 말라. 분향은 내가 가증히 여기는 바요 월삭과 안식일과 대회로 모이는 것도 그러하니 성회와 아울러 악을 행하는 것을 내가 견디지 못하겠노라."

이스라엘이 예배를 위하여 드리는 정성과 시간과 노력이 얼마나 엄청납니까? 월삭의 제사를 드리기 위하여 죽이는 짐승만 하더라도, 수송아지가 두 마리, 숫양이 한 마리, 어린 양이 일곱 마리, 숫염소가 한 마리입니다. 그런데 하나님의 말씀이 죽어 있다면, 그 모든 것이 "헛된 제물이 되며, 그저 교회 마당만 밟을 뿐"입니다. 하나님의 말씀을 듣지 않고, 그 제사에 담긴 하나님의 뜻을 유념하지 않는다면, 아무리 열심히 제사를 드린다 해도 아무런 소용이 없습니다.

본질에서 벗어난 매월 초에 드리는 이 제사는 그 이후에 어떻게 되었을까요?

사도 바울은 이렇게 말합니다. "그러므로 먹고 마시는 것과 절기나 초하루나 안식일을 이유로 누구든지 너희를 비판하지 못하게 하라"(골 2:16). 초대 교인들이 무슨 일로 어떤 비판을 받았길래 이런 말을 하는 것일까요?

그 구체적인 내용이 로마서 14장에 기록되어 있습니다. "믿음이 연약한 자를 너희가 받되 그의 의견을 비판하지 말라. 어떤 사람은 모든 것을 먹을 만한 믿음이 있고 믿음이 연약한 자는 채소만 먹느니라"(1-2절).

초대교회에서는 예배를 드리기 위해 모일 때마다 먹었습니다. 그런데 먹는 것이 문제가 되었습니다. 어떤 사람들은 채소만 먹었습니다. 그 이유는 당시 고기란 우상에게 바쳐진 제물이었기 때문입니다. 그래서 믿음에 거리낌이 되어 먹지 않았습니다. 그런데 어떤 사람들은 전혀 개의치 않고 먹었습니다. 두 그룹 사이에 갈등이 생기고 비판이 일어났습니다. 로마 교회는 좋은 교회였음에도 불구하고 이런 문제로 시끄러웠습니다. 그래서 사도 바울이 이에 대하여 길게 설명한 것입니다. 이와 동일한 문제가 오늘날에도 끊임없이 일어나고 있습니다. 대표적인 것이 술·담배 문제입니다.

자, 질문 들어갑니다. 우상에게 바쳐진 고기를 먹는 사람이 믿음이 좋은 것일까요, 아니면 안 먹는 사람이 믿음이 좋은 것일까요? 여기서 주목해야 할 것은, 바울은 고기를 먹지 않은 사람들을 믿음이 좋은 사람이라고 하지 않고 "믿음이 연약한 사람"이라고 하였다는 것입니다. 거리끼지 않는 사람이 믿음이 좋은 사람이라고 하였습니다.

여기서 더 나가면 또다시 논쟁이 벌어집니다.

사도 바울의 결론은 이렇습니다. 14장 3절 말씀입니다. "먹는 자는 먹지 않는 자를 업신여기지 말고 먹지 않는 자는 먹는 자를 비판하지 말라. 이는 하나님이 그를 받으셨음이라."

무슨 말씀입니까? 본질을 보라는 것입니다.

기독교는 '말씀의 종교'입니다. 의례나 제사를 중시하는 '제의의 종교'가 아니라, '말씀의 종교'입니다. '제의의 종교'는 곧 '눈의 종교'이며, '말씀의 종교'는 '귀의 종교'입니다. 이것이 다른 종교와 구별되는 기독교의 가장 큰 특징입니다. 그런데 사람들은 하나님의 말씀이든 사람의 말이든 말을 듣기 싫어합니다. 듣는다는 것은 생각하는 번거로운 절차가 요구되기도 하고, 한편으로는 자신의 말을 하기를 좋아하기 때문입니다. 하나님의 생각보다는 자신의 생각을 우선시합니다. 또한 "백문이 불여일견"이라 하여, 듣는 것보다 보는 것을 중시합니다.

타락은 다른 게 아니라, '말씀의 종교'를 '제의적인 종교'로 만드는 것이며 '귀의 종교'를 '눈의 종교'로 만드는 것입니다. 듣기 좋은 축복의 말씀만 골라서 무슨 주문처럼 만듭니다. 이것은 그저 현세적인 눈에 보이는 축복만을 선호하는 것이며, 살아 계신 하나님의 말씀을 그저 한 면으로만 제한하는 것입니다.

하나님의 종교를 제의적인 종교로 전락시킨 것은 유대교이며, 더 큰 과오는 가톨릭이 보여주었습니다. 유대교에서는 제사가, 가톨릭교에서는 미사가 주종을 이루고 있습니다. 유대교에서는 하나님의 말씀을 전하는 선지자가 언제나 배척을 당하고, 때로는 순교를 당해야 했습니다. 가톨릭이 성행하는 국가에는 미신이 함께 성행한다는 것은 우연한 일이 아닙니다. 살아 계신 하나님의 말씀을 침묵시키고, 눈에 보이는 성상들과 제의들로 가득 채웠기 때문입니다.

개신교만이 최고라는 폐쇄적이고 국수주의적 생각에서 그렇게 말씀드리는 것이 아닙니다. 한국 개신교도 얼마든지 유대교와 가톨릭의 전철을 밟을 수 있으며, 그런 성향이 이미 나타났음을 주지하셔야 합니다.

기독교의 영원한 명제는 "말씀으로 돌아가라"입니다. 마음에 깊이 새기셔야 합니다. 하나님의 말씀에 귀를 기울이지 않을 때, 아무리 정성스러운 제사와 미사를 드린다고 하여도 소돔의 관원이 되며, 고모라의 백성이 됩니다.

요즈음 하나님의 경고나 징계의 말씀은 외면하고, 복을 빌어주는 특정 축복의 말씀만을 중시하는 경향은 대단히 위험한 것입니다. 인간은 본질상 진노의 자녀이므로, 성경에는 하나님의 경고의 말씀이 훨씬 더 많은 비중을 차지하고 있습니다. 그러므로 이를 외면한다면, 성경의 많은 부분이 침묵할 수밖에 없고, 그래서 본의 아니게 교인들로 하여금 마당만 밟게 만들어버립니다. 하나님의 말씀은 가슴에 깊은 찔림을 받는다고 하여도 경청하여야 합니다.

월삭의 제사 때에는 특별히 은 나팔을 불고 이스라엘을 위해 특별 기도를 하는 시간이 있었습니다. 이것이 월삭의 제사의 두 번째 특징입니다.

이사야서 1장 13절에서 주목해야 할 말씀은 "분향은 내가 가증히 여기는 바요"입니다. 분향이 무엇일까요? 이미 성막에서 배웠습니다. 분향단에서 향을 사르는 것은 곧 기도라 하였습니다. 그러니까 분향을 가증히 여긴다는 뜻은 기도를 가증스럽게 생각한다는 말입니다. 하나님께서는 어떤 기도를 가증히 여기십니까? 하나님의 말씀과 하나님의 법에 귀를 기울이지 않고 드리는 기도, 말씀을 떠난 기도가 바로 하나님께서 가증히 여기시는 분향입니다.

요한복음 15장 7절 말씀입니다. "너희가 내 안에 거하고 내 말이 너희 안에 거하면 무엇이든지 원하는 대로 구하라. 그리하면 이루리라." 살아 있는 기도가 어떤 기도입니까? 예수 안에 거하며 하는 기도, 예수님의 말씀 안에 거하며 하는 기도입니다. 예수님의 말씀이 내 안에 거할 때 드리는 기도를 무엇이든지 이루어주신다는 것입니다.

요한복음 15장은 주님의 고별 설교입니다. 마지막 유언입니다. 그만큼 중요합니다. 이스라엘 백성들은 죽은 기도를 하였고 가증스런 분향을 하였으나, 사랑하는 제자들과 우리들은 말씀 안에서 기도하기를 원하십니다. 그런 기도를 해야 합니다. 예수님께서는 하나님의 뜻이 우리 안에서 이루어지기를 간절히 원하십니다.

마지막으로 하나님께서 지적하시는 것은 "성회와 아울러 악을 행하는 것을 내가 견디지 못하겠노라"는 말씀에서 찾을 수 있습니다. 성회란 이스라엘 백성이 성전에 모이는 것을 말합니다. 월삭의 제사를 드리러 모였는데 여전히 죄 가운데 있으며, 그것을 하나님께서 견디지 못하신다는 뜻입니다.

월삭의 제사에서 가장 두드러진 특징은 바로 속죄제입니다. "또 상번제와 그 전제 외에 숫염소 한 마리를 속죄제로 여호와께 드릴 것이니라"(민 28:15)

매일 아침저녁으로 드리는 상번제 제사 외에 하나 더 추가하라는 말씀입니다. 안식일 제사에서도 속죄 제사는 드리지 않았습니다. 그런데 이 월삭의 제사에서는 속죄제를 드려야 합니다. 속죄 제사는 지나간 죄를 용서받는 제사입니다. 지난 달 내가 잘못한 허물과 죄를 사함 받고 새 마음으로 출발하라는 것입니다. 매월 초에 드리는 속죄제는 바로 궤도를 수정하는 작업입니다.

만약에 우리가 돈으로 구원을 받는다면 예수님은 아주 유능한 은행가이거나 재테크 전문가로 오셨을 것입니다. 또한 모든 사람들을 부자로 만들어 주셨을 것입니다. 만약에 건강한 몸으로 구원을 받는다면 예수님은 아주 유능한 의사나 운동 코치로 오셨을 것이고, 모든 사람들을 태어날 때부터 건강하게 만드셨을 것입니다. 그런데 구원은 돈이나 명예나 건강으로 받는 것이 아닙니다. 만약 그런 세상이라면 하나님께서 이미 세상의 문을 닫으셨을 것입니다. 여전히 세상이 존재하는 이유는 다른 방법으로 구원이 오기 때문입니다. 그리고 그 방법은, 머리가 좋은 사람이거나 바보 같은 사람이거나, 부자이거나 가난한 사람이거나, 누구나 얻을 수 있는 방법입니다. 그래야 공평하신 하나님께서 만드신 세상이라고 할 수 있습니다.

구원을 돈이나 명예나 건강으로 얻게 하지 않으신 것은, 구원이란 오직 하나님의 '죄 사함'으로 얻을 수 있는 것이기 때문입니다. 그 죄 사함은 선행에 의해서도, 득도에 의해서도, 율법 준수를 통해서도 얻어지는 것이 아닙니다. 오직 하나님의 정하신 방법에 의해서 얻어집니다. 그리고 그 방법은 누구나 얻을 수 있는 방법입니다. 그래야 공평하신 하나님입니다.

그것은 바로 대속 제물로 인한 죄 사함입니다. 그래서 예수님께서 십자가에서 자신을 대속 제물로 드렸습니다. 그리고 그 사실을 믿고 주님 앞에서 자신의 죄를 고백하고 회개하는 사람들에게만 죄 사함의 은총을 덧입게 하셨습니다. 이것은 누구나 할 수 있는 것입니다. 다만 그 사실을 믿고 받아들이느냐 하는 '믿음'만이 관건이 됩니다.

이스라엘 백성들은 매월 초가 되면 하나님의 성전으로 모입니다. 그리고 제사장이 주관하는 월삭의 제사에 참여하여, 자신의 죄를 대신하여 피 흘리며 죽어가는 숫염소를 보면서, 자신의 허물과 죄를 도려냅니다. 그리고 하나님으로부터 내려오는 죄 사함의 은총을 덧입고, 새로운 헌신을 다짐합니다.

월삭의 제사에서 가장 중요한 것은 바로 회개와 죄 사함입니다. 회개와 죄 사함은 우리 삶의 궤적을 수정하여 하나님을 향하여 날아가게 하는 유일한 것입니다.

사도 바울의 아름다운 고백이 있습니다. "형제들아 나는 아직 내가 잡은 줄로 여기지 아니하고 오직 한 일 즉 뒤에 있는 것은 잊어버리고 앞에 있는 것을 잡으려고 푯대를 향하여 그리스도 예수 안에서 하나님이 위에서 부르신 부름의 상을 위하여 달려가노라"(빌 3:13-14).

위대한 신앙의 선배 사도 바울 역시 순교를 눈앞에 두고도 여전히 자신의 궤도를 수정하고 있습니다. 예수 그리스도 안에서, 푯대를 향하여, 과녁을 향하여 가고 있습니다.

변화와 성숙, 이것이 바로 하나님 앞에 서는 날까지 우리가 이루어야 할 끝없는 하나님의 요구입니다.

22강 | 민수기 28:26

처음 익은 열매를
바치는 날

유월절과 홍해 사건을 통해 구약 교회의 씨앗이 뿌려졌다면, 그리고 예수 그리스도의 십자가 죽음과 부활 사건을 통해 신약 교회의 씨앗이 뿌려졌다면, 칠칠절(오순절)은 그 씨앗의 열매를 거두어 바치는 날입니다. 이것이 칠칠절, 곧 오순절의 핵심 중 핵심입니다.

민수기 22강

　유대인들은 혈통적으로는 단일민족이 아닙니다. 까마득한 옛날, 남왕국 유다가 망하고 바벨론에 포로로 잡혀간 이후 유대인들은 전 세계에 뿔뿔이 흩어져 살았습니다. 그들을 '디아스포라'라고 부릅니다. 바벨론에서 다시 돌아와 세운 이스라엘도 로마에 의해 멸망하여, 2,000년 동안 그들은 나라 없이 살아야 했습니다. 그러는 동안 그들은 여러 민족과 결혼하면서 혈통적으로는 민족 정체성을 잃었습니다.
　현재 유대인을 규정하는 것은 종교적인 정체성입니다. 그 사람이 유대인인가 여부를 결정하는 것은 각 지역에 세워진 시나고그(회당)를 이끄는 랍비에 의해서입니다. 어떤 인종이라도 회당에 등

록을 하고 신앙생활을 하면서 랍비에게서 인정을 받으면 그 사람은 유대인이 됩니다.

유대인처럼 박해를 받은 민족은 없습니다. 어디를 가나 왕따를 당하고 핍박을 받았습니다. 그럼에도 유대인들이 오늘날까지 존재할 뿐만 아니라 어떤 민족보다도 큰 영향력을 미치고 있는 이유는 바로 철저한 종교 생활 때문입니다.

그들의 종교 생활의 중심에는 안식일과 절기가 있습니다. 유대인들의 삼대 절기는 유월절, 칠칠절(오순절), 초막절(장막절)입니다. 이제 이스라엘의 절기에 대하여 알아보려 합니다. 남의 나라 절기에 대하여 뭣 하러 공부해야 하나 하는 생각이 들 수도 있습니다. 그런데 그럴 필요가 분명히 있습니다. 이스라엘의 절기는 모두 하나님과의 관계, 특히 하나님의 구원 역사와 연관된 것입니다. 그래서 중요합니다.

신앙생활이란 하나님의 뜻을 헤아리고, 그 하나님의 뜻을 우리 삶 가운데 실현하는 것입니다. 그러므로 하나님의 뜻을 알 수 있다면 어떤 일이라도 해야 합니다. 하나님의 뜻을 헤아려본다는 생각으로 정신을 집중하시기 바랍니다.

이스라엘의 절기 중 가장 중요한 것은 바로 유월절입니다. 유월절에 대해서는 이미 출애굽기 강해서 《길 밖으로 난 길》에서 자세히 설명하였으므로 민수기에서는 생략합니다. 유월절은 건너뛰고 두 번째로 중요한 칠칠절에 대하여 공부하기로 합니다.

"칠칠절 처음 익은 열매를 드리는 날에 너희가 여호와께 새 소제를 드릴 때에도 성회로 모일 것이요 아무 일도 하지 말 것이며"(민 28:26). 칠칠절은 '처음 익은 열매를 드리는 날'입니다. 그러니까 일종의 추수감사절이었습니다. 이것을 마음에 새기고 강의를 듣기로 합시다. 처음 익은 열매란 무엇일까요? 사람은 창조적인 능력을 가지고 있어서, 무엇인가를 생산해냅니다. 처음 익은 열매란 첫 생산품을 말합니다. 많은 사람들이 첫 월급을 타면 부모님께 선물을 드리곤 했습니다. 첫 월급 역시 처음 익은 열매라고 할 수 있습니다. 그 열매로 부모님께 감사를 드립니다. 그와 같은 개념입니다.

그런데 하나님께 바치는 것은 부모님께 드리는 것과는 차원이 다릅니다.

목표를 세우는 것은 아주 중요한 일입니다. 하다못해 저축 목표를 세워도 그 삶이 달라집니다. 낭비가 줄어들고 절제하는 생활을 할 수 있습니다. 목표를 세울 때 소망이 생기며, 삶의 태도와 자세가 달라집니다. 제일 불쌍한 사람은 목표가 없는 사람입니다. 아무리 젊더라도 삶에 목표가 없으면, 이날을 저날과 동일하게 살아가고, 오늘을 어제와 똑같이 허송세월하며 살아갑니다. 그래서 발전이 없으며 수확할 열매도 없습니다. 반면 나이가 많더라도 목표가 있으면 젊게 살아갑니다.

하나님께서는 75세의 아브라함에게 "너는 너의 고향과 친척과 아버지의 집을 떠나 내가 네게 보여 줄 땅으로 가라"(창 12:1)고 하셨습니다. 새로운 인생의 목표를 정해주신 것입니다. 목표를 세우되, 고향과 친척과 아버지의 집 관련된 것 말고, 하나님과 관련된 영적 목표를 세우라는 것입니다.

시편 1편에서는 "악인들은 심판을 견디지 못하며 죄인들이 의인들의 모임에 들지 못하리로다"(5절)라고 말씀합니다. 악인과 죄인은 단순히 범죄를 저지르지 않는 사람을 지칭하는 것이 아닙니다. 성경에서 말하는 악인과 죄인은 하나님을 모르는 사람들을 총칭합니다.

악인과 죄인은 하나님을 모르는 사람, 하나님의 방법을 쓰지 않는 사람, 하나님의 뜻을 따르지 않는 사람, 하나님을 믿지 않고 의지하지 않는 사람을 말합니다. 그 사람들의 공통점은 영혼이 병들거나 허약하다는 것입니다. 그 사람들은 심판을 견디지 못합니다. 의인의 회중에서 탈락하여버립니다. 이것은 하나님이 그 사람을 미워하여 제하여버리는 것이 아니라 스스로 소멸되어버리는 것을 뜻합니다. 악인은 작은 시련이나 시험도 견디지 못합니다. 그래서 작은 시련도 그에게는 심판이 되어버립니다. 그러나 하나님의 사람은 아무리 큰 시험이라도 능히 이기고, 오히려 그것이 그에게 큰 복이 되고 많은 열매로 이어집니다.

하나님께 바치는 처음 익은 열매란 바로 그런 것입니다. 하나님의 약속을 믿고, 하나님의 방법에 따라 키운 믿음의 열매를 말합니다. 그 열매를 드리는 날이 바로 칠칠절입니다.

칠칠절은 유월절로부터 오십 일($7 \times 7 = 49$, 49일째 되는 다음 날)이 지났을 때 맞이하는 절기입니다. 그래서 칠칠절은 오순절이라고도, 또 밀을 추수하는 날이라 하여 '맥추절'이라고도 불렀습니다.

여기에 핵심이 있습니다. 칠칠절은 유월절에서 시작하였다는 것입니다. 유월절은 한마디로 노예 이스라엘이 하나님의 권능으로 세상의 가장 강력한 힘인 이집트로부터 해방된 날입니다. 눈으로 볼 수 없는 하나님의 권능이 눈에 보이는 힘보다 강하다는 것을 체험한 날입니다.

유월절의 경험이 없이는 칠칠절에 드리는 열매는 그 의미를 상실하게 됩니다. 유월절은 하나님의 구원을 경험한 날입니다. 하나님의 명령에 의해 이스라엘 백성들은 유월절을 한 해의 시작으로 삼았습니다. 그로부터 50일이 지난 날 칠칠절에 그 처음 익은 열매를 바쳐야 했습니다. 이것은, 구원은 하나님으로부터 오지만, 구원을 경험한 사람들은 반드시 스스로 구원의 열매를 맺어야 함을 의미합니다.

구원의 열매를 어떻게 하면 맺을 수 있을까요? 가장 기본적인 출발점은 행복과 구원을 구별하는 것입니다. 사람들은 행복을 하나님의 구원으로 생각합니다. 불행은 하나님의 심판이라고 생각합니다. 그러나 이것은 착각입니다. 행복을 영어로 happiness라고 하는데, 그 어원은 happen입니다. 우연히 일어난 사건, 행운이라는 뜻입니다. 행운과 하나님의 구원은 아무런 관계가 없습니다. 행운이 생기면 좋아하고, 불행이 생기면 원망하고 불평하는 한, 아무런 열매를 맺을 수 없습니다.

이스라엘 백성은 홍해를 가르고 자신들을 살리신 놀라운 하나님의 구원을 경험하였습니다. 그러나 그들은 광야에서 어려움이 닥칠 때마다 하나님을 원망하며 애굽으로 돌아갈 것을 열망하였습니다. 그들에게 홍해 사건은 행운이었고, 광야에서의 고생은 불행이었을 뿐입니다. 그래서 비록 노예이더라도 먹고 살 수 있는 비굴한 행운의 땅, 애굽으로 돌아가려고 한 것입니다. 하나님의 구원은 행불행, 물질의 많고 적음과는 아무런 관계가 없습니다.

마음에 새롭게 받아들여야 할 것이 있습니다. 바로 하나님의 복에 관한 정의입니다. 만약 물질이 하나님 복의 바로미터라면, 그래서 부자는 하나님의 복을 많이 받은 사람이고 가난한 사람은 하나님의 복을 받지 못한 사람들이라면, 하나님의 사명을 감당하기 위하여 스스로 가난하게 된 사람들은 어떻게 평가하여야 할까요? 순교를 당한 예수님의 제자들과 기꺼이 고난의 길을 간 수많은 그리스도인들은 모두 하나님의 복을 받지 못한 사람들입니까? 물질은 결코 복의 기준이 될 수 없습니다. 또 그렇게 되어서는 안 됩니다.

물질은 '은사'입니다. 은사란 하나님의 영광을 위하여 사용하는 것의 총칭입니다. 돈이나 권력은 복의 결과가 아니라 하나님의 뜻을 실현시키기 위한 은사입니다. 마치 노래하는 재능, 가르치는 재능, 사업 수완과 같은 것입니다.

은사와 달란트는 서로 다른 어떤 것이 아닙니다. 그럼에도 은사는 하나님의 영광을 위하여 사용하는 모든 것이며, 달란트는 자기의 이익을 위하여 사용하는 것이라고 구분해볼 수도 있습니다. 아무리 보잘것없는 것이라도 하나님을 위하여 사용하는 것은 은사입니다. 그러므로 은사는 자신의 이익을 위하여 사용하는 달란트와 차원을 달리합니다. 천재적인 재능이라도 오직 자신을 위해서 쓴다면, 그 재능은 진심으로 하나님의 영광을 위해 하는 허드렛일과는 비교할 수 없을 정도로 저급한 것입니다.

여기에 은사의 중요한 특징이 하나 더 추가됩니다. 하나님께서는 우리가 은사를 사용하면 사용할수록 더 많이 주십니다.

그런데 하나님께서 '나의 영광과 사명을 위하여 쓰라고 주었더니 엉뚱한 데 쓰고 있네'라고 판단하시면, 그 재능을 거두시거나 그 사람이 그 재능으로 인하여 불행해지게 될 수도 있습니다. 그래서 부자가 삼대를 가지 못한다는 말이 생겼습니다. 지금까지 살아오면서 그런 일들을 수없이 보아왔습니다. 정말 부자들이 삼대를 가지 못했습니다. 그러나 하나님께서 주신 부를 하나님의 영광을 위하여 사용하도록 철저히 교육받은 자손들은 삼대, 사대, 계속 내려가도 오히려 점점 더 풍성해졌습니다. 마치 아브라함보다는 이삭이, 이삭보다는 야곱이, 야곱보다는 요셉이 더욱 강력해지고, 풍성해지고, 온전해지는 것과 같습니다.

윌리엄 문은 수재였습니다. 자신의 명석함을 뽐내며, 어리석은 사람이나 우둔한 사람들을 깔보며 살았습니다. 그러다가 그만 불의의 사고를 당하여 눈이 멀고 말았습니다. 그는 절망 가운데 절규하였습니다. 왜 이런 시련을 주시는가? 하나님을 몹시 원망하였습니다. 깊은 상념에 잠겨 있던 어느 날, 앞을 보지 못하는 한 걸인이 마음에 떠올랐습니다. 자신이 건강할 때 길에서 자주 마주치던 사람이었습니다. 그 사람을 볼 때마다 그는 그답지 않게 참으로 불쌍하다는 마음이 들었었습니다. 그러다 문득 떠오른 생각이 있었습니다. 맹인들이 글을 읽을 수 있는 방법을 만들자는 생각이었습니다. 그렇게 해서 탄생한 것이 바로 점자이며, 이것을 자신의 이름을 따서 'Moon Type'이라 명명하였습니다.

윌리엄 문은 절망과 역경 가운데서도 'Moon Type'이라는 처음 익은 열매를 수확한 것입니다. 육체의 눈을 가졌을 때 그는 거만한 삶을 살았지만, 영혼의 눈을 뜬 후로는 고귀한 삶을 살게 되었습니다. 'Moon Type'은 윌리엄 문이 처음으로 하나님께 바친 영적 열매입니다.

칠칠절에는 바로 이런 열매, 즉 하나님의 구원을 경험하고 난 다음 처음 익은 열매, 영적인 열매를 드리는 날입니다. 이 열매는 내 노력으로 가꾼 열매가 아닙니다. 지금까지 내 안에서 보지 못한 전혀 다른 차원의 열매입니다.

웨일즈 지방에 복음이 들어간 것은, 밭을 가는 당나귀들이 가장 먼저 알았다고 합니다. 어느 날 밤 부흥 집회에서 농부들이 큰 은혜를 경험하였습니다. 그들은 하나님의 구원의 은총을 경험하였습니다. 매일 밤, 술이나 먹고 싸움질하던 농부들이 변화된 것입니다. 다음날 아침, 밭을 갈러 가면서, 당나귀를 모는 그들의 손길이 달라졌습니다. 난폭하게 채찍질하던 농부들의 손길이 부드러워지고, 말씨가 달라졌습니다. 농부들도 자신 안에서 일찍이 보지 못한 신기한 열매를 보게 된 것입니다.

　칠칠절에 바치는 열매는 바로 성품이 변화된 열매입니다. 내가 결심해서 참고 인내하며 내가 거두는 열매가 아니라, 하나님의 은혜 가운데 성령의 감화로 인하여 열리는 열매입니다.

　서부 개척 시대 때, 미국 몬타나 주 베노크에 살던 마을 사람들이 금광을 찾으러 떠났습니다. 길이 험하여 도중에 몇 사람이 죽었습니다. 그들은 인디안의 공격을 받아 말과 함께 모든 것을 빼앗겼습니다. 다시 베노크로 돌아갈 수밖에 없었습니다. 가는 길에 우연히 이상하게 생긴 돌을 발견하여 깨뜨려보니 금이었습니다. 그곳에 엄청난 양의 사금이 묻혀 있었던 것입니다. 그러나 음식도 장비도 없었으므로 다시 장비를 마련하여 돌아오기로 하였습니다. 서로 굳게 약속하였습니다. 절대로 이 비밀을 지키기로 한 것입니다. 집으로 돌아와 며칠 동안 장비와 음식을 마련하여 떠나려는데, 이게 웬일입니까? 온 마을의 남자들이 다 따라나선 것입니다. 누가 발설한 것일까요? 이 비밀을 굳게 지키기로 하였는데, 그들은 서로를 쳐다보았습니다. 그러나 모두 머리를 절레절레 흔들었습니다. 자기는 아니라는 것입니다.

　그것은 그들의 얼굴에 나타난 희망과 기쁨 때문이었습니다. 그것은 감출 수가 없었습니다. 마을 사람들은 그들의 얼굴에 나타난

밝고 기운 찬 표정을 보고 직감적으로 금광을 발견하였음을 안 것입니다. 하나님의 구원을 경험하고 예수를 믿고 영생을 얻고 하나님의 자녀가 된 것은 금광을 발견한 것과는 비교도 할 수 없는 축복입니다. 성도들의 가슴과 얼굴에는 환희가 넘쳐야 합니다. 모든 생활과 언행에도 기쁨이 넘쳐야 합니다.

처음 익은 열매란 전혀 새로운 차원의 태도와 자세를 말합니다. 전혀 새로운 성품, 전혀 새로운 헌신을 말합니다. 예수님을 믿고 난 다음에는, 울 수밖에 없는 상황에서 웃으며, 예전 같으면 화를 냈던 상황에서 이제는 용서할 수 있게 되었다는 것을 의미합니다. 예전에는 인색하게 굴었으나 이제는 너그러워졌다는 것입니다. 이것이 바로 거룩한 성숙입니다.

"하나님, 올해에는 내 안에서 이런 열매가 열렸습니다. 참 신기합니다. 처음 보는 것인데, 하나님께서 제게 주신 선물입니다. 감사합니다." 이런 열매를 드리는 날이 바로 칠칠절, 즉 오순절입니다.

갈라디아서 5장 22-23절에서는 구체적으로 그 열매가 무엇인지 가르쳐주고 있습니다. "오직 성령의 열매는 사랑과 희락과 화평과 오래 참음과 자비와 양선과 충성과 온유와 절제니 이 같은 것을 금지할 법이 없느니라."

이 열매는 성령 하나님이 맺게 하십니다. 이 열매는 물질의 풍요와는 전혀 다른 차원의 것입니다. 하나님께서는 우리가 이 열매 맺기를 소원하시며, 받기를 즐겨하십니다.

구약의 모든 절기는 예수 그리스도의 빛 아래 재조명될 때에만 그 진정한 의미를 알 수 있습니다. 유월절을 지키고 어린 양의 피를 문설주와 인방에 바른 이스라엘 백성들이 하나님의 엄청난 구원을 경험하고, 오십 일 후, 그러니까 칠칠절에 도착한 곳이 바로 시내 산입니다. 여기에서 삼 일 동안 하나님을 만날 준비를 한 다음, 천둥과 번개 가운데 강림하신 하나님과 시내 산 계약을 맺게 됩니다. 그날이 바로 '구약 교회'가 탄생한 날입니다. 그리하여 여호와 하나님은 이스라엘의 하나님이 되시고, 이스라엘 백성들은 하나님의 거룩한 백성, 제사장 나라가 되었습니다.

그로부터 대략 1,300년 정도가 지난 후, 예수님께서 유월절에 어린 양으로 십자가에 처형당하셨습니다. 그리고 삼 일 만에 부활하신 예수님께서 사십 일 동안 이 땅에 거하신 다음, 승천하시며 하나님의 선물을 기다리라고 하셨습니다. 칠칠절, 곧 오순절에 세상에서 일찍이 보지 못한 열매를 맺게 하셨습니다. 그날 성령이 이 땅에 임하신 것입니다. 성령을 받은 제자들은 변화되었습니다. 이 날이 바로 '신약 교회'가 탄생한 날입니다.

성부 하나님께서 현현하시며 '구약 교회'가 탄생하고, 성령 하나님께서 임하시며 '신약 교회'가 탄생하였습니다. 칠칠절에 이스라엘 백성들은 하나님의 구원을 체험하고, 또한 성부 하나님을 만나 구약 교회가 되어 자신들을 하나님께 드렸습니다. 초대 교인들은 십자가 사건을 통해 하나님의 구원을 체험하고, 성령 하나님을 만나 신약 교회가 되어 자신들을 하나님께 드렸습니다.

유월절과 홍해 사건을 통해 구약 교회의 씨앗이 뿌려졌다면, 그리고 예수 그리스도의 십자가 죽음과 부활 사건을 통해 신약 교회의 씨앗이 뿌려졌다면, 칠칠절(오순절)은 그 씨앗의 열매를 거두어 바치는 날입니다. 이것이 칠칠절, 곧 오순절의 핵심 중 핵심입니다. 그러므로 교회는 무엇보다도 예수 그리스도의 부활의 처음 익은 열매입니다. 교회는 믿음의 공동체, 사랑의 공동체 이전에 부활의 공동체입니다. 이것이 교회의 본질 중 본질입니다.

세상'을' 감당하지 못하던 나를 부활 신앙으로 무장하여 세상'이' 감당치 못하는 하나님의 자녀로 변화되어 나를 드리는 날이 바로 '칠칠절'입니다.

23강 | 민수기 29:1

나팔을 부는 날

마지막 날 하늘에서 천군 천사의 나팔 소리가 천지를 진동하며 예수님께서 재림하십니다. 그때에 주 안에서 죽은 자들이 살아나며, 믿음을 지키며 주를 기다리던 성도들이 하늘에 올라 주님과 영원토록 함께 거하게 됩니다. 나팔 소리는 사탄에 동조하며 여전히 사탄의 논리에 따르며 사탄에 동조하는 영적 스톡홀름 신드롬에서 깨어나게 합니다.

민수기 23강

스톡홀름 신드롬이라는 정신병리 현상이 있습니다. 1973년 스웨덴의 수도 스톡홀름에서 인질 사건이 일어났습니다. 그런데 인질로 잡혀간 사람이 이해할 수 없는 행동을 하였습니다. 자신을 잡아간 인질범들을 편들고 나선 것입니다. 자신을 인질로 잡고 괴롭힌 범인들을 증오하는 것이 인지상정인데, 오히려 그들의 편에 서서 행동한 것입니다.

이 스톡홀름 신드롬이 세계적인 관심을 끈 적이 있습니다. 미국의 최대 언론 재벌인 허스트 가문의 상속녀인 페트리샤 양이 테러리스트인 적군파들에게 인질로 잡혀갔습니다. 그런데 다음에 일어난 적군파의 또 다른 범죄에 그녀가 버젓이 복면을 하고 그들과 함께 행동을 한 것입니다. 사람들은 그녀가 적군파의 협박에 하는 수 없이 가담하였다고 생각했습니다. 그러나 후에 그들이 체포된 후, 페트리샤 허스트 양이 자진해서 가담한 것이 드러났습니다.

스톡홀름 신드롬이란 인질이 범인들에게 동조하고 감화되는 비이성적인 심리 현상을 말합니다. 인질들이 자신이 처한 상황의 본질은 잊어버리고 인연을 맺은 인질범들을 옹호하고, 이들에 대한 비난에 오히려 반감을 갖게 되는 것입니다.

세상에 어떻게 그럴 수가 있나 하겠지만, 세상을 영적인 눈으로 바라보면 수많은 사람들이 이 스톡홀름 신드롬에 걸려 있는 것을 볼 수 있습니다. 사탄에게 사로잡혀 있으면서도 그 사실을 모르고 오히려 사탄에 동조합니다. 사탄의 일에 앞장서서 사탄의 일을 할 뿐만 아니라, "당신은 사탄의 올무에 걸려들었고, 현재 사탄의 조종을 받고 있습니다"라고 말하면 크게 반발합니다.

예수님께서 이 땅에서 공생애를 시작하셨을 때 처음 하신 말씀은 "회개하라. 천국이 가까왔느니라"입니다. 회개하라는 것은 모두가 죄인이며, 죄의 자리에서 떠나라는 말씀입니다. 사람들은 아담의 범죄 이후, 본질상 사탄의 하수로 전락하였습니다. 현재 사탄의 편에서 일하고 있음을 직시하라는 말씀입니다. 스톡홀름 신드롬에서 깨어나라는 말씀입니다.

하나님께서 이스라엘 백성들에게 매일 아침저녁으로 드리는 상번제, 안식일마다 드리는 제사, 월삭의 제사, 유월절과 칠칠절 제사와 나팔절 제사 등을 제정하신 이유는, 이 세상에 사는 동안 언제나 하나님의 사람으로서 살아가고 있는지 점검하라는 것입니다.

내가 과연 하나님의 사람인지를 점검할 수 있는 여러 가지 기준이 있습니다. 그중에 몇 가지만 살펴보기로 합니다. 첫째, 하나님에 속한 것보다는 땅의 것에 집착하고 있습니다. 둘째, 낮아지기보다는 항상 높아지기를 갈망합니다. 셋째, 하나님으로부터 오는 영광보다는 사람들의 칭찬과 인정을 받으려고 합니다. 만약 이런 점들이 당연한 것으로 여겨지면, 나는 여전히 스톡홀름 신드롬에 빠져 있다는 증거입니다.

나팔절은 문자 그대로 나팔을 불면서 시작합니다. 나팔 소리는 깨우는 소리입니다. 잠에서 깨라는 것입니다. 나팔절은 7월 첫날에 지키는 절기입니다. 그런데 7월에는 중요한 종교 행사들이 연이어 계속됩니다.

"일곱째 달에 이르러는 그 달 초하루에 성회로 모이고 아무 노동도 하지 말라. 이는 너희가 나팔을 불 날이니라"(민 29:1). 나팔절에 관한 하나님의 명령입니다.

이어서 말씀하십니다. "일곱째 달 열흘 날에는 너희가 성회로 모일 것이요 너희의 심령을 괴롭게 하며 아무 일도 하지 말 것이니라"(민 29:7). 대속죄일에 관한 명령입니다.

왜 7월에 그렇게 하였을까요?

여기서 7월은 우리들이 현재 쓰는 달력의 7월과는 다른 달입니다. 유대인들에게 가장 중요한 절기는 유월절입니다. 태양력으로는 통상 4월에 해당됩니다. 그로부터 7개월이 지난 달은 10월입니다. 유대인들은 7을 완전수라 하여 대단히 중시합니다. 유월절로부터 7개월이 지난 10월을 '티슈레이'라고 해서 한 해의 시작으로 삼았습니다.

'티슈레이'의 월 초하루가 되면 유대인들은 나팔을 불었습니다. 그리고 10일이 되면 대속죄일로 지내고, 15일부터 21일까지 초막절을 보냈습니다. 그러니까 티슈레이 월은 3주간에 걸쳐 성전을 중심으로 제사 지내고 말씀 듣고, 제사 지내고 말씀을 들으며 지내야 합니다. 그러므로 나팔절은 그 첫 시작, 새해 첫날을 알리는 나팔을 불었기 때문에 유래한 명칭입니다.

새해가 밝아옵니다. 성전에서 제사장들이 힘차게 나팔을 붑니다. 이스라엘 백성들은 성전에 모여듭니다. 대제사장은 하나님께 규정된 제물을 바치고 나팔절 제사를 지냅니다. 일주일 후에 대속죄일이 다가오면 온 이스라엘 백성들이 하나님의 성전에 모인 가운데 규정에 따른 속죄 제사를 온 이스라엘을 위하여 드립니다. 이어서 사람들은 여장을 꾸려 모두 광야로 나가 초막을 짓습니다. 그리고 광야에서 일주일을 지냅니다. 그 옛날 조상들이 광야에서 지낸 것을 다시 온 몸으로 체험하기 위해서입니다.

이렇게 진행되는 절기들을 통하여 이루어야 하는 목표는 세 가지입니다.

첫째는 '거룩'입니다. 거룩은 '구별하다'라는 뜻입니다. 유대인들은 이 달을 '안식의 달'이라 하였습니다. 7일째 되는 날을 '안식일'이라 한 것과 같습니다. 이때는 모든 추수를 끝내고 쉬는 농한기였습니다. 그러니까 우리로 치자면 설날 연휴에 이어 대보름까지 이어지는 시기라그 할 수 있습니다.

농한기 때는 온갖 나쁜 일들이 다 일어납니다. 도박, 음주 가무, 싸움, 먹고 노는 일…. 추수 끝내고 할 일이 없으니까 완전히 사탄에 의해 놀아난 것입니다. 그러나 하나님의 백성은 그동안 먹고 사느라 등한히 했던 하나님과 가까이 지냈습니다. 우리가 배워야 할 가장 소중한 삶의 자세입니다.

둘째는 '성결'입니다. "속죄제를 드리되"(민 29:5). 속죄 제사를 통하여 그동안 지은 허물과 죄를 하나님 앞에서 사함받습니다.

사실 설날도 먹고 마시고 노는 날이 아니었습니다. '설'은 '아직'

이라는 뜻입니다. 설익은 밥, 낯설다 등 '설'은 아직 충분하지 않고 준비가 필요하다는 뜻입니다. 무엇이 아직 익지 않은 것일까요? 아직 준비가 되지 못한 것은 무엇일까요?

기독교에서 가장 중시하는 것은 '관계'입니다. 예수님께서도, 몸과 마음과 성품을 다하여 하나님과의 올바른 관계를 맺는 것과 이웃을 내 몸과 같이 사랑하여 사람들과 좋은 관계를 맺는 것이 가장 중요하다고 가르치셨습니다.

그 관계를 무너뜨리는 것이 바로 죄입니다. 죄가 하나님과의 사이에, 또 사람들과의 사이에 가로놓여 있으면 아무리 풍성한 수확을 거두었다 하여도 아무런 의미가 없습니다. 이 죄를 없애야 온전한 시작이 가능합니다. 죄를 제거할 때 새해를 제대로 시작할 수 있습니다. 그래서 새해를 알리는 나팔절에 제일 먼저 속죄 제사를 드립니다.

셋째로 '안식'입니다. 하나님께서 정한 절기에는 언제나 노동이 금지되어 있습니다. 그것은 단순히 쉼을 목적으로 하지 않습니다. 여기에는 깊은 영적 의미가 있습니다. 사람들은 노동을 통하여 인생을 완성시키려고 합니다. 그래서 노동의 새 힘을 얻기 위해 쉬어야 한다고 생각합니다. 그러니까 농한기에 먹고 마시고 진탕 놀아 버립니다. 그런데 결과는 더 큰 피곤이요 더 큰 죄짐입니다.

인생은 노동으로 완성되는 것이 아니라 하나님과의 안식에 들어갈 때 비로소 완성되는 것입니다. 인생은 월요일에 시작되는 것이 아닙니다. 하나님과의 안식에서 시작됩니다. 안식일로부터, 나팔절로부터 시작됩니다.

넷째로 '소망'입니다. 이스라엘 백성들은 새해를 알리는 나팔 소리를 들으며 영적인 잠에서 깨어납니다. 가난하든지, 남의 나라 포로로 잡혀 있든지, 병들어 아프든지, 어떤 처지에 있든지 그 나팔 소리를 들으며 메시아께서 언젠가는 반드시 오실 것을 믿었습니다. 하나님께서 자신들과 함께하심을 확고히 했습니다. 무엇보다도 중요한 나팔절의 의미는 바로 예수님의 재림을 예표하고 있다는 점입니다.

"주께서 호령과 천사장의 소리와 하나님의 나팔 소리로 친히 하늘로부터 강림하시리니 그리스도 안에서 죽은 자들이 먼저 일어나고 그 후에 우리 살아 남은 자들도 그들과 함께 구름 속으로 끌어 올려 공중에서 주를 영접하게 하시리니 그리하여 우리가 항상 주와 함께 있으리라"(살전 4:16-17).

마지막 날 하늘에서 천군 천사의 나팔 소리가 천지를 진동하며 예수님께서 재림하십니다. 그때에 주 안에서 죽은 자들이 살아나며, 믿음을 지키며 주를 기다리던 성도들이 하늘에 올라 주님과 영원토록 함께 거하게 됩니다. 나팔 소리는 사탄에 동조하며 여전히 사탄의 논리에 따르며 사탄에 동조하는 영적 스톡홀름 신드롬에서 깨어나게 합니다. 우리 영은 우리가 동의하지 않는 한 절대로 타락하지 않습니다. 사탄은 절대로 우리를 직접 공격하지 못합니다. 성경에 기록된 인물 중에 사탄의 직접적인 공격을 받은 사람은 욥 외에는 없습니다. 이것도 하나님의 허락 아래 이루어진 것입니다.

인질범은 무기라도 들고 위협을 하지만 사탄의 위협은 실체가 없습니다. 스캇 펙 박사는 사탄의 공격을 '공허한 위협'이라고 하였습니다. 이 말의 뜻은, 사탄은 절대로 직접적으로 우리를 공격하지 못한다는 것입니다.

C. S. 루이스의 《천국과 지옥의 이혼》에는 지옥과 사탄에 관한 탁월한 예화가 있습니다. 한 사람이 천국에 도착하여 그의 스승에게 천국 구석구석을 안내받게 되었습니다. 그는 땅에서 아주 조그맣게 갈라진 틈을 찾아내었습니다. 그 안에는 지옥 전체가 감추어져 있었습니다. 그가 스승에게 물었습니다. "그럼 지옥이 이렇게 작은 틈 속에 있다는 말씀입니까?" 스승이 대답합니다. "그렇다. 지옥 전체는 지구의 조약돌 하나보다 작단다. 이 세계, 진짜 세계의 원자 하나보다도 작단다. 저기 나비를 보아라. 저 나비가 지옥 전체를 삼킨다고 하여도, 지옥은 나비를 아프게 하거나 어떤 맛을

느끼게 하지도 못한단다." "사람들이 들어갈 만큼 크지 않다는 말씀입니까?" 깜짝 놀라며 그 사람이 되물었습니다. 그러자 스승이 이렇게 대답하였습니다. "그 안에 있는 모든 외로움과 분노와 미움과 질투, 아픔들이 하나의 경험으로 뭉쳐서 저울 위에 놓인다면, 천국에서 느끼는 가장 짧은 순간의 가장 작은 기쁨의 무게만큼도 나가지 않을 것이다. 만약 지옥의 모든 비참함이 모두 저 나무 위의 작은 새의 의식 속에 들어간다고 하여도, 흔적도 없이 사라지고 말 것이다. 저 대양에 떨어진 잉크 한 방울처럼 말이다." 상상도 못한 엄청난 진리를 담고 있는 이야기입니다. 우리는, 지옥이란 뜨거운 불과 유황으로 이글거리는 거대한 바다라고 생각해왔고, 사탄은 엄청난 괴력, 그 누구도 대항하지 못하는, 오직 하나님만이 이길 수 있는 존재라고 믿어왔기 때문입니다.

   그런데 그렇게 아무것도 아닌 지옥, 나비가 그 작은 대롱으로 삼켜도 전혀 영향을 미치지 못하는 지옥이라면, 그렇게 미미한 사탄, 우리의 털끝 하나도 직접 건드리지 못하는 사탄이라면, 어떻게 그 많은 사람들을 고뇌에 빠뜨리고 죄를 짓게 하며 끝내는 자유와 구원으로부터 완전히 분리시킬 수 있다는 말입니까? 그 이유는 단 하나, 사람들이 너무나 쉽게, 한 순간의 재고도 없이 훌쩍 사탄의 유혹에 동조하기 때문입니다.

Only Just Say No!

    나사렛 예수 그리스도의 이름으로 단호히 사탄의 유혹을 물리치십시오.

    영적 깊은 잠을 깨우며 사탄의 실체를 폭로하는 하늘 나팔 소리를 들으며, "이래야 살아"라는 악의 유혹과 "너는 이제 끝났어"라는 악의 선고를 단호히 물리치고 다시 시작합시다.

민수기 29:12-40 | **24**강

광야로 나아가라

광야에서는 오직 하나님만을 의지하는 길 외에는 살 길이 없습니다. 자신의 힘으로 해결할 수 있는 것은 아무것도 없습니다. 하나님의 뜻을 읽고, 하나님의 약속을 믿고, 하나님의 계명에 순종하면서 그들의 신앙은 날이 갈수록 단단해지고 심화되어갔습니다. 하나님 신앙을 통하여 세상을 능히 이기고도 남는 지혜를 얻었습니다.

민
수
기
24
강

회사원인 김 집사님은 성실하며 정직하게 살아가는 사람입니다. 그런데 융통성이 없다는 소리를 듣기도 하며, 때로는 무능하다는 소리까지 듣습니다. 입사 동기인 어떤 사람은 분명히 야비하고 옳지 않은데도 항상 김 집사님보다 먼저 승진하고 좋은 것은 먼저 차지합니다. 이번 인사 이동 때에도 집사님은 승진하지 못했지만, 그는 또 승진하여 두 단계나 차이가 나버렸습니다. 패배감을 안고 집으로 돌아왔는데, 아내는 "당신은 정직한 게 아니라 무능한 거예요!"라고 말하면서 쓰린 속을 더 아프게 합니다. 그래서 이렇게 결론을 내립니다. "세상에서는 악이 선보다 강하다", "성실하고 정직하게 살면서 부자가 되고 출세하기는 불가능하다"라고 단정해버립니다. 그래서 나도 정직하게 살기를 포기합니다. 그런데 이도 저도 안 됩니다. 그래서 좌절감은 더 커집니다.

　이런 일들은 오히려 작은 일입니다. 세상에는 훨씬 더 무섭고 심각한 일들이 많이 일어나고 있습니다. 성실하게 평생을 사신 분이 사기를 당해서 퇴직금을 한꺼번에 날려버리기도 합니다. 사악한 무리들과 선한 사람들이 싸움을 하면 사악한 무리가 이기는 경우가 훨씬 더 많습니다. 그래서 착하면 살아가기 힘든 세상이라고 말합니다.

　하지만 사악한 무리들이 승리하는 데에는 그만한 이유가 있습니다. 그것은 악이 선보다 강하기 때문이 절대 아닙니다. 그 이유는 사악한 무리들은 처음부터 상대방을 파괴해버리겠다는 분명한 목표가 있고 의지가 있기 때문입니다. 그래서 처음부터 상대방을 쓰러뜨리겠다는 치밀한 계획과 준비가 있습니다. 반면에, 선한 사람들은 상대방이 악한 생각을 품고 접근한다고 생각하지 못합니다. 그저 있는 그대로 나 자신을 드러냅니다. 그러다가 또 당해버립니다. 악이 선에게 이기는 것이 아니라, '준비된 자가 준비 안 된 자를 이기는 것'입니다.

　나팔절에 이어 곧바로 초막절이 시작됩니다. 새해가 되면 제사장들이 나팔을 붑니다. 그 나팔 소리에 온 백성들이 잠에서 깨어나 성전 뜰로 모입니다. 그리고 나팔절 제사를 하나님께 드리며 새 날을 주신 하나님께 감사합니다. 그리고 열흘 후에 온 이스라엘을 대표하여 대제사장이 속죄 제사를 드립니다. 이것이 '대속죄일' 제사입니다. 규정된 제사를 드리고, 특별히 한 마리의 흠 없는 염소를 골라 대제사장이 안수하고 광야로 쫓아 보냅니다. 이 염소가 바로 이스라엘의 모든 죄를 지고 추방되는 '속죄 염소'입니다. 이 속죄 염소가 바로 '세상 죄를 지고 가는 어린 양'입니다. 왜 염소를 양이라고 부르는 것일까요? 제사에 사용되는 모든 짐승들의 대표가 양이기 때문입니다.

그리고 15일 아침이 밝아오면 모든 백성들은 여장을 꾸려 광야로 나갑니다. 그리고 광야에서 초막을 짓고 초막에서 8일을 보냅니다. 광야에서 매일 매일 제사를 지내는데, 이 초막절 제사에서 가장 많은 희생 제물을 바칩니다. 초막절 첫날에는 열세 마리의 황소로 시작해 매일 한 마리씩 줄이면서 7일 동안 번제를 드리게 되는데, 7일 동안 모두 70마리의 황소를 하나님께 바칩니다. 이외에도 열네 마리 숫양, 98마리의 양 그리고 336개의 소제가 7일 동안 드려지는데 이는 모두 7의 배수입니다. 이 제물들이 의미하는 바는 하나님과 인간 사이의 계약인 구속사가 최종적으로 완성되는 절기가 초막절이라는 것입니다.

  메시아 왕국에 대한 그림자로 등장하는 다윗과 솔로몬 왕국의 지상 통치를 통해 초막절의 성격을 엿볼 수 있는데, 솔로몬 시절 성전 봉헌식에 드려진 일천번제 제사가 곧 초막절에 드려진 최고의 제사입니다.

  그러니까 요즈음 교회 일부에서 행해지는, 천 일 동안 매일 일정 금액의 헌금을 바치며 행하는 '일천번제'는 전혀 성경적인 근거가 없는 것입니다.

  여기서 초막절에 담겨진 깊은 영적인 의미를 알아보도록 합니다. 먼저 광야로 나간 이유를 살펴보겠습니다. 광야에 초막을 짓고 일주일 동안을 그곳에서 지내는 이유는 단순히 캠핑 생활을 즐기기 위해서가 아닙니다. 애굽에서의 종살이에서 구원을 받고 광야에서 40년 동안 살았던 조상들의 고생을 체휼하기 위해서입니다.

  첫째, 초막절에는 초막 생활을 하며 자녀들에게 고난을 가르칩니다.

  이스라엘의 광야는 밤에는 기온이 영하로 떨어지고 낮에는 영상 4-50도를 웃돌며, 물과 먹을 것이 없으며, 오직 전갈과 뱀, 그리고 엉겅퀴와 가시덤불만이 있는 곳입니다. 사람으로서는 도저히 살 수 없는 곳입니다. 이스라엘 백성들은 비록 원망과 불평이 있었으나 오직 신앙을 지키며 하나님의 백성이 되기 위해 모든 역경과 갈등과 환난을 견뎌냈습니다. 자녀들에게 그것을 가르치기를 원했습니다.

분당에 사는 어떤 분이 자신의 세 쌍둥이 아들들에게 과제를 주었답니다. 추운 겨울, 정선에서부터 삼척까지 사백 리 길을 걸어서 다녀오라는 것이었습니다. 그런데 세 끼 식사 중 한 끼는 직접 해 먹고, 나머지 끼니와 잠자리는 스스로 해결하라는 단서를 붙였습니다. 그러면서 아버지는 이런 말을 합니다. "가보면 답이 보일 것이다."

훌륭한 아버지입니다. 문제조차도 모르는 자녀들에게 고난을 가르칩니다. 고난을 통하여 문제가 무엇인지 발견하게 되고, 그 문제에 대한 답 또한 얻을 수 있기 때문입니다. 영하 20도까지 내려가는 강원도 산길을 걷고 또 걸어서 그들은 동해에 무사히 당도하였습니다. 그들은 가정이 얼마나 소중한 것인지, 그 문제와 답을 동시에 얻고 돌아왔습니다. 이 세 쌍둥이는 짧은 고난이었지만 순수와 본질을 배워왔습니다. 자녀들에게 고난을 가르치십시오. 이 세상에서 가장 나쁜 말은 "너희들은 그저 공부만 해. 엄마 아빠가 다 해줄 테니까"라는 말입니다. 공부 못해도 좋습니다. 고난을 가르치십시오.

둘째, 광야의 초막에서 하나님 신앙을 가르칩니다.

광야에서는 오직 하나님만을 의지하는 길 외에는 살 길이 없습니다. 자신의 힘으로 해결할 수 있는 것은 아무것도 없습니다. 광야에서는 낮에는 구름기둥, 밤에는 불기둥이 필수적입니다. 구름으로 뜨거운 햇빛을 가려주어야 합니다. 뜨거운 불로 밤의 냉기를 막아주어야 삽니다. 만나와 메추라기, 그리고 물을 40년 동안 공급하신 위대하신 하나님을 바로 그 광야에서 만날 수 있었습니다. 하나님의 뜻을 읽고, 하나님의 약속을 믿고, 하나님의 계명에 순종하면서 그들의 신앙은 날이 갈수록 단단해지고 심화되어갔습니다. 하나님 신앙을 통하여 세상을 능히 이기고도 남는 지혜를 얻었습니다.

고난과 신앙, 이 두 가지를 가질 때 우리는 연약하나 가장 강해질 수 있습니다.

마지막으로, 이스라엘 백성들이 초막절을 광야에서 지내는 이유는 하나님의 음성을 듣기 위해서입니다.

광야는 낮에는 오직 작열하는 태양이, 밤에는 오직 달과 별빛만 있을 뿐입니다. 성지순례 때 이른 새벽 홀로 광야에 나간 적이 있습니다. 정적만이 흐르고, 차가운 공기가 옷 속을 파고들었습니다. 두렵기도 하였으나, 마음을 가다듬고 한 걸음 한 걸음 발을 조심스럽게 옮겼습니다. 얼마 후에 모든 것이 보이기 시작하였습니다. 하늘에서는 별들이 쏟아져 내리고, 달은 손에 잡힐 듯이 떠 있었습니다.

혼자 있다는 것에는 두 가지 차원이 있습니다. solitude와 loneliness입니다. '고독'과 '외로움'이라고 번역할 수 있을 것입니다. 많은 사람들이 혼자 있는 것을 두려워합니다. 외롭고 쓸쓸하기 때문입니다. 그래서 무리 속으로 파고듭니다. 이것이 바로 loneliness입니다. 그러나 사람은 혼자 있을 수 있어야 합니다. 때로는 홀로 고독 속으로 들어가봐야 합니다. 그리고 세상 만물들이 내게 걸어오는 말을 들어보아야 합니다. 그 속에는 내게만 하시는 하나님의 음성이 있기 때문입니다.

다시 찾은 이스라엘 방문 때도 저는 새벽에 홀로 광야에 나갔습니다. 유대 광야. 예수님께서 사탄에게 시험을 받은 장소로 알려진 곳입니다. 그 광야를 걸으며, "주님, 제게 말씀하소서. 주님, 제게 말씀하소서. 제가 듣겠나이다"라는 말을 수없이 되뇌었습니다. 한참을 걸었습니다. 얼마나 지났을까…. 여명이 밝아오고, 붉은 태양이 솟아올랐습니다. 그때의 황홀함은 영원히 잊지 못할 것입니다. 홀로 광야에서 바라보는 태양은 오직 저만을 위한 하나님의 선물이며 주님의 음성이었습니다. 그리고 주먹보다 조금 큰 돌멩이 하나가 시야에 확 들어왔습니다. 책상 위에 올려놓기 좋을 정도로

밑은 편편하며, 각증 색깔의 흙들이 켜켜이 쌓여 단단해진 퇴적암이었습니다. 주님께서 저에게 말씀하시는 것 같았습니다. "아무리 어렵더라도, 믿음의 기초 위에 차근차근 쌓아가거라. 그리하면 언젠가는 반석이 되리라." 오늘도 그 돌을 바라보며 이 글을 쓰고 있습니다.

헨리 블랙커비는 《하나님의 음성에 응답하는 삶》이라는 훌륭한 책에서 사탄의 음성과 하나님의 음성을 구별하는 방법을 서술해놓았습니다.

첫째, 사탄은 거짓말을 합니다. 그러나 그리스도는 오직 진리만을 말씀하십니다. 사탄은 언제나 하나님의 말씀에 이의를 달게 합니다. 그래서 하나님의 말씀을 무너뜨리도록 만듭니다. 하나님께서 선악을 알게 하는 나무의 실과를 먹는 날에는 "정녕 죽으리라" 말씀하셨지만 사탄은 "결코 죽지 아니하리라'고 뒤집어 놓음으로, 아담과 이브로 하여금 그 과실을 따먹게 만들어버렸습니다. 그런 다음 아담과 이브는 살았으나 자신의 영적 생명이 죽은 것을 알지 못했고, 육체의 생명 또한 하나님의 은총으로 살게 되었음을 깨닫지 못했습니다. 사탄의 가장 큰 거짓말은 죄를 지어도 파멸이 없다는 것입니다. 예수님은 사탄이 '거짓의 아비'임을 만천하에 폭로하셨음을 잊지 말아야 합니다.

둘째, 사탄은 언제나 지름길을 제시합니다. 그러나 예수님은 십자가의 길, 가시밭길을 가라고 하십니다.

하나님의 말씀을 따르되 지름길을 취하거나 그분의 지시를 무시하라는 유혹은 보나마나 사탄의 짓입니다. 사탄이 제시하는 지름길은 갈수록 어려워지며, 그 길은 다름 아닌, 사망에 이르는 지름길입니다. 겉으로는 어렵게 보여도, 그저 묵묵히 주님이 가라 하시는 십자가의 길을 가노라면 그다지 어렵지 않음을 알게 됩니다. 주님께서 동행하시기 때문입니다. 그 길은 생명에 이르는 유일한 지름길입니다.

셋째, 사탄은 죄를 정당화하도록 만듭니다. 그러나 예수 그리스도는 회개를 촉구하십니다.

사탄이 제시하는 느슨하고 후한 태도는 분명 더 매력적으로 보일 것입니다. 그러나 사탄이 제시하는 여러 구실들을 받아들이면 죄의 실체에 대해 무디어질 수밖에 없습니다. 하나님께서는 우리들의 죄를 심각하게 생각하십니다. 죄를 용서하신다고 해서 죄를 경시하시는 것이 아닙니다. 하나님께서는 언제나 우리를 회개로 이끄십니다.

넷째, 사탄은 분열시키지만 그리스도는 연합시키십니다.

사탄은 "이래야만 살 수 있다"고 살 길을 제시하지만 그 길은 끝내는 죽을 길입니다. 사탄은 우리를 먼저 하나님과 분열시키고, 이내 이웃들과 분열시켜 사망에 이르게 합니다. 그러나 하나님께서는 어떠한 극한 상황에서도 하나님과 연합하게 하여, 끝내는 살리십니다.

다섯째, 사탄은 교만을 조장하지만 그리스도는 겸손을 이루십니다.

사탄이 사탄이 될 수밖에 없었던 이유는 바로 교만 때문입니다. 사탄은 모든 일을 우리 자신만을 위하여 하도록 유혹할 것입니다. 성령 하나님께서는 하나님의 영광을 위하여 예수 그리스도의 이름으로 행하도록 인도하십니다. 사탄은 진리와 겸손을 희생해서라도 우리 자신을 높이고 자존심을 세우라고 유혹할 것입니다. 그러나 예수 그리스도는 우리 자신을 부인하라고 권하십니다. 사탄은 내 행위를 옹호하며 책임을 전가하도록 만듭니다. 그러나 예수님께서는 가장 높으신 하나님의 아들임에도 불구하고 최고의 낮아진 모습을 보여주셨습니다. 그리고 그 예수님께서는 우리로 하여금 겸손하게 만드사, 오히려 온전하고 존귀하게 회복시켜주십니다.

여섯째, 사탄은 수단과 방법을 가리지 않지만 그리스도는 오직 하나님의 경하신 방법만을 취하십니다.

사탄은 선한 목적을 악한 수단으로라도 이루는 것이 상책이라고 유혹합니다. 하나님을 섬기고 그 나라를 확장하려는 열정에 사로잡힌 나머지, 사탄이 제시하는 방법으로 행하다가 나락으로 추락한 수많은 기독교 지도자들이 있습니다. 결국 그들은 수욕을 자초하고 하나님의 이름을 욕되게 하였습니다.

이스라엘의 절기들은 모두 하나님의 구원의 날을 기념하며, 후손들에게 하나님을 체험케 하기 위하여 제정된 것입니다. 특별히 초막절은 광야에 초막을 치고 선조들의 경험을 재현하며, 다시 하나님 안에서 새롭게 되기 위해 제정된 절기입니다.

때때로 자녀들과 함께, 때로는 홀로, 아무도 없는 들이나 산으로 나가, 나에게만 들려주시는 하나님의 음성을 경청하며, 그 음성을 통하여 나를 되돌아볼 수 있는 시간만큼 좋은 것도 드뭅니다.

노암 촘스키는 국가를 네 가지로 분류한 바 있습니다. 강대국, 약대국, 강소국, 약소국, 이렇게 네 가지입니다. 미국과 같은 나라가 강대국입니다. 나라도 크고 힘도 강합니다. 인도와 같은 나라가 약대국입니다. 나라는 크지만 힘이 약합니다. 네팔이나 캄보디아와 같이 작으면서도 가난한 나라를 약소국이라고 합니다. 그러나 스위스 같은 나라는 작지만 강한 나라, 강소국입니다. 바로 이것이 우리나라가 지향해야 할 목표이며, 모든 성도들이 갖춰야 할 자세입니다.

"에브라임은 어리석은 비둘기 같이 지혜가 없어서 애굽을 향하여 부르짖으며 앗수르로 가는도다"(호 7:11). 어리석은 비둘기가 바로 정직하고 순진하나 지혜가 없어 당하고만 사는 약소국이라 할 수 있습니다. 그들에게 남는 것은 오직 '패배감과 피해의식'입니다.

어떻게 하면 작지만 강한 나라가 될 수 있을까요?

"너희는 뱀같이 지혜롭고 비둘기같이 순결하라"(마 10:16). 선한 태도, 정직한 자세는 끝까지 지키되, 사악한 무리들이 가지고 있는 현명함과 똑똑함을 겸비하라는 것입니다. 이것이 악의 술수와 책략을 이기는 최고의 전략입니다. 주님께서 가르쳐주신, 세상을 이기는 길입니다.

예수님은 비둘기보다 더 순결하며 약해 보이셨습니다. 무력하게 십자가에 달려 돌아가셨습니다. 그러나 예수님을 못 박은 이들보다 현명하시고 지혜로우셨습니다. 예수님의 마지막 기도, "아버지 저들을 사하여 주옵소서. 자기들이 하는 것을 알지 못함이니이다"(눅 23:34). 예수님을 못 박는 로마 군인이나 바리새인들은 겉으로는 강해 보입니다. 그들의 지략이 묘책처럼 보였습니다. 하지만 결정적인 약점이 있었습니다. 그들은 영적으로 눈이 멀어 있었습니다.

주님은 부활하셨습니다. 비둘기보다 더 순결하고 뱀보다 더 현명한 주님. 순결 그 자체, 지혜 그 자체이신 주님이 죽음의 권세마저도 이기신 것입니다. 끝내 하나님은 승리하십니다.

일본 제국주의가 한국 교회에 대하여 금지한 것이 있습니다. 그것은 구약, 그중에서도 출애굽기를 읽지 못하게 하고, 출애굽기에 관하여 설교하는 것도 금지한 것입니다. 사악한 무리들은 상당히 똑똑합니다. 그들이 그것을 금지하는 것은, 그 안에 생명이 있고 살 길이 있기 때문입니다. 공산주의가 종교, 특히 기독교를 아편으로 규정하고 금지하는 데에는 이유가 있습니다. 그 안에 생명이 있기 때문입니다. 그러므로 그들이 권하는 것은 절대로 따라하지 말며, 반대로 금지하는 것은 끝까지 지켜내야 합니다. 그래야 살 수 있습니다. 우리는 오직 주님을 따라야 합니다. 주님의 방법을 따라야 합니다. 나를 괴롭힌 악을 이기겠다고 더 악해져서는 안 됩니다. 성도는 그렇게 될 수도 없습니다. 선을 행하되 영적 지혜로 무장해야 합니다. 힘으로, 학벌로, 돈이나 권력으로, 내가 가진 지혜와 꾀로 이기려는 모든 시도는 버려야 합니다.

물질적인 힘보다 더 강한 것이 정신적인 힘이며, 정신적인 힘보다 더 강한 것이 영적인 힘입니다.

사노라면 고난을 만나게 마련입니다. 그때가 바로 하나님께서 나를 광야로 부르시는 때입니다. 그때 기꺼이 따라나서며 하나님과 동행하는 법과 하나님의 능력과 지혜를 배우기로 합시다.

25

강 | 민수기 32:1-15

낙심케 하지 말라

파멸을 피하기 위해서 가장 먼저 해야 할 일은, 하나님의 깊은 것까지 통달케 하시는 성령을 받아 하나님의 비전과 하나님의 사명을 보는 것입니다. 하나님의 계획에 동참하는 것입니다.

민수기 25강

 가수 유승준을 기억하십니까? 그는 운동도 잘하고 퀴즈도 잘 맞추고 금연 홍보대사로 활동하기도 하였습니다. 무엇보다도 그는 신앙심이 깊었습니다. 어떤 일을 하든지 언제나 기도로 시작하였고, 바쁜 가운데서도 여러 교회를 순회하며 청소년들에게 예수 그리스도를 믿는 참 믿음을 심어주는 데 앞장섰습니다. 그런데 청소년들의 우상이었던 그가 그만 군 입대로 인한 공백을 두려워하여 병역의 의무를 회피해버렸습니다. 그로 인해 많은 사람들의 기대를 저버렸고, 그래서 사람들은 분노하였고, 끝내 그는 조국으로의 입국을 저지당하고 말았습니다.
 마약과 퇴폐로 얼룩진 연예계에서도 얼마든지 하나님께 영광을 돌리며 귀한 소망을 청소년들에게 전할 수 있음을 보여주었던 그가 그만 주저앉고 만 것입니다. 하나님께서 그에게 부여하신 귀한 은사와 좋은 기회를, 작은 장애물을 넘지 못하고 상실해버린 것입니다.

그는 안타깝게도 원대한 하나님의 비전을 바라보지 못했습니다. 당당히 병역의 의무를 수행하였다면 오히려 더 큰 기회와 사랑과 신뢰를 얻을 수 있었을 것입니다. 이제라도 그가 눈을 들어 하나님께서 가라 하는 곳을 보게 되길 바랍니다. 다시 주님의 십자가 앞에서 겸손히 재기하기를 간절히 바랍니다.

가수 유승준의 경우와 같이, 하나님의 계획을 중도에서 포기하는 경우가 참 많습니다. 인격으로 보나 능력으로 보나 훨씬 더 큰 일을 하며 지도자가 될 사람인데, 그저 안일하게 하루하루를 살아가거나, 때로는 남들보다 훨씬 더 못난 삶을 사는 사람들이 참 많이 있습니다.

하나님은 한 사람 한 사람에게 특별한 계획을 가지고 계십니다. 그 계획과 꿈과 비전을 보는 것이 하나님의 위대한 사람이 되는 첫 단계입니다. 그렇다면 그것을 어떻게 볼 수 있을까요?

요엘 선지자가 가르쳐줍니다. "그 후에 내가 내 영을 만민에게 부어주리니 너희 자녀들이 장래 일을 말할 것이며 너희 늙은이는 꿈을 꾸며 너희 젊은이는 이상을 볼 것이며 그때에 내가 또 내 영을 남종과 여종에게 부어줄 것이며"(요엘 2:28-29).

하나님의 꿈을 꾸는 데에는 예외가 없다는 것입니다. 청년이나 노인, 여자나 남자나 모두 성령을 받을 때 하나님의 비전을 보게 됩니다. 하나님의 꿈을 꾸는 데에는 결코 늦은 나이가 없습니다. 이제라도 늦지 않았습니다.

전성철 씨는 우리나라 최초로 미국 유수의 로펌 파트너가 된 사람입니다. 미국 변호사만 되어도 각광을 받는데, 뉴욕 맨해튼의 유명 로펌인 "리드 앤 프리스트"에 취직해서 유일한 동양인, 외국인으로서 최단 기간에 로펌의 파트너로 승진하는 기록을 세웠습니다. 로펌 파트너란 법조계의 꽃입니다. 20만 명에 달하는 미국 변호사들 중에 로펌에서 일하는 변호사의 숫자는 불과 1만 명 정도인데, 그중에 로펌 파트너는 천여 명 정도에 불과합니다.

그가 미국의 로스쿨에 가기로 결심한 것은 대학 4학년 때였습니다. 그에게 그런 꿈을 꾸게 만든 책이 한 권 있습니다.《법적인 사고 Legal Reasoning》라는 책입니다. 그 책은 그에게 변호사같이 생각하는 법을 가르쳐주었습니다. 그로부터 8년 후, 그는 서른두 살의 늦은 나이에 간신히 미네소타 로스쿨에 입학할 수 있었고, 천신만고 끝에 졸업하였습니다. 그리고 그 꿈을 꾼 지 15년 후에 마침내 로펌 파트너가 되었습니다. 그는 "꿈꾸는 자는 멈추지 않는다"고 말합니다. 그리고 같은 제목으로 그 꿈을 이루기까지의 과정을 담은 책을 썼습니다.

성령을 받았다는 것은 '영적인 사고'를 하게 되었다는 것, 곧 하나님처럼, 예수님처럼 생각하게 되었다는 것을 말합니다. '법적인 사고'에 매료되어 마침내 꿈을 이룬 것처럼, 성령을 받은 우리는 훨씬 더 큰 꿈을 이룰 수 있으며, 이루어야 할 책임이 있습니다.

사탄은 하나님의 비전을 좌절시키기 위해 그 가는 길에 여러 가지 장애물을 설치합니다.

첫 번째 장애물은 난관과 어려움입니다.

모세는 열두 명의 정탐꾼을 젖과 꿀이 흐르는 가나안 땅으로 침투시킵니다. 여호수아와 갈렙을 제외한 열 명이 보고 온 것은 그 땅에 사는 거민들의 장대함이었습니다. 도저히 정복은 불가능해 보입니다. 그들의 두려움은 이스라엘 백성에게 전염되고, 온 백성은 통곡을 하며 주저앉아버렸습니다. 그것을 극복하는 데 무려 40년이 걸렸습니다.

두 번째 장애물은 현실 안주입니다.

예수님께서 제자들에게 장차 예루살렘에서 받으실 고난에 대하여 말씀하셨습니다. 그러자 베드로가 예수님의 팔을 붙잡고 말합니다. "주여 그리 마옵소서. 이 일이 결코 주께 미치지 아니하리이다"(마 16:22). 그러자 예수님께서 무서운 말씀을 하십니다. "사탄아 내 뒤로 물러가라. 너는 나를 넘어지게 하는 자로다. 네가 하나님의 일을 생각하지 아니하고 도리어 사람의 일을 생각하는도다"(23절).

사탄은 사람들로 하여금 뭐 그렇게 애쓰고 있냐고 부추깁니다. 그래서 사람들은 "이런들 어떠하리, 저런들 어떠하리" 대충 대충 살다 가려고 합니다.

물질이나 육체의 일은 이만하면 족하다고 여겨도 좋습니다. 그러나 영혼의 문제는 사탄에게 절대로 양보해서는 안 됩니다. 사도 바울은 자신의 모든 특권과 소유를 배설물로 여겼습니다. 그러나 복음의 문제, 영혼의 문제에는 절대로 물러서지 않았습니다. 목숨을 걸었습니다.

세 번째 장애물은 자기 자신만을 생각하는 이기주의입니다.

르우벤과 갓 지파가 보여준 태도가 바로 그것입니다. 성경은 다음과 같이 전합니다. "르우벤 자손과 갓 자손은 심히 많은 가축 떼를 가졌더라. 그들이 야셀 땅과 길르앗 땅을 본즉 그 곳은 목축할 만한 장소인지라"(민 32:1). 그 땅을 보고 이들이 모세에게 간청합니다. "우리가 만일 당신에게 은혜를 입었으면 이 땅을 당신의 종들에게 그들의 소유로 주시고 우리에게 요단 강을 건너지 않게 하소서"(5절).

　현재 이스라엘 백성들은 광야 생활 40년을 마치고 약속의 땅으로 들어가기 직전입니다. 오랜 시련 끝에 이스라엘은 승승장구하고 있습니다. 이제 요단 강을 건너는 일만 남았습니다. 그런데 르우벤 자손과 갓 자손이 하나님의 계획에 브레이크를 건 것입니다.

　그들에게는 가축들이 많았습니다. 그리고 정복한 땅을 보니 그 가축들을 키우기에 적합해 보였습니다. 그래서 그 땅을 자신들에게 달라는 것입니다. 이 땅은, 하나님께서 도우시고 또한 온 백성이 힘을 합쳐 차지한 땅입니다. 그런데 자신들에게 달라는 것이며, 남아 있는 진짜 과제, 최종 목표를 달성하는 데에는 빠지겠다는 것입니다. 참으로 영악스런 제안이 아닐 수 없습니다.

　또 하나 보아야 할 것이 있습니다. 르우벤은 맏아들이라는 사실입니다. 맏아들은 모든 가문을 대표하며, 모든 일에 앞장서야 할 책임이 있습니다. 그러나 불행히도 눈앞의 작은 이익에 팔려 하나님께서 가라 하시는 그곳에 가기를 포기한 것입니다. 하나님의 계획에는 관심이 없습니다. 다만 자신들의 가축과 안녕에만 관심을 두고 있습니다.

　모세는 그들의 요구를 책망합니다. "너희 형제들은 싸우러 가거늘 너희는 여기 앉아 있고자 하느냐. 너희가 어찌하여 이스라엘 자손에게 낙심하게 하여서 여호와께서 그들에게 주신 땅으로 건너갈 수 없게 하려 하느냐"(6-7절). 이것은 단순히 개인 문제, 집안 문제가 아니라 이스라엘 전체의 문제입니다. 이스라엘 전체에게 악영향을 끼쳐 모두를 주저앉게 만듭니다.

《비전을 넘어 핵심 가치로》의 저자 오브리 맬피스는 이런 사람들을 가리켜 "비전 뱀파이어Vision Vampire"라고 불렀습니다. 뱀파이어는 흡혈귀라는 아주 기분 나쁜 뜻입니다. 비전을 파괴하는 무리들, 가치를 잠식시키는 무리들을 가리킵니다. 그런데 하나님의 비전을 잠식시키는 비전 뱀파이어가 되는 데에는 두 가지 길이 있습니다.

첫째, 자신도 모르는 사이에 그렇게 됩니다. 가수 유승준이나 예수님의 앞을 가로막은 베드로나 르우벤 지파가 의도적으로 그렇게 한 것은 아닙니다. 자신도 모르는 사이에 그렇게 한 것입니다.

둘째, 옳은 일을 한다고 믿으면서 그렇게 됩니다. 바리새인들은 자신들이 누구보다 옳다고 생각하였습니다. 회심 전의 바울도 하나님의 일을 한다고 굳게 믿었습니다. 그러나 그들은 많은 사람들을 실망시켰고, 이스라엘 전체를 낙담시켰으며, 예수님을 십자가에 못 박았고, 하나님의 구원 계획의 훼방자가 되었습니다.

르우벤과 갓 지파는 40년 광야 생활에도 가축들이 많았다고 말했습니다. 하나님의 축복입니다. 많은 것을 받았음에도 불구하고, 오히려 하나님의 비전을 흔드는 비전 뱀파이어로 전락하였습니다.

때로는 우리도 르우벤 지파와 갓 지파처럼 이기적인 마음으로 하나님께 이것저것을 요구합니다. 하나님께서는 마지못해 주실 때도 있습니다. 그러나 마음에 새겨야 하는 말씀이 있습니다. "여호와께서는 그들이 요구한 것을 그들에게 주셨을지라도 그들의 영혼은 쇠약하게 하셨도다"(시 106:15). 하나님의 뜻 대신 내 뜻을 구하면 언제나 대가를 치러야 합니다.

이런 요구를 했던 그들이 훗날 어떤 대가를 치렀을까요? 이들은 요단 동편에 따로 남아서 끊임없이 이방 민족에게 시달렸고, 이들이 거하던 땅은 끝내 우상숭배로 가득한 패역의 땅이 되고 말았습니다. 성경은 르우벤과 갓에 대하여 이렇게 증언하고 있습니다. "그들이 그들의 조상들의 하나님께 범죄하여 하나님이 그들 앞에서 멸하신 그 땅 백성의 신들을 간음하듯 섬긴지라"(대상 5:25).

하나님께서 저희 앞에서 멸하신 그 땅 백성들의 신들을 간음하듯 섬겼다는 것입니다. 이것은 가장 치욕스러운 표현입니다. 그리고 끝내는 포악한 앗수르에게 참혹한 멸망을 당하고 맙니다. 이것은 하나님의 징벌로 인한 패망이 아닙니다. 그저 하나님의 계획을 외면한 당연한 필연일 뿐입니다.

마치 롯의 운명과 같이 된 것입니다. 롯이 보기에 소돔과 고모라 땅은 에덴 동산과 같았습니다. 그저 겉으로 드러난 모습에 혹하여 그곳으로 갔는데, 그 땅은 가장 먼저 임한 하나님의 심판의 땅이 되었습니다.

"너희가 어찌하여 이스라엘 자손에게 낙심하게 하여서 여호와께서 그들에게 주신 땅으로 건너갈 수 없게 하려 하느냐." 모세의 책망을 들으며, 혹시 내가 다른 성도들을 낙심케 하고 있는 것은 아닌지 점검해보시기 바랍니다.

헨리 블랙커비의 저서 《하나님의 음성에 응답하는 삶》에는 이런 내용이 수록되어 있습니다. 어느 집회 때 한 중년 부부가 근심 어린 얼굴로 목사님을 찾아왔습니다. 그들은 여생을 해외 선교사로 보내라는 하나님의 음성을 똑똑히 들었다고 합니다. 그러나 은퇴한 다음, 여생을 살 아름다운 집을 막 지은 터라, 떠나는 것을 주저하며 그저 출석하고 있는 교회에서 최선을 다해 봉사하며 신앙생활을 하고 있었습니다. 집에 대한 애착으로 인해 하나님께 온전히 순종하지 못했던 것입니다. 언제나 마음에는 꺼림칙한 앙금이 남아 있었습니다. 그러던 차에 봄에 엄청난 돌풍이 그 마을에 불어닥쳤습니다. 그런데 그 돌풍은 마을 중에서 오직 그 집만을 완전히 파괴시키고 물러갔습니다. 그 부부는 엄청난 충격을 받았습니다.

그래서 목사님을 찾아온 것입니다.

정말 하나님께서 그렇게 하신 것일까요? 그것은 아무도 모릅니다. 다만 그 부부의 마음이 가장 중요합니다. 만약 하나님께서 그 집을 취하셨다고 느꼈다면 그들은 하나님의 음성에 응답할 필요가 있습니다. 그 다음날 그들은 회중 앞에서 하나님께서 인도하시는 대로 선교사의 길을 가기로 결단하였습니다.

파멸을 피하기 위해서 가장 먼저 해야 할 일은, 하나님의 깊은 것까지 통달케 하시는 성령을 받아 하나님의 비전과 하나님의 사명을 보는 것입니다. 하나님의 계획에 동참하는 것입니다.

하나님께서는 하나님의 비전을 실천할 사람들을 친히 세우셨습니다. 아브라함, 이삭, 야곱, 요셉, 모세와 같은 사람들입니다. 그리고 이스라엘 민족입니다. 이들의 특징은 결코 탁월함이 아닙니다. 아브라함은 늙었습니다. 이삭은 무능할 정도로 착해빠졌습니다. 야곱은 야비하였고, 요셉은 그 가혹한 시련을 감당하기에는 너무 어린 소년이었습니다. 모세는 살인자였으며, 당시 최대 세력가인 이집트 파라오의 추격을 받아 앞길은 꽉 막혀 있었습니다. 이스라엘은 가장 비천한 노예였습니다. 하나님께서는 이들을 택하여 하나님의 꿈을 꾸게 하고 하나님의 비전을 보게 하고 그들의 생애를 통해 실현하게 하십니다. 이들을 가리켜 '롤 모델Role Model'이라고 부릅니다. 그리고 하나님께서 우리들을 향하여 "이 사람을 보라"고 말씀하십니다. 우리들도 하나님의 손을 잡을 때 그와 같이 될 수 있으며, 그와 같이 되라는 것입니다.

하나님은 사람을 통해 일하십니다. 기르시고 자라게 하시는 이는 하나님이시나, 복음의 씨는 사람이 뿌려야 합니다. 하나님의 일을 하지 않고 성령의 능력을 기대하는 것은 어불성설입니다. 그러나 부족하고 어리석고 연약하지만, 하나님의 일을 하려고 나설 때 엄청난 능력을 허락하십니다. "여호와의 눈은 온 땅을 두루 감찰하사 전심으로 자기에게 향하는 자들을 위하여 능력을 베푸시나니"(대하 16:9).

그렇습니다. 하나님의 일을 내 몸으로 이루어나갈 때 나 자신이 빛의 세계로 들어갑니다. 내 신앙이 회복됩니다. 그리고 그 생명력, 그 하늘의 에너지로 나는 나만이 이룰 수 있는 하나님의 꿈을 이루어나갑니다. 이들을 가리켜 '믿음의 맏아들'이라고 부릅니다. 이들을 통하여 하나님의 위대한 계획이 이 땅에서 이루어지며, 그들에게는 땅에서는 구할 수 없는 영적인 기쁨, 그리고 더 많은 일을 하라고 '배나 되는 복Double Grace'을 허락하십니다.

믿음의 맏아들, 영적 맏아들. 이것이 모든 그리스도인의 이름이 되어야 합니다.

26강 | 민수기 34:1-15

안전지대

가나안 땅은 산과 골짜기가 있을 뿐 변변한 호수도 없습니다. 하늘에서 내리는 비만 바라보며 살아야 하는 그러한 땅입니다. 하나님께서는 왜 이런 땅을 젖과 꿀이 흐르는 땅이라고 말씀하시며, 약속의 땅이라고 말씀하시는 걸까요? 그것은 하나님만 바라보며 살아가라는 말입니다. 하나님께서는 그 가나안 땅에 이른 비와 늦은 비를 내시고, 그 땅은 특별하게 비를 흡수하는 땅이라고 말씀하십니다.

민수기 26강

철조망 병이라는 것이 있습니다. 이 병은 전쟁 포로들에게 발병되는 정신병의 일종인데, 오랫동안 철조망이 쳐진 포로수용소에 갇혀 있으면 생기는 병입니다. 이 병에 걸리면 석방된 후에도 외부 세계에 두려움을 느끼고 세상과 벽을 쌓고 폐쇄된 상태로 살아가게 됩니다.

포로수용소에서는 모든 시도와 생각은 처벌의 대상이 되고, 인간의 자존심과 존엄성은 말살의 대상이 됩니다. 소망과 미래는 그 뿌리부터 파헤쳐집니다. 그래서 남는 것은 끝없는 굴종과 기계적인 움직임입니다.

그렇게 오랜 생활에 젖어 있다가 세상 밖으로 나오면, 자유를 얻

안전지대

없어도 생각은 폐쇄되어 있고 그저 명령에 수동적으로 따르게 됩니다. 어떤 새로운 시도나 생각을 하지 못하고, 멍하니 시간과 생명을 허비합니다. 이렇게 눈에 보이지 않는 철조망으로 자신을 가두어두는 그것이 철조망 병입니다.

영국에서 재미있는 조사를 한 적이 있습니다. 얼마만큼의 돈이 있으면 근심·걱정 없이 행복해질 수 있는가, 사람들에게 물어보았습니다. 여러 가지 대답을 하였습니다. 그래서 그 액수들을 모아 평균을 내보니까, 우리나라 돈으로 약 18억 정도였습니다. 18억 원만 있으면 근심·걱정에서 자유롭고 행복할 수 있다고 생각하는 것입니다. 그러나 부자에게 물어보십시오. 그 사람들도 분명히 걱정과 근심의 울타리에 갇혀서 살고 있을 것입니다.

세계 최고의 부자 빌 게이츠는 700억 달러의 재산을 가지고 있다고 합니다. 그 돈이면 웬만한 나라를 사고도 남습니다. 그런데 그는 그 재산을 절대로 그 자녀에게 물려주지 않겠다고 선언했습니다. 세 명의 자녀들에게 각각 천만 달러만 주기로 하고, 나머지는 모두 사회에 환원하기로 하였다고 합니다. 이유는 아주 간단합니다. 그 많은 재산의 짐을 자기가 사랑하는 자녀들에게 지울 수 없다는 것입니다. 많은 재산이 오히려 사랑하는 자녀들을 가두는 철조망이 된다는 것입니다.

"물은 물이요 산은 산이라"는 법어를 남긴 성철 스님이 열반하면서 마지막 남긴 말은 이것입니다. "내가 살아생전에 남녀노소에게 지은 죄가 너무 많아 수미산을 넘는다." 수미산은 높이가 10만 척이나 되는 전설 속의 산입니다. 가장 높은 산입니다. 성철 스님을 만나기 위해서는 삼천 배를 해야 했습니다. 이 말은, 자신을 만나러 오지 말라는 말입니다. 그렇게 극도의 은둔 생활을 하였던 그가, 사람을 만나지 않았던 그가, 혼자서 무슨 죄를 그렇게 많이 지었길래 자신의 죄가 수미산을 넘는다고 하였겠습니까? 이것은 그 수많은 수도와 고행과 득도로도 끝나는 죄의 문제를 해결하지 못했다는 것입니다.

최고의 부자도, 최고의 권력가인 대통령도, 최고의 경지에 오른 종교인들도 어딘가에 갇혀 지내고 있습니다. 우리가 살아가는 세상은 '철조강 없는 감옥'이라 할 수 있습니다. 먼저 사람들은 육체에 갇혀 있습니다. 근심과 걱정에 갇혀 있고, 탐욕과 두려움에 갇혀 있습니다. 때로는 무기력과 절망에 갇혀 있고, 수치와 열등감, 우월감에 갇혀서 살고 있습니다.

또 하나 인식할 것은, 모든 사람들은 그냥 가만히 내버려두면 예외 없이 나쁜 쪽으로 바뀐다는 사실입니다. 자유는 방종으로, 즐거움은 방탕으로, 만족은 탐욕으로, 여유는 게으름으로, 겸손은 비굴함으로, 용감은 만용으로, 능력은 교만으로 바뀝니다. 고난은 원망으로 바뀌고, 풍성함은 낭비와 권태로 바뀌고, 번영은 남을 억압하는 수단으로 바뀝니다. 이렇게 정반대의 것으로 바뀌는 것은 전혀 어렵지 않습니다. 이것은 자동입니다. 말의 고삐를 잡는 순간 경마를 잡히고 싶고, 서 있으면 앉고 싶고, 앉으면 눕고 싶습니다. 그렇게 되는 데에는 어떤 고뇌도, 복잡한 과정도 필요 없습니다. 저절로 그렇게 됩니다.

왜 이렇게 갇혀 지내거나, 좋은 것이 저절로 나쁜 것으로 바뀌는 것일까요?

여기에는 이유가 있습니다. 하나님께서는 선물로 우리에게 생명과 세상과 육체를 주셨습니다. 선물은 거저 주어집니다. 선물은, 받아서 열어보고 즐기고 가지라는 것입니다. 그런데 하나님께서 세상을 우리에게 선물로 주셨다고 하는데 세상이 쉽습니까? 어렵습니다. 살기가 굉장히 어렵습니다. 왜 이렇게 된 것일까요?

예를 들어봅니다. 우리가 여행을 떠납니다. 친구 열 명이 배낭여행을 떠납니다. 여행 중에 여러 고난과 역경을 만납니다. 그러나 그 열 명이 하나가 되어서 서로 양보하고 도우면, 그 여행은 참으로 신나는 여행이 되고, 고생스러우면 고생스러울수록 보람 있는 여행이 됩니다. 그러나 여행을 하다가 어떤 한 사람이 언제나 자기는 좋은 음식을 많이 먹고, 좋은 잠자리에서 자야 한다고 생각하고, 좋은 것은 자기만 가져야 한다고 주장합니다. 그리고 나머지 아홉 사람은 자기의 명령에 복종하여야 한다고 생각하기 시작하면, 그 여행은 즉시 어려워집니다. 노골적인 지배로 나오면 억압으로 변하고, 교묘한 술수로 나오면 그것에 가득한 복잡 미묘한 것들이 여행을 즉시 망쳐버립니다.

하나님께서는 우리에게 자유의지를 주셨습니다. 그 자유의지는 자연에도, 동물들에게도 주시지 않은, 오직 인간에게만 주신 최고의 선물입니다. 하나님께서 우리들에게 자유의지를 주신 이유는 분명합니다. 첫째는, 하나님 대신에 우리가 이 세상을 통치하고 관리하고 다스리라는 것이고, 둘째는, 각자 나름대로 다양한 것, 최상의 것으로 하나님께 영광을 돌리라는 것입니다. 우리가 모두 똑같은 로봇과 같다면 생산하는 것도 똑같을 수밖에 없기 때문입니다. 마지막으로, 하나님께서 주신 이 아름다운 세상에서 즐겁게 살다가 다시 하나님 계신 곳으로 돌아오라는 것입니다.

그런데 우리는 하나님께서 주신 이 귀중한 선물인 자유의지를 엉뚱하게 써버렸습니다. 자유의지를 사용하여 남들보다 많이 좋은 것을 독점하려 하고, 엉뚱한 것을 꿈꿉니다. 그래서 우리가 관리해야 하는 세상, 우리에게 선물로 주어진 세상은 황폐해지고, 또한 우리가 이 세상을 사탄의 손에 넘겨버리고 말았습니다. 사탄의 하수로 전락한 사람들에게 주어진 모든 것은 변질되고 파괴되어버립니다. 모든 것이 그렇습니다. 예외가 없습니다. 그래서 모두 철조망 병에 걸려 갇혀 지내게 되었고, 사탄에게 사로잡힌 자유의지에 의해서 좋은 것은 자동적으로 나쁜 것으로 변질되어버렸습니다.

　영어로 '살다'라는 동사는 'live'입니다. 이것을 뒤집어보면 'evil'입니다. 그 뜻은 '악'입니다. 하나님께서는 우리를 'live'하게 하시는데, 사탄은 그것을 'evil'하게 만듭니다. 하나님께서는 우리를 살리십니다. 그러나 사탄은 뒤집어서 그것을 악으로 만들어버립니다. 그런데 사람이 사탄에게 동조해버렸습니다. 이것이 모든 불행의 원인입니다.

　그런데 하나님께서 만드신 이 세상의 원리는 대단히 간단합니다. 하나님의 사랑과 말씀으로, 그것도 7일 만에 모든 것을 창조하셨습니다. 그리하여 어떤 바보도 살 수 있도록 하셨습니다. 그것을 알고 있는 사탄은, 그래서 사람들로 하여금 기를 쓰고 하나님의 말씀을 거부하도록 유도합니다. 사탄이 야기한 몸과 마음과 영혼의 파괴, 세상 곳곳에서 일어나는 엄청난 파괴도 사실 알고 보면 그 원인은 의외로 간단합니다. 그러므로 당연히 회복의 원리도 간단합니다.

정신병원에서 환자의 치유 여부를 판단하는 기준이 있다고 합니다. 수돗물을 틀어놓아 넘치게 해놓고 환자로 하여금 닦게 만듭니다. 환자가 방에 들어와 수도꼭지부터 잠그고 물을 닦으면 그 사람은 치유된 것입니다. 그러나 수돗물을 틀어놓은 채 바닥만 계속해서 닦고 있으면 그 사람은 치유된 것이 아닙니다. 수돗물이 계속 흐르는데 그 바닥을 말린다는 것은 불가능한 일입니다. 우리는 이 세상에 일어나고 있는 잡다하고 복잡한 문제들을 우리 힘으로 해결할 수 없습니다. 그러나 이것을 해결할 수 있는 방법은 너무나 간단합니다. 모든 문제의 원인인 수도꼭지를 먼저 잠그는 것입니다. 이 판단을 잘해야 합니다.

원인은 우리의 타락한 자유의지인데, 사람들은 그것을 보지 못하고 다른 데서 그 원인을 찾고 있습니다. 우리 남편(아내)이 잘못해서, 다른 사람 때문에, 돈이 없어서, 능력이 없어서 등등. 다른 데서 그 원인을 찾는 사람은 수도꼭지를 잠그지 않고 바닥만 닦는 그런 사람입니다. 계속해서 넘치는 물을 닦다 닦다 다 닦지 못해서 그냥 손들어버리고 넘치는 물을 방치해버립니다. 우리 가운데도 그런 사람들이 많이 있습니다. 한번 혼이 났는데도 그 원인을 찾지 못하고, 반복되는 고난과 어려움에 대책 없이 당하고 있습니다.

이제 하나님께서는 사탄의 노예로 전락한 사람을 다시 불러서 제자리에 놓으시려고 합니다. 그 첫 번째 출발이, 바로 가장 비천한 자리로 전락한 이스라엘을 택하신 일입니다. 이집트로부터 탈출시켜서 광야로 부르시고, 그 광야에서 무엇이 잘못되었으며 그 잘못을 치유하기 위해서는 무엇을 어떻게 해야 하는지 가르쳐주십니다. 그런데 이스라엘 백성들은 자유를 얻었음에도 불구하고 어려운 일만 닥치면 자꾸 이집트로 돌아가려고 합니다. 철조망 병이 도지는 것입니다. 이집트는 어디입니까? 그들을 가두어두고 노예로 혹사시키던 곳입니다. 그런데 계속해서 그 쪽으로 돌아가려고 합니다.

하나님께서는 이 철조망 병을 치유하기 위해서 두 가지를 주셨는데 바로 성막과 십계명입니다. 성막과 십계명 돌판은 영적 학교이며 영적 교과서입니다. 다른 말로 하면, 영적 병원이며 영적 처방전입니다. 하나님께서는 우리들에게 교회와 성경을 주셨습니다. 교회는 영적 학교이자 영적 병원이며, 성경책은 영적 교과서이자 영적 처방전입니다. 이 두 가지만 있으면 사는 것이고, 이 두 가지가 없으면 그가 아무리 부자라도, 아무리 높은 지위에 있더라도, 아무리 능력이 있더라도 그는 망한다는 것입니다.

여러분, 기억하십니까? 민수기는 광야 생활 40년 동안 일어났던 일들의 기록입니다. 이것을 잘 공부하면 광야와 같은 이 땅에서 승리하는 법을 배울 수 있습니다. 민수기에는 모두 여덟 번의 실패가 나온다고 이미 말씀드렸습니다. 이 여덟 번의 실패는 철조망 병이 재발한 것입니다. 처음 나타난 증상은 원망과 불평입니다. 포로수용소에서 적군에게 굴종하던 버릇이 튀어나와서 생명의 주이신 하나님의 명령에 거브한 사건입니다. 그때마다 수많은 반역자들이 죽음을 당했습니다. 이것은 악성 종양을 도려내고 옛 습관을 잘라내는 수술입니다.

하나님을 의지하지 않고는 단 며칠도 생존할 수 없는 광야에서 하나님께서는 40년 동안 여덟 번의 대수술을 통하여 이스라엘의 병든 자유의지를 치유해나가셨습니다. 그 수술에 견디지 못한 사람은 광야에서 죽었습니다. 그리고 마침내 사탄에게 사로잡혀 있던 자유의지를 하나님께로 돌려놓을 수 있게 되었습니다. 광야 생활 40년이 지난 즈음, 이스라엘 백성은 건강한 자유의지를 회복시켜 하나님을 대신하여 이 세상을 통치할 수 있겠다고 하나님께서 판단하신 것입니다.

오늘 읽은 본문 말씀은 이스라엘 백성이 곧 들어가게 될 가나안 땅, 이스라엘 백성이 차지하게 될 땅의 경계를 이야기하고 있습니다. "그 땅은 너희의 기업이 되리니 곧 가나안 사방 지경이라"(민 34:2). 하나님의 말씀입니다. 여기에 나오는 여러 지명은 잊어버려도 괜찮습니다. 서편 경계는 지중해, 동편 경계는 요단 강이요, 남편 경계는 이집트와 맞닿은 사해 아래 있는 애굽 시내요, 북편 경계는 갈릴리 호수의 위쪽 호르 산까지입니다.

이러한 하나님의 경계는 매우 중요한 영적 교훈을 알려줍니다.

첫째, 하나님께서 정해주신 경계는 우리의 꿈이자 목표입니다.

성도는 하나님께서 표시해놓으신 경계를 보고 마땅히 그 목표를 완수해야 합니다. 이스라엘 백성은 어떤 일이 있어도 요단 강을 건너 하나님께서 정해놓으신 경계를 차지해야 합니다. 그러므로 하나님의 목표를 분명하게 보는 것이 가장 중요합니다. 목표를 확인하는 것은 이미 절반의 성공이라는 것을 잊지 마시기 바랍니다. 내 처지가 어찌되었건, 하나님의 목표를 본 사람의 눈은 살아나기 시작합니다.

이스라엘 백성이 지도를 놓고 하나님의 청사진을 보듯이, 우리도 하나님께서 주신 목표가 무엇인지 확인해야 합니다. 우리 청년들은 하나님의 그 계획을 확인할 수 있도록 간절히 기도해야 합니다. 그리하면 하나님께서 묵상 가운데 가르쳐주십니다. 이스라엘 백성에게 경계를 가르쳐주시듯이 보여주십시오.

한 청년과 대화를 나누다 제가 이런 말을 하였습니다. "너의 손을 펼칠 때마다 살아 있는 꽃, 향기가 나는 꽃이 피어나도록 하여라." 사람들은 손을 펼치지도 않습니다. 가끔 펼친다 하더라도 사람들은 거기서 종이로 만든 가짜 꽃만 휘날립니다. 그리고 그것을 자랑스러운 듯 "보아라, 내 손에서는 꽃이 피어난다"고 합니다. 그러나 아무런 향기도 없습니다. 우리가 하나님의 사람이라면 우리가 손을 펼칠 때마다 그 안에서 생명이 돋아나야 합니다. 그리스도의 향기가 피어올라야 합니다.

그 청년은 이 이야기를 들으며 눈물을 흘렸습니다. 저는 그 모습을 잊지 못합니다. 세상에서 가장 아름다운 눈이었습니다. 그 청년의 눈 속에서 그 청년의 아름다운 생애와 하나님의 소망을 보았습니다. 이제 그 꿈을 하나하나 이루어나갈 힘을 달라고 하나님께 기도해야 합니다. 그리하면 우리들은 가장 고귀한 삶, 가장 아름다운 삶을 살 수 있습니다.

둘째로 하나님께서 정해주신 경계는 '생명지대'이며 '안전지대 safety zone'입니다.

하나님께서는 언제나 생명지대와 안전지대를 구별해주셨습니다. 혼돈과 흑암과 공허가 가득한 땅에서 빛의 세계를 구별해주셨고, 에덴 동산을 구별해주셨습니다. 홍수 때에는 노아의 방주를 구별해주셨고, 이집트에서는 고센 땅을 구별해주셨습니다. 광야에서는 이스라엘 진영을 구별해주셨고, 이제 가나안 땅을 구별하고 계십니다. 가나안 땅에서는 예루살렘을 구별하셨고, 예루살렘에서는 하나님의 성전을 구별하셨습니다.

이 땅에서는 세상과 교회를 구별해주셨습니다. 세상은 '돈'으로 무엇이든 사지만, 하나님은 교회를 예수님의 '피값'으로 사셨습니다. 그리고 주님의 몸 된 교회에 생명과 구원과 안식을 담아놓으시고 이곳에 들어와 이것을 사라고 말씀하십니다. 값없이, 수고하지 않고 사라고 말씀하십니다. 그러므로 이곳에 들어와야 살고 이곳에 들어와야 안전합니다. 바로 교회는 생명과 구원과 평강과 안식이 있는 곳입니다. 그러므로 교회에서는, 세상에서 사용하던 권모와 술수와 협잡과 거짓을 버려야 합니다.

신명기 11장 11절 말씀입니다. "너희가 건너가서 차지할 땅은 산과 골짜기가 있어서 하늘에서 내리는 비를 흡수하는 땅이요." 가나안 땅과 애굽 땅은 같지 않다고 말씀하십니다. 그런데 애굽 땅이 훨씬 더 좋은 땅입니다. 애굽 땅은 나일 강이 있어서 물이 마르지 않을 뿐 아니라, 일 년에 한 번 범람하여서 절로 상류의 비옥한 토지를 공급하게 됩니다. 그래서 그때에만 사람들이 피해 있다가, 물이 빠지고 난 다음 파종만 하면 매해 거름을 뿌릴 것도 없이 풍성한 수확을 거둘 수 있습니다.

그런데 가나안 땅은 그렇지 않습니다. 산과 골짜기가 있을 뿐 변변한 호수도 없습니다. 하늘에서 내리는 비만 바라보며 살아야 하는 그러한 땅입니다. 하나님께서는 왜 이런 땅을 '젖과 꿀이 흐르는 땅'이라고 말씀하시며, 약속의 땅이라고 말씀하시는 걸까요? 그것은 하나님만 바라보며 살아가라는 말입니다. 하나님께서는 그 가나안 땅에 이른 비와 늦은 비를 내시고 그 땅을 특별하게 비를 흡수하는 땅이라고 말씀하십니다. 성도는 그 어떤 곳, 아무리 풍요로운 땅을 가더라도, 하나님을 대망하지 않고 하나님께서 공급하시는 은혜를 흡수하지 않는다면, 그저 쓴뿌리, 사망의 뿌리만을 낼 뿐입니다.

셋째, 하나님의 경계선은 육안으로는 볼 수 없습니다. 다만 하나님을 경외하는 마음으로만 볼 수 있습니다.

독일 히틀러 일당이 유태인을 말살하기 위하여 세운 곳이 죽음의 수용소입니다. 인간이 행할 수 있는 모든 사악한 일들이 벌어졌던 곳입니다. 그 참상은 이루 다 말로 할 수 없습니다.

유대인들을 강제로 기차에 싣고 와 정거장에 내려놓습니다. 나치 앞에 서면 그의 손가락 끝에서 운명이 결정됩니다. 그 어떤 고려도 없습니다. 가족들이 뿔뿔이 흩어집니다. 90퍼센트는 오른쪽에, 10퍼센트는 왼쪽에 서게 됩니다. 어느 쪽에 서면 살겠습니까? 90퍼센트는 바로 가스실로 보내집니다. 살아남은 사람들도 언제 죽을지 모릅니다. 건강하게 보이겠다고 그 추운 겨울 돌멩이로 얼굴을 문지릅니다. 핏기 있게 보이기 위해서입니다. 그 참상을 빅터 프랭클 박사는 《죽음의 수용소에서》라는 책에 기록해놓았습니다.

이 책의 맺는말에서 빅터 프랭클 박사는 이런 말을 합니다.

"해방을 맞은 유대인들 가운데 그 누구 할 것 없이 수용소에서 겪었던 체험들을 되돌아볼 날이 오게 될 것입니다. 그때 그와 같은 고통을 어떻게 견뎌냈는지 이해할 수는 없을 것입니다. 그러나 죽음의 수용소에서 겪었던 모든 체험들이 한낱 악몽이었다고 느낄 때가 반드시 올 것입니다. 그런데 이 세상 모든 체험 가운데 다시 없는 체험은 하나님에 대한 경외감일 것입니다."

하나님에 대한 경외감. 하나님을 그 누구보다 사랑하며, 동시에 누구보다, 나치보다, 히틀러보다, 하나님을 두려워하는 마음이 바로 하나님에 대한 경외감입니다.

하나님의 사랑은 어떤 절망도, 수치심도, 무기력도, 죄악도, 실패도 모두 물리쳐 우리를 일어서게 합니다. 동시에 하나님에 대한 두려움은 내 안에서 일어나는 어떤 탐욕도, 교만도, 잔인함도, 분노와 복수심도 잠재웁니다.

하나님을 경외하십시오. 그리고 생명지대에서 하나님께서 주신 시간과 생명과 재능을 마음껏 펼쳐서 하나님께 영광을 돌리고 이웃에게 행복을 나눠주십시오.

민수기 35:1-15 | **27**강

도피성

세상은 내가 지은 잘못과 실패에 대하여 냉혹하게 심판합니다. 그래서 능력 있는 사람도 살기 힘든 세상입니다. 그러나 하나님은 실패한 사람들을 절대로 버리시지 않습니다. 비록 살인을 한 사람이라도, 도피성으로 도망치면 살아날 수 있습니다. 실패한 사람도 도피성으로 달려와 숨으면, 새 생명과 새 삶을 찾을 수 있게 하셨습니다. 도피성은 하나님의 자비하심과 사랑이 결집된 곳입니다.

민
수
기
27
강

 "술 마시고 노래하고 춤을 춰봐도 보이는 건 모두가 돌아앉았네. 자아, 떠나자 동해 바다로…"라는 노래 가사가 있습니다. 제가 대학을 다닐 때 한참 유행한 노래입니다. 이 가사의 뜻은 무엇을 해도 심드렁하다는 말입니다. 한동안 그것이 전부인 양 몰입해보지만 얼마 가지 않아 그것도 시시해집니다. 그래서 뭐 새로운 것 없나 하고 둘러보지만 그게 다 그것입니다. 그래서 삼등 완행열차를 집어타고 동해 바다로 갑니다. 그러나 그것도 역시 얼마 못 가 시시해 보입니다. 그래서 떠났던 곳으로 다시 돌아오는 나를 발견합니다.
 어디론가 훌쩍 떠나고 싶은 것은 계절이 바뀌었기 때문만은 아닐 것입니다. 뭔가 꼬집어 말할 수는 없지만, 현재 내가 살아가는 삶이 공허하고 불만스럽기 때문입니다.

　부모들은 자녀들에게 열심히 공부하라고 잔소리합니다. 이 말에는 자신처럼 살지 말라는 뜻이 담겨져 있습니다. 공부 열심히 해서 보다 나은 삶을 살라는 것이며, 나보다 더 출세해서 현재가 아닌 보다 나은 미래로 가라는 것입니다.

　그런데 서울대를 나와 국내 굴지의 자동차 회사를 다니며 잘나가던 박래경 씨는 한창 일할 나이 마흔에, 갑자기 사표를 제출해버리고 단전호흡 지도자의 길에 들어섰습니다. 그의 말은, "숨가쁘게 앞만 보고 달려가는 세상에 지쳤습니다. 출세보다도 마음의 평정이 더 중요하다는 것을 깨달았습니다." 자못 용기 있어 보입니다. 그러나 동해 바다로 떠났던 젊은이처럼, 그곳에도 궁극적인 평정이 없음을 곧 알게 될 것입니다.

　미국인과 국제 결혼한 여자들의 꿈은 한국 남자랑 살아보는 것입니다. 한국 남자랑 살면 국제결혼에서 오는 갈등이 없을 것이라 착각하기 때문입니다. 대부분의 경우, 한국 남자랑 살면 그 갈등은 훨씬 더 커집니다.

　고등학교만 나와 어렵게 살아도, 일류대를 졸업한 사람과 정도의 차이는 좀 있겠지만, 모두 그렇고 그런 것입니다. 미국 사람과 결혼하든 한국 사람과 결혼하든, 어떤 결혼 생활에서도 그렇고 그런 문제가 생기게 마련입니다. 사업에 몰두하여 큰돈을 벌든, 단전호흡을 통해 마음의 평정을 얻든, 밤새도록 술 마시고 춤을 추든, 원하는 자리에 올라 흡족해 하든, 얼마 가지 못해 마음은 다시 어디론가 떠나가길 원합니다. 일상을 탈출하고 싶고, 현재에서 도피하고 싶습니다.

지혜의 왕 솔로몬은 전도서에서 이렇게 고백합니다. "해 아래에는 새 것이 없나니 무엇을 가리켜 이르기를 보라. 이것이 새 것이라 할 것이 있으랴. 우리가 있기 오래 전 세대들에도 이미 있었느니라"(전 1:9-10). 동서고금을 막론하고 사람들이 살아가는 모습은 겉으로는 다양해 보이지만, 한꺼풀만 벗겨내면 그게 그거일 수밖에 없습니다. 근본적인 원인이 있기 때문입니다.

사람은 작고 연약한 존재이지만, 그 마음은 세상을 다 담고도 빈자리가 여전히 남아 있도록 만들어졌습니다. 하나님께서 인간을 하나님의 형상으로 만드셨기 때문입니다. 사람들이 알든 모르든 사람은 온 우주를 만드신 하나님을 닮았기 때문입니다. 하나님께서는 인간에게 천하만물을 다스릴 것을 명령하셨고, 천하만물을 다스리도록 그런 마음을 주셨습니다. 그런데 사람들은 타락하여 하나님께서 주신 사명을 알지 못합니다. 그저 세상보다 더 넓은 이런 마음만을 가지고, 그 마음을 주체하지 못해 허덕거릴 뿐입니다.

그 마음을 달래기 위해 사람들이 찾은 두 가지 길이 있습니다. 끝없이 닥치는 대로 주워 담는 것입니다. 그것을 탐욕이라고 합니다. 대부분의 사람들이 택하는 방법입니다. 그러나 그 누구도 절대로 성공하지 못합니다. 여전히 마음에 빈 공간이 남아 있습니다. 소수의 사람들이 택하는 다른 길은 그 마음을 억제하는 것입니다. 고행과 수도를 통하여 그 큰 마음을 줄여나가는 것입니다. 이들은 욕심을 버리는 일에 집중하고, 또 그렇게 하도록 가르칩니다. 그러나 이 두 가지 길 모두, 하나님께서 가라 하시는 길이 아닙니다.

하나님께서 원하시는 길은 과연 무엇일까요?

아담과 이브의 첫아들이었던 가인은 동생 아벨을 죽이고 "에덴 동쪽 놋 땅"으로 갔다(창 4:16)고 성경은 말합니다. 에덴의 동쪽에 있다는 놋 땅은 실제로 존재하는 지명이 아닙니다. 놋은 '방황하다'라는 뜻입니다. 마음에 정함이 없이 방황하는 땅이 바로 놋 땅입니다. 마음에 정함이 없는 이유, 방황하는 이유를 성경은 한마디로 말합니다. "여호와 앞을 떠나"입니다. 하나님 앞이 아니면, 20평짜리 아파트나 100평짜리 빌라나 모두 놋 땅입니다. 하나님 앞이 아니면, 말단 사원 자리나 대기업 회장 자리나 모두 놋 땅입니다. 하나님 앞이 아니면, 한국이나 미국이나 모두 놋 땅입니다.

'코람 데오 Coram Deo'라는 말이 있습니다. '하나님 앞에서'라는 뜻입니다. 놋 땅에서 불나비처럼 방황하는 사람들을 '하나님 앞에' 앉히기 위하여, 그 대표로 이스라엘 백성과 우리를 부르신 것입니다. '하나님 앞'은 모든 권태와 무기력과 공허와 무의미가 사라지는 곳입니다. 이곳에서만 영원한 참 안식과 평강과 생명이 존재합니다. 하나님은 사랑과 생명의 원천이시기 때문입니다. 그래서 하나님 앞에서만, 하나님께서 공급하시는 것으로만 하나님께서 만드신 우리 마음을 채울 수 있습니다. 그 외에는 다른 길이 없습니다.

하나님께서는 장차 이스라엘이 차지할 가나안 땅을 보여주셨습니다. 오늘 본문에서는 레위인들이 거할 성읍과 도피성을 제정해 주고 계십니다. 이 모든 작업이 한마디로 '코람 데오', 곧 하나님 앞에서 살게 하기 위함입니다. 여기에는 깊고 깊은 영적 의미와 하나님의 분명한 의도가 있습니다. 이 하나님의 의도를 알기 위해서는 성경 전체를 살펴 그 맥을 잡아야 합니다.

가나안 땅 경계가 정해지고, 이어서 하나님의 명령이 내려지는데, 그것은 각 지파마다 지휘관을 한 명씩 택하라는 것입니다. "너희는 또 기업의 땅을 나누기 위하여 각 지파에 한 지휘관씩 택하라"(민 34:18). 누구를 임명한 것이 아니라 각 지파에서 알아서 선출하라는 것입니다. 바로 이어서 레위인의 땅을 지정하십니다.

오늘 읽은 본문 말씀의 내용입니다. 할당된 넓이와 위치는 중요하지 않습니다. 각 지파에게 나눠준 땅에서, 각 지파에서 네 군데의 성읍을 정하여 레위인들에게 주라는 것입니다. 도합 마흔 여덟 개의 성읍이 레위 지파에게 할당되었습니다.

한 나라가 세워지면 가장 중요한 존재는 바로 왕입니다. 그런데 이스라엘에는 다른 나라와는 달리 왕이 없습니다. 하나님께서 세우시는 나라는 세상의 다른 나라들과는 전혀 차원이 다르기 때문입니다. 하나님께서 친히 왕이 되시기 때문입니다. 그리고 하나님께서는, 각 지방에 관리들을 파견하듯이, 레위인들로 하여금 흩어져 살게 하셨습니다.

하나님께서 말씀하십니다. "레위인은 내 것이라. 나는 여호와니라"(민 3:45). 제사장과 레위인은 세상에 속해 있지 않고 하나님께 속한 존재들입니다. 다른 지파들에게는 땅이 분배되고, 그래서 그들은 그 땅에서 농사 짓고 가축을 돌보며 물건을 생산하고 장사를 하며 살아가지만, 레위인에게는 땅이 분배되지 않았습니다. 이들은 하나님의 것이므로, 다른 사명과 다른 삶의 방식이 주어진 것입니다.

그들은 하나님의 것이므로 하나님처럼 생각하고 하나님처럼 행

도 피 성

동해야 합니다. 하나님의 뜻에 따라 살아야 합니다. 그리고 각 지파 가운데 흩어져, 하나님의 말씀을 받아 백성들을 가르쳐서, 그들로 하여금 하나님 뜻에 합당하게 살도록 교육할 책임이 있습니다. 한마디로, 레위인들은 하나님의 대리자들입니다. 그래서 레위인들은 백성들이 하나님께 바친 십일조 가운데 일부를 취하여 의식주를 해결하도록 하신 것입니다.

하나님께서 경계 지어주신 가나안 땅에 들어갔다고 만사가 해결된 것이 아닙니다. 이제부터 시작입니다. 집 없이 떠돌아다니던 사람이 집을 장만했다고 금세 행복해지는 것이 아닙니다. 그 집에서 사는 사람이 바뀌지 않으면, 여전히 불행한 삶의 연장선상에 놓여 있는 것입니다.

레위인은 각 지파에 흩어져 이스라엘 백성들을 가르치고 돌보고 변화시켜 하나님 앞으로 인도하는 사람들입니다. 레위인은 바로 오늘의 교회이며, 오늘을 사는 성도들, 바로 저와 여러분 자신입니다. 먼저 우리들이 '코람 데오', 즉 하나님 앞으로 나와야 합니다. 레위인이 무너지면 이스라엘 백성들도 무너져버립니다. 마찬가지로 성도들이 무너지면 가족들이 무너지고 가정과 사회가 방황하게 됩니다.

어떻게 하면 하나님 앞에 굳건히, 튼튼히 설 수 있을까요? 심리

학자들이 말하는 '생존치survival value'라는 것이 있습니다. 생존치가 높은 사람은 훨씬 더 살아날 확률이 높습니다. 작은 실패에도 좌절하여 주저앉는 사람은 생존치가 낮은 것이며, 왕따를 당했다고 옥상에서 뛰어내리는 사람은 생존치가 제로라고 할 수 있습니다. 반대로 어떤 상황에서도, 사망의 음침한 골짜기에서도 살아남은 다윗이나 요셉은 생존치가 가장 높은 사람입니다.

생존치를 높이기 위해서 무엇을 추구해야 할까요? 두 가지가 있습니다. 바로 이 두 가지가 결핍되면 마음이 공허하며 무엇을 해도 심드렁합니다. 그것이 무엇일까요?

첫째, 진실로 사랑하는 대상, 자신의 목숨과 맞바꿀 수 있는 대상과,

둘째, 구체적이고 분명한 삶의 목표입니다.

지난 시간에도 언급했던 빅터 프랭클 박사의 책《죽음의 수용소에서》에 수록된 이야기입니다. 수용소에서 굶주린 유대인들 몇몇이 너무나 배가 고파 감자를 훔쳤는데, 그 사실이 발각되자 나치들은 유대인들에게 범죄자들을 내놓지 않으면 모두 죽이겠다고 위협했습니다. 몇몇은 누가 감자를 훔쳤는지 알고 있었지만 발설하지 않았습니다. 그리하여 나치들은 2,500명 수용자들에게 하루 금식 처분을 내렸습니다. 중노동에다 조악한 식사에 지친 이들에게 하

루 금식은 절망 그 자체였습니다.

수용소 유대인들은 절망에 빠져버렸고, 그 범죄자를 내놓자고 말하는 사람들도 있었습니다. 그날 밤 빅터 프랭클 박사에게 방장이 다가와 이들에게 위로의 말을 해달라고 부탁하였습니다. 프랭클 박사는 그럴 수 없었습니다. 자신도 절망에 빠져 모든 것을 포기하고 싶었기 때문입니다. 이런 상황에서 어떻게 이들을 위로할 수 있겠습니까?

그래도 마음을 가다듬고 말문을 열었습니다. 그는 지나간 시간들, 소망이라고는 눈곱만큼도 찾을 수 없었던 과거를 회상하기 시작하였습니다. 살아남을 가능성은 20대 1밖에 없음을 이야기하였습니다. 그 희박한 확률 가운데 그는 기적적으로 살아남았음을 이야기하며, 이렇게 말했습니다. "나를 죽이지 못한 것은 나를 더욱 굳세게 만들 것이다."

그는 과거로 흘러가버린 모든 것을 실존으로 만들어야 한다고 역설했습니다. 그리고 어떤 환경에서도 결코 의미를 찾지 못할 때가 없다는 것, 삶의 무한한 의미는 고통과 곤궁함, 슬픔과 죽음에서조차도 찾을 수 있다는 것을 말했습니다. 그리고 희망을 잃어서는 안 되며, 어떤 상황에서도 인간의 존엄성과 그 의미를 더럽혀서는 안 된다고 설득했습니다.

프랭클 탁사는 한 사람의 예화를 들었습니다. 어떤 사람이 수용소에 도착한 즉시 하나님께 서원하였습니다. 서원의 내용은 이런 것이었습니다. "이제 어떤 고통도 감수하겠습니다. 죽음까지도 감내하겠습니다. 이 인내가 어디까지 있을 수 있는지 모르는 사랑하는 가족들의 고통을 감하여주시고, 죽음에서도 하나님을 볼 수 있게 해주십시오." 그 후, 그는 어떤 부당한 대우도 고통도 감내하였습니다. 그는 고통에 의미를 부여한 것입니다.

프랭클 탁사가 이 이야기를 하고 있는 동안 어두움 속에서 흐느끼는 소리가 들려왔습니다. 몇 사람은 조용히 다가와 감사의 표시를 하였습니다.

여러분, 진실로 사랑하는 사람과 삶의 숭고한 목표를 찾으셔야 합니다. 그래야 내 삶이 무의미해지지 않습니다. 의미 있는 삶을 살 수 있습니다. 돈으로 바꾸는 인생을 이제는 종식시키셔야 합니다.

탈북자 유혜란 씨의 이야기 역시 이것을 잘 보여줍니다. 유혜란 씨는 북한에서 의사였으며, 그녀의 남편은 정치 장교였습니다. 유 씨는 북한에 사랑하는 남편과 자녀들을 두고, 먼저 부모님과 함께 북한을 탈출하여 중국으로 건너갔습니다. 하지만 도저히 남편과 자녀들을 그대로 둘 수 없어, 다시 두만강을 건너 북한으로 들어갔습니다. 그녀는 원래 겁이 많은 사람이었으며 수영도 할 줄 모르는 연약한 여자였습니다. 그러나 자신의 목숨과 맞바꾸어도 좋은 남편과 자녀가 있었고, 그들과 함께 자유를 찾아야 한다는 분명한 목표가 있었습니다. 그래서 그 위험한 극한 상황에서도 살아남을 수 있었고, 사랑하는 가족들과 남한으로 올 수 있었습니다.

　그런데 그는 그 과정에서 가장 중요한 것을 발견하였습니다. 하나님을 만난 것입니다. 모든 가족들을 살려주신 고마우신 하나님, 영원히 살아 계신 하나님을 만났습니다. 또 하나 있습니다. 이제 하나님의 일을 하며, 그분의 영광을 위하여 살겠다는 분명한 목표를 갖게 되었습니다. 그래서 그녀는 목사가 되기로 결심하고 현재 열심히 공부하고 있습니다. 그녀는 분명히 모든 어려움을 기꺼이 극복하고 하나님의 사명을 완수할 것입니다.

　모든 하나님의 사람들은 바로 이 두 가지, 온 몸과 마음을 바쳐 사랑할 하나님과 그 하나님께서 주신 참 목표를 분명히 보았던 사람들입니다. 레위인이 중요하고, 교회가 중요한 이유가 여기에 있습니다. 바로 진정으로 사랑할 대상을 만날 수 있기 때문입니다. 땅의 목표가 아니라, 하나님의 목표를 볼 수 있기 때문입니다. 바로 여기, 이 시간에, 주님을 만나시기를 간절히 바랍니다. 여러분 한 사람 한 사람을 향해 세워놓으신 위대한 목표를 발견하시길 간절히 바랍니다.

오늘 주목해야 할 또 하나의 중요한 말씀은 레위인들이 거하는 성읍 중에 도피성을 마련하였다는 것입니다. "너희가 줄 성읍 중에 여섯을 도피성이 되게 하되 세 성읍은 요단 이쪽에 두고 세 성읍은 가나안 땅에 두어 도피성이 되게 하라"(민 35:13-14). 요단 강을 중심으로 동편에 세 곳, 서편에 세 곳을 마련해놓으셨습니다. 지도를 보면 도피성의 위치가 어느 곳에서나 등거리에 위치하고 있음을 보게 됩니다. 어느 곳에서나 쉽게 도피할 수 있도록 조치하신 것입니다.

세상은 네가 지은 잘못과 실패에 대하여 냉혹하게 심판합니다. 그래서 능력 있는 사람도 살기 힘든 세상입니다. 그러나 하나님은 실패한 사람들을 절대로 버리시지 않습니다. 비록 살인을 한 사람이라도, 도피성으로 도망치면 살아날 수 있습니다. 인생에서 실패한 사람도 도피성으로 달려와 숨으면, 새 생명과 새 삶을 찾을 수 있게 하셨습니다. 도피성은 하나님의 자비하심과 사랑이 결집된 곳입니다.

48개의 성읍 가운데 오직 여섯 개만이 도피성이 되었습니다. 세상에는 수많은 교회들이 있습니다. 모든 교회들이 진정한 생명을 주는 도피성이 되어야 합니다. 그러기 위해서는 오직 주님의 십자가만이 우리 교회 가운데 우뚝 서게 만들어야 합니다. 그 외에 사소한 것들은 모두 버려야 합니다.

십자가 죽음을 앞두고 주님께서는 마지막 기도를 하셨습니다. "내가 그들을 위하여 비옵나니 내가 비옵는 것은 세상을 위함이 아니요 내게 주신 자들을 위함이니이다. 그들은 아버지의 것이로 소이다. 내 것은 다 아버지의 것이요 아버지의 것은 내 것이온데 내가 그들로 말미암아 영광을 받았나이다"(요 17:9-10).

"저희는 다 내 것이라. 나는 여호와니라." 성부 하나님께서 레위인들에게 하신 말씀입니다. "저희는 다 아버지 것이요." 성자 예수님께서 우리에게 하시는 말씀입니다. 우리는 예수님의 것이며, 하나님의 것입니다. 그리스도인이란 '예수님께 속한 사람Those who belong to Jesus Christ'이라는 뜻입니다.

주님께서는 갈보리 십자가 위에서 자신의 목숨을 버리셨습니다. 그 앞으로 나아오는 모든 사람들을 용서하시고, 새 생명과 다시 시작할 수 있는 기회를 허락하셨습니다. 무엇을 위하여 목숨을 걸어야 하는지 가르쳐주셨습니다. 십자가 앞은 바로 모든 방황과 무기력이 종식되고, 새 생명과 새 삶을 시작하는 '코람 데오'입니다.

무엇보다도 주님은 자신을 우리들에게 주셨습니다. 이 세상에서는 큰 것이 작은 것 안으로 결코 들어갈 수 없습니다. 성경은, 우리가 하나님이 거하시는 성전이라고 말씀합니다. 가장 큰 하나님께서 작고 연약한 우리 안에 들어오셨다는 것입니다. 이것은 성령 하나님께서 행하시는 최고의 신비요 기적이며 은혜입니다. 세상을 다 담아도 여전히 공허한 것이 우리 마음입니다. 오직 하나님을 우리 마음에 담을 때에만 비로소 우리 마음이 충족됩니다.

세상보다도 더 크게 만드신 우리들의 마음입니다. 세상을 다스리라고 그렇게 하신 마음에, 세상을 쓸어 담겠다고 이리 뛰고 저리 뛰지 마십시오. 그 넓은 마음을 죽이느라 시간과 생명을 낭비하지 마십시오. 하나님을 담으라고 그 마음을 주신 것입니다.

제발 시시한 대상을 버리십시오. 영원히 목숨을 걸고 사랑할 대상을 찾으십시오. 하찮은 목표를 버리십시오. 하찮은 목표를 가질 때 귀한 생명과 시간을 낭비하게 되며 하찮은 사람이 될 뿐 아니라 다른 사람에게 거치는 자가 될 뿐입니다. 방황의 땅 놋에서 벗어날 수가 없을 것입니다. 영원한 것은 오직 우리 주님 외에는 없습니다. 주님을 가장 사랑할 때 모든 무기력과 권태와 불만은 사라져버립니다.

나가는 말

하늘 가는 밝은 길이 내 앞에 있으니

성경에는 수많은 하나님의 명령과 법이 기록되어 있습니다. 그리스도인이라면 하나님의 법이 아무리 많아도 모두 지키려고 애를 씁니다. 그런데 법을 지키는 것만큼 중요한 것이 하나 더 있습니다. 이것은 오히려 더 중요하다고 할 수 있습니다.

하나님의 법에는 할라카*balacha*, 法와 아가다*agada*, 意味가 모두 내포되어 있습니다. 이 둘은 육체와 영혼처럼 떼려야 뗄 수 없는 관계입니다. 그러니까 하나님의 법을 아무리 열심히 지켜도 그 법을 제정하신 하나님의 뜻을 모르면 소용이 없는 것입니다.

어떤 사람이 속죄 제사를 드리러 왔습니다. 제사장은 그 사람을 위하여 하나님께서 제정하신 제사법에 따라 속죄 제사를 드립니다. 그때 제사장은 그 사람의 이름이 무엇이며 왜 제사를 드리는지, 또 어떤 죄를 속하기 위해서 왔는지를 정확히 알아야 합니다. 만약 제사장이 그것을 모른다면 아무리 겉으로 보기에 정성스럽게 제사를 드린다 하더라도 그 제사는 무효가 됩니다. 나아가 그 제사를 대충 얼렁뚱땅 지낸다면 그때 드린 제물은 오히려 더러운 것, 죄악된 것으로 간주됩니다. 그러므로 속죄 제사 규정은 '할라카'이고, 제사장이 열심히 알아본 그 사항들은 바로 '아가다'라고 할 수 있습니다. 하나님께서도 '할라카'와 '아가다'가 일치하지 않는 제사에 대해서 "헛된 제물이며 가증히 여기는 것"(사 1:12)이라고 명백히 천명하셨습니다.

이것을 우리들이 드리는 예배에 적용하면 이렇게 됩니다. 예수님께서 십자가에서 자신의 몸을 제물로 드림으로써 구약의 모든 제사들이 폐지되었습니다. 그렇다고 해서 구약 시대 때 제사 드릴 때의 마음가짐이 폐지된 것이 절대로 아닙니다. 오히려 예수님의 몸이 제물로 드려졌으므로 더욱 간절한 마음으로 예배를 드려야 합니다. 어찌 예수님의 몸을 송아지와 양과 비교할 수 있겠습니까? 그러니까 구약의 '할라카'는 약화되었고, 반면 '아가다'는 최고로 강화되었다고 할 수 있습니다.

다음으로 중요한 사항은 그리스도인이라면 모두 대제사장이신 예수님을 모시고 예배를 드리는 '왕 같은 제사장'들이라는 사실입니다. 목사로서 저 자신도 제사장의 한 사람으로서 예배를 인도하고 하나님의 말씀을 전합니다. 그러므로 저는 예배의 깊은 뜻을 올바로 이해하고, 하나님의 마음을 하나님이 의도하신 대로 올바로 전함으로써 예배를 예배답게, 말씀을 말씀답게 만들 큰 책임이 있습니다. 그런데 예배를 드리는 다른 모든 사람들도 제사장으로서 예배에 참여합니다. 그러므로 구약의 제사장들이 가졌던 마음 자세를 마땅히 가져야 합니다. 그렇지 않다면 이 예배는 무효이며, 오히려 더러운 것, 죄악 된 것이 되어버립니다.

　민수기는 이스라엘 백성들이 시내 광야에서 보낸 40년의 험난한 여정을 기록한 책입니다. 하나님께서 그들을 구원하여 광야로 인도한 그 깊은 의미를 모를 때 그들은 그야말로 헛고생, 생고생을 한 것입니다.
　이스라엘을 구원하신 목적은 그들을 하나님의 제사장 나라로 세우기 위함입니다. 제사장은 반드시 하나님의 법을 잘 알아야 합니다. 그러니까 '할라카'에 대한 전문가가 되어야 합니다. 사실 '할라카'는, 이스라엘 백성이 홍해를 건너 시내 산에 당도하고 또한 모세가 시내 산에 올라 십계명을 받아 내려온 후 일 년 동안의 교육으로 충분하였습니다. '할라카' 교육이 끝난 후, 가데스 바네아에 가서 열두 명의 정탐꾼들이 대표로 시험을 쳤을 때, 열두 명 중 여호수아와 갈렙을 제외한 열 명은 낙제를 했습니다. 평균 20점도 받지 못한 것입니다.

   그들은 무엇에 실패하였습니까? 바로 '아가다'를 깨닫지 못한 것입니다. 그들은 하나님의 마음, 하나님의 의도를 전혀 알지 못했습니다. 그때 하나님께서 그들에게 내리셨던 벌은 '유리하는 자'들이 되어 40년 동안 떠돌다가 모두 광야에서 죽는 것이었습니다.

   "하늘 가는 밝은 길이 내 앞에 있으니"라는 찬송이 있습니다. 그 다음 소절은 "슬픈 일을 많이 보고 늘 고생하여도"입니다. 사람들은 하늘 가는 길은 그 어떤 길보다 멀고 험하다고 생각합니다. 그 이유는 단 하나, 하나님의 깊은 사랑(아가다)을 깨닫지 못했기 때문입니다.

   여호수아와 갈렙은 유리하지도 않았고 죽지도 않았습니다. 그리고 요단 강을 건너 젖과 꿀이 흐르는 가나안(천국)으로 들어갔습니다. 그들은 40년 전 시내 산에서부터 하나님의 의도(아가다)를 알았고 하나님을 믿었고 하나님을 사랑하였습니다. 그래서 남들은 불평과 원망과 파탄으로 가득 채웠던 광야생활 40년이 그들에게는 하나님과 동행하는 신나는 모험 길이었습니다.

저는 헤이리를 떠나 홍은동 북한산 자락에 살고 있습니다. 시간 날 때마다 북한산에 오릅니다. 산길을 걷다보면 자꾸 멀리 가게 됩니다. 제 가슴에 설레는 기대가 있기 때문입니다. "이 고개를 넘으면 또 뭐가 있을까?"

험할수록 그 기대감은 커지고 힘들수록 성취감은 높아지게 마련입니다.

내일을 알 수 없게 만드신 하나님을 찬양합니다.

그리고 '하늘 가는 험한 길'이 '하늘 가는 밝은 길'이 되기를 기원합니다.

THE STORY OF
HEAVEN